西方人眼中的近代舟山

王文洪
俞其强
来 富
王建军
孙和 著

宁波出版社
NINGBO PUBLISHING HOUSE

图书在版编目(CIP)数据

西方人眼中的近代舟山 / 王文洪等著 . — 宁波：宁波出版社，2014.8
ISBN 978-7-5526-1760-3

Ⅰ.①西… Ⅱ.①王… Ⅲ.①舟山市—地方史—史料
Ⅳ.① K295.53

中国版本图书馆 CIP 数据核字（2014）第 185675 号

西方人眼中的近代舟山

宁波出版社出版发行

宁波市江东区甬江大道 1 号宁波书城 8 号楼　邮编：315040

网址：http://www.nbcbs.com　　新浪官方微博：@宁波出版社

作　　者：	王文洪　俞强　来其　王建富　孙和军
责任编辑：	张爱妮　沈建国
封面设计：	金字斋
印　　刷：	宁波市鄞州启鸣印务有限公司
开　　本：	787mm×1092mm　1/16
印　　张：	18
字　　数：	280 千
版　　次：	2014 年 8 月第 1 版
印　　次：	2014 年 8 月第 1 次印刷
标准书号：	ISBN 978-7-5526-1760-3
定　　价：	38.00 元

版权所有　翻印必究

新华书店经销　订购请联系本社发行部：0574-87242865

序

由中共舟山市委党校王文洪副教授等五位同志花了几年心血的研究成果——《西方人眼中的近代舟山》出版了，是一件值得庆贺的事。

首先，舟山是一个很有特色、很有魅力、也很值得研究的地方。

我本人对舟山了解不多，更谈不上有什么研究，但平时也一直关注着舟山的发展，常有机会到舟山调研考察，为舟山人民的进步而欢欣鼓舞。2008年，我在主持省政协的重点课题《海上浙江》时，曾数次到过舟山的不少海岛，对舟山群岛有了更多的了解。比如，作为千岛之城的舟山、世界良港的舟山、渔业发达的舟山、佛教圣地的舟山、海洋文化的舟山、海岛旅游的舟山，以及舟山人民奋发图强、正在快步崛起的舟山，都留下了深刻的印象。舟山的这些特点和优势，都值得我们站在舟山、浙江、长三角、东南沿海、中国乃至世界的维度，作经济、体制、军事、文化、海洋、海岛、港口、贸易、物流、渔业、宗教、旅游、风俗以及国际交往等多角度的研究。

本书作者选取了一个独特的角度，着重从中外关系即"西方人眼中"来研究近代的舟山，选题颇有新意。这也从一个侧面说明，我们可以站在区域、国家甚至国际视野去广泛地研究舟山，而在中国其他许多地方是不具有这样优势的。

其次，舟山早已成为国际视野中的重要"口岸""港城"，而对这样的历史进程进行梳理研究，不只是填补了学术研究的空白，而且更具有历史和现实的诸多启迪。

本书作者搜集、整理的资料证明，自从16世纪新航路开辟以来，东西方之间的联系就日益密切起来。舟山群岛，这颗中国东海上的明珠，在中西交往中逐渐成为一个繁荣的国际贸易口岸。西方许多外交家、旅行家、航海家、科学家、商人、远征军将士和传教士,都把舟山作为进入中国的重要通道,并且撰写了大量游记、回忆录和信札等,记载舟山的风土人情以及在舟山的见闻和感受。西方人发现舟山群岛是远东地区最佳的一个自由港选址,认为在自然地理、经济地位、军事战略、旅游居住和文化交流上都具有重要价值。

《西方人眼中的近代舟山》通过对中外历史文献以及相关著作中的史料解读,以西方人在舟山的一系列活动为主要视角,从事件本身、图文档案等多方面分析,阐述当时舟山群岛作为东西方两个世界碰撞、两种文明冲突的前沿之地,在东西方文化交流史上占有重要地位。全书共分八章,以图文并茂的形式,梳理了几百年前西方人对舟山群岛认知的递进,再现了早期来华欧洲人对舟山的描述、16至18世纪欧洲地图上的舟山"痕迹"、英法德美等国对舟山的觊觎、新教传教士笔下的舟山记录和20世纪前后西方人拍摄的舟山影像。值得注意的是,500年前的双屿港被葡萄牙人辟为东亚最繁华的国际贸易中心,300年前的定海港成为中西交往的主要通商口岸之一,170年前的定海港被英国政府"宣布"为自由贸易港。这说明,舟山在中外贸易和文化交往中具有独特的地理优势。

近代舟山的发展轨迹,可以说是近代中国历史的一个"经典"缩影。中国自中晚清以后逐步走向衰落。1840年的鸦片战争,使中国倍受西方列强侵吞凌辱,中国也被动地卷入了全球化进程之中。经济贸易的市场化、全球化当然是历史发展的必然,但问题是我们付出了沉重的血肉代价,我们的民族遭遇了太多的苦难。这有国际也有国内的许多教训,但对我们来说,更要看到落后必然挨打的历史法则。近代的舟山,就处在这个历史的结点上,而且可以说是"风口浪尖"上。

以史为鉴,可以知兴替,明得失。历史告诉我们,国家的命运决定其民族和地区的命运。舟山历史上虽也有过多次对外开放的机遇,但这些机遇都因当时历史条件的限制而与舟山人失之交臂。

再次,今天的舟山,正迎来新的发展机遇,而且是历史转折性的新机遇。2011年6月30日,国务院正式批准设立浙江舟山群岛新区。这样,舟山的改革、开放、建设、发展,就不只是舟山、浙江的发展战略,而更是东南沿海和国家的发展战略,同时还具有了全球化、国际化的意义。尤其要看到的是,所有这一切都非近代可比。今日之中国,我们比历史上任何时期都更接近中华民族伟大复兴(中国梦)的目标,也比历史上任何时期都更有信心、有能力去实现这个目标。今天舟山的发展,无疑应该站在这样的时空高度去看待。

历史已经过去,重要的是现在和未来。改革开放以后,特别是近年来,建设舟山群岛新区的热浪涌动,高潮迭起,气势磅礴,前景诱人。根据中央和省里的部署,确立了舟山港综合保税区——自由贸易园(港)区——自由港市(城)的发展路径,使舟山对外开放水平逐步向高层次、宽领域、纵深化方向发展。前不久,中央又提出了发展自由贸易园区、建设21世纪海上丝绸之路等重大新战略,更给舟山群岛新区进一步对外开放带来了新的机遇。

最后,历史虽然已经过去,重要的是现在的我们,要善于挖掘、整理、总结历史的宝贵"财富"。

《西方人眼中的近代舟山》一书,可以让我们借助西方人的眼光,透过千岛的历史视角,来审视全球视野下舟山群岛的国际形象。当然,更关键的是吸取历史的教训,高起点、宽视野地规划未来,踏踏实实地干好今天,勇于借鉴人家文明成果,加快发展我们自己。

我想,正在加快建设舟山群岛新区的今天,《西方人眼中的近代舟山》一书的问世,应该是很有意义的。正因为如此,当作者提出希望我为本书出版问世写几句话时,我就没有拒绝他们的理由了。此外,虽然我与作者平时没有什么接触,但多年来王文洪同志常有研究成果,包括本书的前期研究成果——《西方人眼中的舟山——从档案史籍看西方人对舟山群岛的认知》,寄我阅读。平心而论,今天的年轻人能耐得住坐冷板凳,能挑灯夜读、写作,实在是有些不容易的事了。尽管各人有各人的不同活法,旁人无可挑剔,但像作者安于清苦寂寞,乐于学术研究,守望心灵富有,奉献才智于社会,还是值得倡导的。

写上这几句话,权作序言,主要是对作者的研究精神予以鼓励,对他们的研究成果予以赞赏,同时也希望他们有更多的新作问世。

浙江省人大常委会副主任、哲学博士　王永昌
2014年6月23日于杭州

本书说明

一、西方

维基百科对"西方"的解释是：近代以来依据地理、文化等因素所划分的地球上的西方，和东方相对。从地理上看，泛指欧美国家。从文化上看，一般指较为发达的资本主义国家。

本书中"西方"是一个文化概念，主要指葡萄牙、西班牙、意大利、比利时、荷兰、法国、瑞典、英国、美国、德国和日本等。

二、近代

维基百科对"近代史"的解释是：近代，接近当今的一个历史时代。全球史观认为，近代一般以1500年左右的地理大发现为起点，而以1945年第二次世界大战后为终点。

本书对"近代"的时间界限为中国的明、清和民国时期，主要指1840年中英鸦片战争爆发至1911年中华民国成立这一段历史。

三、舟山

维基百科对"舟山"的解释是：指舟山市，其行政区域范围为整个舟山群岛。目前，市辖2区（定海区、普陀区）2县（岱山县、嵊泗县），其范围包括大小岛屿1390个，市域总面积2.22万平方公里。

本书中"舟山"以"定海"为名置县。1841年4月，定海县升格为"定海直隶厅"，由宁波府管辖改由宁绍台道直辖，持续时间70年。

目 录

序

本书说明

引　言 / 1

第一章　从档案史籍看西方人对舟山的认知

一、从自然地理来看，舟山是"东海第一门户" / 7

二、从经济地位来看，舟山是"中外通商的要津" / 11

三、从军事战略来看，舟山是"极佳的军事指挥部" / 15

四、从旅游居住来看，舟山是"海上乐园" / 19

五、从宗教信仰来看，舟山是"中外文化交流的聚焦点" / 23

六、小结 / 27

第二章　早期来华欧洲人对舟山的描述

一、早期来华欧洲人笔下的"Liampō" / 31

二、极盛时期的双屿港 / 35

三、克路士《中国志》中的双屿 / 38

四、平托《远游记》中的双屿港 / 41

五、双屿——中西文化交流的第一站 / 45

六、林旭登《航路总集》中的双屿 / 49

七、龙思泰《早期澳门史》中的双屿 / 52

八、法国入华天主教传教士笔下的舟山 / 56

　　九、小结 / 60

第三章　16—19世纪欧洲地图上的舟山

　　一、早期欧洲地图上的"Liampō" / 63

　　二、陀拉多东亚地图上的"Chamxian" / 67

　　三、卫匡国《中国新地图集》中的"Cheuxan" / 70

　　四、西方出现的单幅舟山古地图 / 74

　　五、西方单幅舟山古地图上的"Chusan" / 77

　　六、鸦片战争前后的英国版舟山地图 / 80

　　七、英国人编绘海图中的舟山地名 / 83

　　八、鸦片战争期间英军常用的舟山地名 / 86

　　九、小结 / 91

第四章　清朝前期英国人视野里的舟山

　　一、英国与舟山的最初贸易往来 / 95

　　二、英国与舟山贸易的第一阶段 / 99

　　三、英国与舟山贸易的第二阶段 / 102

　　四、英使团访华的第一站选择舟山 / 106

　　五、把定海比喻为"东方的威尼斯" / 110

　　六、对舟山风俗作详细的记载 / 115

　　七、发现舟山繁荣表象背后的积弱 / 119

　　八、两次来华使团对开放舟山的要求 / 123

　　九、小结 / 127

第五章　舟山：英国侵占的第一个中国岛屿

一、英船"阿美士德"号对舟山的军事侦察 / 131

二、英国将舟山作为进攻的首要目标 / 135

三、英军第一次攻占定海 / 139

四、浙江休战，舟山第一次收复 / 143

五、英军撤出舟山占据香港的缘由 / 147

六、英军第二次攻占定海 / 151

七、英国宣布定海为自由贸易港 / 155

八、舟山成为英国的第一块"势力范围" / 159

九、小结 / 163

第六章　来华新教传教士笔下的舟山

一、麦都思《中国：现状与展望》中的舟山 / 167

二、郭士立《中国沿海三次航行记》中的舟山地理 / 170

三、郭士立《中国沿海三次航行记》中的舟山风俗 / 174

四、雒魏林《在华行医传教二十年》中的舟山 / 178

五、施美夫《五口通商城市游记》中的舟山 / 183

六、《娄礼华在华回忆录》中的舟山 / 187

七、《麦嘉缔回忆录》中的舟山 / 190

八、丁韪良《花甲忆记》中的舟山 / 192

九、立德夫人《舟山群岛游记》中的舟山 / 196

十、小结 / 200

第七章　法、德、美等国对舟山的觊觎

一、舟山问题与英法关系 / 203

二、第二次鸦片战争期间的舟山 / 207

三、舟山成为英法两国矛盾的焦点 / 210

四、中法战争期间的舟山 / 214

五、李希霍芬关于舟山的论述 / 217

六、德国图谋侵占舟山的档案解密 / 221

七、马汉论舟山在长江流域中的战略地位 / 225

八、近代美国远东战略中的舟山 / 228

九、小结 / 231

第八章　20世纪前后西方人影像中的舟山

一、汤姆逊摄影作品中的普陀山 / 235

二、费尔特镜头下的舟山 / 239

三、福威勒手绘图中的舟山 / 243

四、柏石曼《中国的建筑和宗教文化》中的普陀山 / 247

五、费佩德《普陀山旅行指南》中的普陀山 / 251

六、庄士敦《佛教徒的中国》中的普陀山 / 254

七、柏石曼、费佩德镜头下的沈家门 / 257

八、西方人影像中的定海天主教 / 261

九、小结 / 265

结束语 / 269

主要人名中外文对照表 / 273

后记 / 276

引 言

中国第一大群岛——舟山,位于我国浙江东北部,大陆海岸线的中心,由1390个岛屿组成,是著名的长江、钱塘江和甬江的出海口。它扼江苏、浙江、上海三地之要冲,背靠长江三角洲,面向太平洋,是中国东部的海上门户。境内岛屿众多,海岸线绵延曲折,水域宽广,任何大船都能自由进出,是一个水深、避风的天然良港。

舟山群岛历来是古代中国对外交往的主要港口,浙东和长江流域的出海门户,在历史上曾一度兴起成为海外贸易的重要商埠。从环太平洋地区来看,舟山是中国通向日本、韩国、东南亚以及世界各国的重要通道,为"海上丝绸之路"的中转站。

公元前210年(秦始皇三十七年),徐福从浙江杭州湾一带出发,开始第二次东渡,途经舟山群岛。路线如下:慈溪达蓬山麓—东霍山—岱山岛(从唐代开始,五代和宋元明清时期均称之为蓬莱或蓬莱乡)—泗州塘—徐公岛—泗礁山—花鸟山—墨潮公海—日本九州。这是完全有可能的,因为杭州湾外海的纬向退潮径流和长江口外海南下的冲淡水径流,在北纬32度、东经123度左右汇合以后,又汇入南来的台湾暖流,即黑潮。如果再加上南下的黄海冷水团所形成的反气旋性水下密度环流,与上述表层环流相互加强,乘着强劲的西南季风,顺水而下,只需三天三夜便可抵达日本。徐福是中国历史上第一位横越大海远航异域的航海家,他使舟山成为华夏文化海上传播的第一个驿站,开启了中国文化东进的先河。

公元744年(唐天宝三年),鉴真第二次东渡日本,过舟山群岛,因大风受阻而告失败。10年间他曾六次东渡,第二次、第三次、第五次均经过舟山群岛,其中主要有大悲山、下屿山(今虾峙山)、乘名山(今嵊山)、桑枝山(今小洋山)、普陀山和曙峰山(今定海城西一带)等大小岛屿。752年,鉴真第六次东渡成功并于763年圆寂于日本。鉴真东渡促进了中日文化的交流与发展,佛教更为广泛地传播到东亚地区,对日本的宗教和文化事业发展产生了积极深远的影响。舟山群岛与鉴真东渡弘法、传播中华优秀文化的伟大事迹,也有着不可分解的关系。

公元858年(唐大中十二年),日本高僧慧锷从五台山请得一尊观音圣像,坐船从宁波准备回到日本,航行第四天,到莲花洋的普陀山附近,海面上突然刮起了大风,船不再航行。慧锷一想,莫非观音大士不肯去日本?于是将观音圣像留于普陀山潮音洞旁。从此普陀山便有了最古老的寺院"不肯去观音",后人也尊慧锷为本山佛教第一代祖师。普陀山作为中国古代"海上丝绸之路"始发港的重要组成部分,至今山上仍留有高丽道头、新罗礁等历史遗迹,流传着韩国民族英雄张保皋等事迹。而在浙江的海上信仰体系中,普陀山的"观音道场"最为重要,它是海洋文明发达的标志。

公元1123年(宋宣和五年),徐兢等奉命乘坐明州所造之"神舟"和"客舟"出使高丽(朝鲜半岛),后著有《宣和奉使高丽图经》,记录了明州直航高丽的路线:明州(今宁波)——定海(今镇海)——沈家门(今普陀)——梅岑(今普陀山)——白水洋(浙江沿岸海中)——黄水洋(长江口浊水海)——黑水洋(黑潮海域)——夹界山——排岛——黑山——大青屿——和尚岛——牛心屿——聂公屿——小青屿——紫燕岛——急水门——礼成江——开京(朝鲜王城)。而今舟山群岛境内还有高丽道头、新罗礁、新罗屿、新罗山、新罗坊等地名,便是当时两国往来的纪念,也是当时海上文明繁荣的证据。

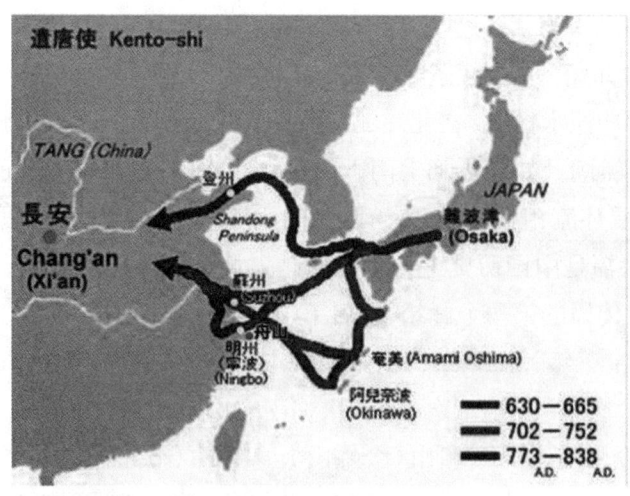

遣唐使海上交通路线示意图

哥伦布的航海旗舰"圣玛丽亚"号

公元1299年(元大德三年),元成宗敕封江南诸路释教总统、普陀山宝陀寺住持一山一宁为元朝国使,携国书赴日本通好。五月下旬,一山一宁搭乘日本商船,从普陀山出发,沿着东亚海上丝绸之路,远涉重洋到达日本的海港博多,稍后经过京都,转去关东。1317年秋,一山一宁在日本18年后,圆寂于居所,天皇亲自撰文赞说他是"宋地万人杰、本朝一国师"。一山一宁法师携元朝国书从普陀山出发远航日本,印证了舟山与东亚邻国之间交往的方便直接,同时也使舟山群岛在整个东亚环海文化圈中的地位变得更为重要。

公元1405年(明永乐三年)7月12日,郑和下西洋船队从江苏刘家港(今太仓)正式起航,出长江口入嵊泗洋面大戢洋,驶过西堠门航道入金塘洋面横水洋,尔后出双屿港南下福建、广东沿海出使西洋。返航途中,船队又经舟山群岛返回长江口。郑和下西洋船队200余艘浩浩荡荡驶经舟山,历访30余个国家和地区,建立不少贸易点,时间之长、规模之大、范围之广都是空前的,堪称世界航海史上的壮举。

15世纪末期开始,欧洲人进行了一系列的探险性航海活动,开辟了从欧洲通往非洲、亚洲、美洲以及进行环球航行的航线。1488年,葡萄牙人迪亚士到达非洲大陆最南端的好望角;1492年,意大利人哥伦布越过大西洋到达了美洲;1497—1498年,葡萄牙人达·伽马绕过非洲好望角到达印度;1519—1522年,葡萄牙人麦哲伦完成了人类历史上首例的环球航行。

随着新航路的开辟,世界各大洲连成一体,东西方的交往除了传统意义上的陆上丝绸之路,一条新的"海上丝绸之路"也被打通。东西方之间在政治、经济、文化等领域的接触、交往和碰撞也愈来愈广泛和频繁,人类历史进入了大航海时代。这也就是全球史观所谓的"世界近代史的开端"。

第一章
从档案史籍看西方人对舟山的认知

千岛之城舟山素以"港市"闻名,历史悠久。西方人东来后,也较早关注到舟山群岛,近500年前的明朝嘉靖年间,葡萄牙人就占据舟山的六横岛,建立了世界上最早的自由港——双屿港,并经过长达二十多年的繁荣发展,最终由于1548年明朝军队的进攻而趋于衰落。

继葡萄牙人之后,英国人也开始对舟山产生兴趣。明朝末年,英国人第一次到达中国时,一开始的目标是澳门,但在与葡萄牙的争夺中遭到失败。随后,他们将目光投向了市场更为广阔的长江三角洲区域,战略地位十分突出的舟山进入英国人的视野。170年前的清朝道光年间,英国军队两次占领舟山,并宣布定海为自由贸易港。鸦片战争后,世界各国来舟山港的船只增多,对外贸易再度兴起。

2011年6月30日,国务院批复设立浙江舟山群岛新区,舟山群岛的开发开放上升为国家战略。舟山群岛再次吸引了世人的眼球。

本章分别从自然地理、经济地位、军事战略、旅游居住和文化信仰等五个方面,按时间顺序简要分析西方人对舟山群岛的论述,说明舟山群岛新区是中国从大陆民族走向海洋民族、从大陆国家走向海洋国家的新地标。

一、从自然地理来看,舟山是"东海第一门户"

舟山地处太平洋的西海岸,欧洲则濒临大西洋。自古以来,海洋把两地隔开,16世纪新航路开辟后,海洋又把两地连接起来。据最新研究,早在14世纪末年,欧洲人已经获知宁波,意大利旅行家鄂多立克最早提到了宁波,而欧洲地图《1375年加泰罗尼亚地图》则正式标注了宁波。[1] 1375年在中国是明朝洪武八年,当时

---

[1]龚缨晏:《欧洲人对宁波的最早记述:文献与地图》,载陈祖武主编《明清浙东学术文化研究》,中国社会科学出版社2004年版,第757—768页。

舟山归属于宁波,建制"昌国县"。

陀拉多是葡萄牙制图学家,他的 1568 年航海图表示:中华帝国分为两大省,广东与宁波(CAMTAM、Liampō),有三大城堡:广州、宁波与澳门。1571 年他编绘的一幅远东地图上,用 Liampō 指称宁波。在该图舟山群岛的位置上有 6 个注记,旁边黑色的"Chamxian"指舟山。

明代的《广舆图》是中国第一部综合性地图集,在其"浙江舆图"上,有舟山岛,但没有"舟山"之名,而注有"故昌国县"等字,但没有完整地绘出。受《广舆图》影响,1655 年出版的意大利传教士卫匡国的《中国新地图志·浙江省》上,出现了比较清晰、完整,轮廓接近真实的舟山岛,并明确地标明"Cheuxan Insula"(舟山岛),在这里,舟山地名按舟山方言或宁波方言拼为"Cheuxan"。

1703 年,英国桑顿公司出版了第一张单幅的舟山古地图,是一本英国航海地图的一部分,这是目前为止发现的第一次在欧洲地图中出现用"CHEU-CHAN"和"CHUSAN"拼写舟山。地图中称舟山为"舟山群岛"(The Islands of Chusan)或"大舟山"(Great Chusan),"Chusan"为当时"舟山"的英文翻译,据说跟舟山人的方言有关。

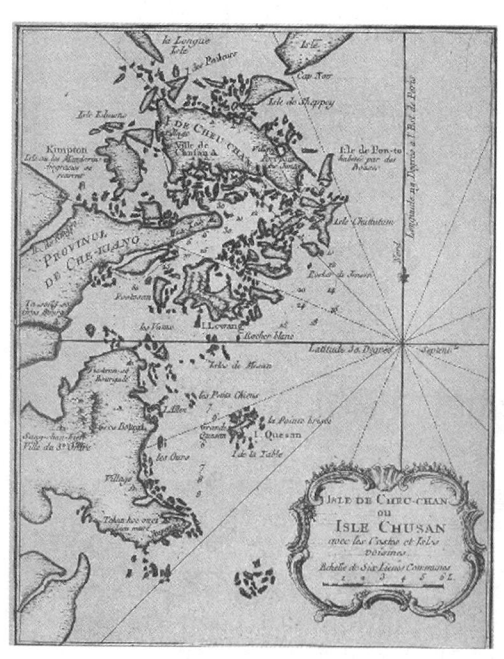

由英国桑顿公司绘制的舟山地图

1793 年(清乾隆五十八年),当时世界上两大顶尖强国大清帝国和大英帝国之间有了第一次正式的国家级官方交往,英国政府以补祝乾隆皇帝八十大寿为名,派遣以马戛尔尼伯爵为全权特使的政府代表团对大清帝国进行访问。这次访问,舟山是英使团访华的第一站。

时任马戛尔尼使团副使的牛津大学名誉法学博士、伦敦皇家学会会员乔治·斯当东男爵,回国后撰写了《英使谒见乾隆纪实》一书,详细地记载了使团来华的始末以及这次具有历史意义的会见。该书是此次外交使命记录的"官方版本",出版于 1797 年。随马戛尔尼同行的有一个画家叫威廉·亚历山大,毕业于英国最有名的皇家美术学院,他来华期间画了大量的风景风俗素描,画作公开之后,在英国掀起了不小的中国热。

后来,英国著名插画设计家、水彩画家托马斯·阿罗姆,借用了威廉·亚历山大的素描稿,重新画了大清国的风景风俗,爱尔兰作家和历史学家怀特从历史角度对阿罗姆的画作进行描述性的注释,编了一部集18世纪末和19世纪中国地域风景、民俗风情画之大成的图书。1843年伦敦费塞尔公司制成铜版画出版发行,题名为"中国:那个古代帝国的风景、建筑和社会风俗",迅速成为英国和欧洲最有名的图画本中国历史教科书。

2002年,上海古籍出版社和上海科技文献出版社又据此翻译、出版了中文版画本《大清帝国城市印象——19世纪英国铜版画》。通过英国人的游记与绘画,我们既可以看到舟山在那段时期的一些历史痕迹,同时发现当时世界是如何看待舟山群岛的。

在《英使谒见乾隆纪实》一书中,斯当东对舟山群岛首先是这样记载的:

> 7月1日全天小雨蒙蒙,风向由西南转为正南,望见舟山群岛。7月2日在舟山停泊……英国人称这个岛为青龙港,位置在北纬29° 22′,东经121° 52′。[1]

斯当东对舟山港口和水文条件记录得非常详细,对水深、航道、涨潮落潮留下了十分详细和真实的记录:

> 港口共有四个出入口通向大海,但在停泊处一个也见不到。停泊处好像一个周围环山的大湖,站在"克拉伦斯"号甲板上简直看不出自己是怎样开进来的。港口由南到北一英里以上,由东到西将近三英里。涨潮在满月和新月时期,12点钟左右,潮高12英尺。潮水极不规律,随着风向和这样多岛屿所造成的旋涡而随时改变。[2]

他们在接近舟山的途中所见,有这样一段文字说明:

> 这块地方的岛屿多,安全的停泊港也多,可以容纳任何大船。除了这点之外,这里还处在中国东海岸朝鲜、日本、琉球和台湾的中心地带,对于宁波的繁荣起着很大作用。[3]

---

[1] [英]斯当东著,叶笃义译:《英使谒见乾隆纪实》,上海书店出版社2005年版,第185页。
[2] [英]斯当东著,叶笃义译:《英使谒见乾隆纪实》,上海书店出版社2005年版,第192页。
[3] [英]斯当东著,叶笃义译:《英使谒见乾隆纪实》,上海书店出版社2005年版,第192页。

这一方面反映了舟山具有丰富的港口资源和深水岸线,另一方面也透露出英国人对舟山的关注。

宁波港风景

同样,阿罗姆在这本英文铜版画册中也明确地指出,舟山群岛的地理位置是华东门户:

> 舟山,形如巨舟,是中国的第四大岛,横在杭州湾上。有言道:宁波之防在舟山,舟山之险在定海。宁波是浙东巨镇,建在甬江上,有舟山本岛和舟山群岛作天然屏障。甬江口的镇海、舟山岛上的定海,成掎角之势,控扼着经舟山群岛到宁波和杭州湾的海上通道。定海有这样重要的位置,自然是东海第一门户。[1]

在他们眼中,舟山是一个群岛,岛屿众多,海岸线绵长,水域宽广,水深浪平,具有得天独厚的港口条件。

阿罗姆还指出,在1840年鸦片战争中,英国对舟山的侵占与海岛自然地理有关:

---

[1] [英]阿罗姆绘画,李天纲编著:《大清帝国城市印象——19世纪英国铜版画》,上海古籍出版社和上海科技文献出版社2002年版,第94页。

英国人早就调查好了航海路线,摸清了舟山的地形。他们知道,舟山岛是中国的第四大岛,形状酷似新加坡,而比新加坡更大。海岛的最近处离大陆十多公里,既能独立,又方便联系。他们的野心是武力占领,强行开埠,把舟山的定海变成第二个新加坡。[1]

在他们眼中,舟山优越的地理位置和良好的港口条件为进行中外航运和贸易提供极大的便利,对当时急于想和中国开展贸易的英国人来说,舟山是他们梦寐以求的贸易最佳地。

在历史上,舟山作为我国东部地区重要的海上门户,在中国海疆版图上具有重要位置。今天,从地缘政治来看,舟山群岛新区是面向环太平洋经济圈的桥头堡,我国大陆地区唯一深入太平洋的海上战略支撑基地,未来目标是成为"对外开放门户岛"。

放眼21世纪,西北太平洋地区将影响甚至主导全球发展方向,在"西北太"海域内的俄罗斯远东地区、中国、朝鲜、韩国、日本等国家,以及中国钓鱼岛、中国台湾地区共同形成一个接近规则的五边形,是东北亚通往太平洋从而走向世界的咽喉要道,而舟山群岛新区恰好处于五边形的核心位置,是西太平洋的"核心区"。

二、从经济地位来看,舟山是"中外通商的要津"

1524—1548年(明嘉靖年间),舟山群岛南部的六横岛、佛渡岛被葡萄牙等地商人辟为"双屿港",成为亚、非、欧各国商人云集的繁荣商港。葡萄牙商人、传教士费尔南·门德斯·平托曾到过舟山双屿港。其所著的《远游记》一书,最详细地记载了有关葡萄牙人在双屿港的活动,在欧洲流传甚广。

据平托记载,港内可以容纳数百条船。在双屿港被摧毁前,有3000多商人,其中1200个为葡萄牙人,其余为中国、马来西亚、占城(今越南中部)、暹罗(今泰国)、婆罗洲(加里曼丹岛,位于东南亚)、琉球等国人。有1000余座房屋,2所医院,6~7所教堂,1所仁慈堂等等。当时,互市贸易盛况空前,仅葡萄牙商人每年的贸易额就超过300万克鲁扎多[2],平托称"中华帝国的双屿港"是16世纪东亚最繁华的国际贸易中心。

对此,阿罗姆指出:

---

[1] [英]阿罗姆绘画,李天纲编著:《大清帝国城市印象——19世纪英国铜版画》,上海古籍出版社和上海科技文献出版社2002年版,第96页。
[2] 克鲁扎多:即现在的葡萄牙货币单位埃斯库多。

定海一直是中外通商的要津。明代嘉靖年间，葡萄牙商人通过贿赂，买通了地方官员进行海外贸易。据说在宁波地区有50多个港口和西洋人贸易，港外的双屿岛上居住的各国商人有1200名，获利往往三四倍，每年有300万金币。康熙在剪灭海上反清力量后，设定海县管理民众，建定海镇驻扎守军，并于1684年重新开放舟山定海为海上贸易港口，设有海关。[1]

1685年（清康熙二十四年），清政府正式开放海禁，在宁波设立"浙海关"，英国商船不时往来厦门、舟山等地，并在舟山停泊。1698年，将浙江海关官署移到定海（当时称"榷关公署"），并在南道头西建西洋楼（俗称"红毛馆"），安顿前来贸易的西洋商人。1700年，英国东印度公司为了拓展商业贸易，开始在舟山建立管理会，派遣商务监督驻定海，设立事务所，负责管理英国商人来浙江贸易事务，把舟山作为对华贸易的重要基地。

舟山群岛鸟瞰

1793年7月，马戛尔尼使团在舟山停留期间，记载了当时舟山经济的重要信息。如他们在接近舟山的途中所见有这样一段文字：

停在此处的大约有1000只各种大小的船，很多在打鱼，大一点的船在装运木材和其他货物。有些船并成一行，有些绑在一起装运巨大的木材。所有这些船的帆是席子

---

[1] [英]阿罗姆绘画，李天纲编著：《大清帝国城市印象——19世纪英国铜版画》，上海古籍出版社和上海科技文献出版社2002年版，第94页。

编织的,不是用帆布做的。船上用的人比欧洲装载同等数量货物的船所用的人多。整个情况说明这里的商业发达,或者说明这里的人口众多。[1]

英国人叙述和描绘的见闻充满着新鲜感和好奇感,对他们来说,舟山虽然只是一座海岛小城,但已经是一个重要的贸易港口,令他们感受到中国的富庶。在他们看来,"舟山海港所呈现的景色在世界范围内也是无与伦比的,稳定的天气和安全的码头也非常完美。……各朝各代的居民都充分认识到这里优越的贸易位置,很早以来这里就存在着一个繁华的大城市……"[2]

同年8月到达北京后,马戛尔尼使团以照会的形式向清政府提出了六项要求,其中有关舟山的就有两条:

1. 增开舟山、宁波和天津为通商口岸;
2. 英国在北京设立货站,买卖货物;
3. 将舟山群岛的一个岛拨给英国,以便英人居住和存放货物;
4. 将广州附近一处地方拨给英国;
5. 英船在澳门、广州之间运载货物免纳过境税;
6. 英商只按清廷公布的税则纳税,不另纳税。[3]

第1、3条表达了英国商人开放舟山贸易的要求,但在乾隆皇朝的观念中,是没有国与国之间互惠交易之说的。于是,清政府将英国的六项要求全部斥为"非分要求"。

1840年2月,英国驻华商务监督、海军上校义律极力向英国外交部、殖民部、海军部的有关官员鼓吹舟山的"有利条件",称"舟山群岛良港众多,靠近也许是世界上最富裕的地区,当然还拥有一条最宏伟的河流和最广阔的内陆航行网",其腹地江浙是当时中国最重要的出口商品丝茶的主产区。在这方面,义律甚至得出了过分乐观的结论,认为舟山"对面那些最富裕地区的内陆航运贸易等于全欧洲贸易的三分之一",如果把舟山辟为自由港,它将成为"大不列颠的商业中心",该中心不但面对中国,而且面对日本。

---

[1][英]斯当东著,叶笃义译:《英使谒见乾隆纪实》,上海书店出版社2005年版,第185页。
[2][英]怀特著,刘佳、马静译:《清帝国图记:古代中国的风景、建筑与社会生活》,天津教育出版社2011年版,第226页。
[3]炎明主编:《浙江鸦片战争史料》上册,宁波出版社1997年版,第17页。

舟山港一景

在英国人看来,舟山一直是"中外通商的要津",临近中华帝国第二大城市——杭州,为当时最大对外贸易港——宁波的外泊港。英国侵占舟山的最终目的还是经济利益,英国人看中的是舟山的港口和贸易功能,希望把它变为对华贸易的通商口岸,当用和平的方式不能得到时,英国政府就使用战争来获取。

除了葡萄牙人、英国人对舟山的海外贸易有记载外,其他西方国家也关注舟山的贸易良港地位。李希霍芬是德国地理学家,1868年他考察舟山时,立刻意识到这个地方最适宜作为德国人在中国的商贸军事据点,所以在当年11月21日的日记中写道:

最适当的地点是在长江口外,在那里有希望建置一个德国的香港,一个商业的中心,它"不久可以将上海一部分商业拉过来,并且随着中国商业利益的非常发展将渐渐超过上海。一个这样的地方,同时也只有这个地方才有可能,那就是舟山",它不但可以使上海的商业,而且也可以使附近的宁波的商业归到它那里。它的中心地位可以保证它作为一个非常发达的转口地点。[1]

---

[1] [德]H. 施丢克尔著,乔松译:《十九世纪的德国与中国》,生活·读书·新知三联书店1963年版,第82页。

马汉是美国历史上最著名的海军理论家,他在1890年出版的代表作《海权论》(全称《海权对历史的影响:1660—1783》)"日本、中国的变化及其影响"一节中对长江流域有如下论述:

谁拥有了长江流域这个中华帝国的中心地带,谁就具有了最可观的政治权威。[1]

在"海权之要素"一节中指出:

宽大与水深的良港是力量与财富的一个来源,如果他们还是可供航运河道的出海口的话,那就更是如此了。这会便于一个国家的国内贸易集中于它们。[2]

我们认为,长江口一带称得上马汉所说的"宽大与水深的良港"只有舟山港。

在历史上,舟山港区域环境独立,深水口岸发达,成为自由贸易港的条件十分优越。今天,从海洋经济来看,舟山群岛新区作为上海国际航运中心和上海—宁波—舟山—组合港的主要组成部分,未来目标是成为"国际物流枢纽岛、海洋产业集聚岛"。

舟山港以港阔、水深、浪静、风平著称,地处环太平洋国际运输主航道上,途经中国的7条主要国际海运航线有6条经过舟山,与亚洲的主要航运中心韩国釜山、日本长崎、中国台湾高雄、中国香港、新加坡等构成500海里等距离的扇形海运网络。舟山群岛新区以新加坡的物流、香港的自由贸易、日本的临港工业为标杆,将成为名副其实的"东方大港"和真正意义上的世界"第一大港"。

三、从军事战略来看,舟山是"极佳的军事指挥部"

19世纪上半叶,随着英国资本主义的迅速发展,英国政府侵占中国沿海岛屿的野心愈发膨胀。1839年,英国政府在正式发动对华战争的前夕,对具体的侵占目标进行了认真的讨论。讨论会上提出了台湾、海南岛、厦门、福州、舟山等候选目标,经过激烈的争论,英国政府最终倾向于首先占领舟山。

---

[1] [美]马汉著,萧伟中、梅然译:《海权论》,中国言实出版社1997年版,第277—278页。
[2] [美]马汉著,萧伟中、梅然译:《海权论》,中国言实出版社1997年版,第35页。

他们认为：从战略角度看，这几艘西方战舰应该占领宁波（舟山），而不是广州或者澳门。在他们看来，广澳地方，格局太小，要想真正营利，必须接近货物产地——江南行省。宁波（舟山）的重要地位，在于它是从海南岛到渤海湾的中点，又是通向南方经济、文化和政治中心南京的最佳港口，是中国的腹心。这就是为什么英国在鸦片战争中倾全力，两次攻占宁波（舟山）的原因。

从诸多史料可以看出，英国最终把舟山群岛作为攻占的第一个中国岛屿，是综合了各方面的因素：将舟山作为军事大本营，以此来威慑北京的清朝政府。如果占领区位优势明显的舟山，那等于拥有了一个极佳的军事指挥部。

英国外交大臣巴麦尊认为英国政府"选择的岛屿应当是：能提供良好而安全的船舶锚地，能防御中国方面的进攻，能根据形势需要加以永久占领，英国政府认为舟山群岛的某个岛屿比较适合这一用途。舟山群岛的位置处于广州与北京的中段，接近几条通航的大河河口，从许多方面来看，能给远征军设立司令部提供一个合适的据点。"[1]

英属印度总督奥克兰也认为，要给清政府以"较深印象"，需"占领较北面"的舟山，"这样更能提供大运河与大海之间的交通控制权，以及可能大得多的政治影响"[2]。

鸦片战争一打响，英国侵略军迅速对舟山群岛实行了军事占领，正如他们先前设想，英国占领舟山后极大威胁到中国的经济核心地带江南地区，这给北京的清朝政府带来了极大的压力，使得英国在与清政府的较量中取得了较大的主动权和话语权。

1840 年（清道光二十年）7 月 5 日，中英鸦片战争爆发，定海沦陷。这是中国领土第一次被英军用武力占领，揭开了中国近代史的序幕。英国军队入侵舟山后，一方面成立军政府，另一方面对舟山城乡大肆劫掠破坏，激起了舟山人民强烈的反抗。舟山人民坚壁清野、同仇敌忾，使侵华英军陷入了极度困扰。英国军队为了摆脱侵占舟山后的困境，竟以撤军为筹码，提出退还舟山占据香港问题，遂引发中英关于舟山与香港问题的交涉，签订了后被中英两国政府所否定的《穿鼻条约》，英军退出定海。为加强防务，清政府将定海县升格为"定海直隶厅"。值得指出的是，侵华统帅义律于 1841 年 1 月 26 日武力侵占香港岛后，巴麦尊大为恼火，指责义律不该放弃舟山而去占领香港，赔偿 600 万也太少。于是解除了义律职务，任命殖民老手璞鼎

---

[1] 中国第一历史档案馆等编：《鸦片战争在舟山史料选编》，浙江人民出版社 1992 年版，第 470 页。

[2] 中国第一历史档案馆等编：《鸦片战争在舟山史料选编》，浙江人民出版社 1992 年版，第 480 页。

英军第一次进攻定海

查重新占领舟山。英军第一次占领舟山,共 8 个月(1840 年 7 月—1841 年 2 月)。

1841 年 9 月,英军再度进攻舟山,定海三总兵蒙难,是为震惊中外的"鸦片战争定海第二次保卫战"。英国人后来这样写道:

当英军侵略中国沿海地区时,对定海屠城,使城市的损毁十分严重。舟山位于杭州湾入口,被认为是阻止海浪的防波堤,也是抵御外来入侵的要塞,但被占领后证明其实不然。中国清政府认为固若金汤的城池轻易地屈服于英军,而那些未寄予厚望的要塞却顽强抵抗。定海附近沿海的每一个山头都设有看似武力强大的炮台,有的太高而失去效力,其余则在敌人火力之下暴露无遗。在海拔 200 英尺的高地上,有一个华而不实的要塞,被称为"鬼门关",英军入侵时,镇守鬼门关的清军进行了勇猛顽强的抵抗。[1]

英军再次占领定海后,在定海设立政府。只是后来英国政府重要人事变动,对华政策也做了调整。新任英国外交大臣阿伯丁认为,女王陛下政府不倾向于把这样获得的领土视为永久性征服,而是同中华帝国缔约通商。因为长期占领舟山"必定会带来很大的费用",而且会与清政府闹僵,影响"对华贸易的范围"。但一直到 1846 年 7 月 23 日,英军才被迫从舟山全部撤出。英军第二次占领舟山,共 4 年 10 个月(1841 年 10 月—1846 年 7 月)。

---

[1] [英]怀特著,刘佳、马静译:《清帝国图记:古代中国的风景、建筑与社会生活》,天津教育出版社 2011 年版,第 226—229 页。

英军第二次进攻定海时,视东岳山为恐怖要塞

第一次鸦片战争中英国曾想割据舟山,使之成为英国的商业和军事基地。十多年后的第二次鸦片战争(1856—1860年),轮到法国政府垂涎舟山了,西方政府的眼光何其相似。这一点,可以从法国将领当时的信件往来和回忆录中看出来。法军将领布隆戴尔在他的《1860年征战中国记》中写道:

> 舟山是一个很适合卫生条件的地方,在那里我们已经具备有十分舒适的军事设施……我希望葛罗男爵(与中方签订和议的法方代表)能够和中国政府谈判一个条约,使我们能在这样一个重要的地点保留一切设备,就像英国人在香港所做的那样。[1]

最迫切想要得到舟山的是英法联军中法军司令官蒙托邦将军,他一而再,再而三地写信给法国陆军大臣,申述占领舟山的好处。直至1861年1月,他在给陆军大臣的信中还说:

> 我只能重申我在前面几封信中已经写过的东西,那是舟山群岛无论就其卫生条件,就其作为一个商业据点,特别是就其军事位置而言,都是再适宜不过的了。既控制扬子

---

[1] 董瑞兴编:《鸦片战争在舟山》,中国文史出版社2010年版,第58页。

江,又扼南北海路要道,只要花费很少的钱就可以在那里建造起无法攻占的港口。[1]

无论以蒙托邦将军为代表的法国如何处心积虑地想得到舟山,英国来华全权特使、英法联军中英军司令官额尔金始终坚持原来的立场,而且或明或暗地对法方施加压力,迫使法方放弃占有舟山的想法。

在历史上,舟山是华东门户,海防要塞,"兵家必争之地"。今天,从海洋权益来看,舟山群岛新区是中国的"永不沉没的航母",未来目标是成为"建设海洋强国的前沿岛屿"。

近代几百年的历史证明,一个国家如果没有强大的海上军事力量,就不可能成为强国。海洋权益是大国崛起的必由之路,海权兴,则国家兴;海权衰,则国家衰。舟山群岛是我国的第一大群岛,1390个岛屿南北成列、东西成群,并以多层岛链的形态向外扩散,易守难攻,直指数个战略要地的咽喉,可谓是西太平洋第一、二"岛链"战略要地的中心点。

四、从旅游居住来看,舟山是"海上乐园"

早在鸦片战争之前,葡萄牙人平托在游记中这样写道:

双屿港由对峙两岛构成,……有海岸八处,最宜泊舟。又有风景优美之小溪,溪水味甘,源出高山,溪流所经之地,松、柏、橡树等小丛林,皆甚繁密。[2]

除了六横岛附近风景优美以外,在西方人看来,舟山群岛还有两个岛屿值得一提,一是最大的那个舟山岛,岛上有十八条山谷;二是舟山岛的东边是神圣的普陀岛,以其佛教寺院而闻名遐迩。

1793年7月,马戛尔尼使团在从舟山到宁波的航行中赞美道:"这一段航路上的风景,无法形容出多么优美动人的了。"[3]斯当东对定海的街道、住宅进行了认真

---

[1] 齐思和编:《第二次鸦片战争》(中国近代史资料丛刊本)第6册,上海人民出版社1979年版,第333页。
[2] [葡]平托著,金国平译:《远游记》上册,澳门东方葡萄牙学会1999年版,第194页。
[3] [英]阿罗姆绘画,李天纲编著:《大清帝国城市印象——19世纪英国铜版画》,上海古籍出版社和上海科技文献出版社2002年版,第78页。

仔细的实地考察,甚至把当时的定海这个海岛小城比作是"东方的威尼斯",这在一定程度上反映了当时定海城的繁荣景象。

画家亚历山大对定海进行了描绘,以下是其所绘的一幅《定海山谷》,画面中央是舟山岛上的山谷地带。山谷中有一个挑着担的老百姓在和三个清朝士兵做买卖,还有一支护城的士兵在山谷中巡逻。舟山的农业也很好,山谷中是一片沃土,适宜种植棉花、稻谷和各种小水果。这片山水俱佳、物产丰富、人民勤劳的土地,让英国人非常垂涎。

定海山谷

当时,普陀山声名远播至南洋,英国人早就知道了,斯当东在《英使谒见乾隆纪实》中说:

群岛之中有些引人入胜的地方,尤其是其中的普陀,被形容为人间天堂。这个地方是一个风景区,以后一些宗教信徒又去加以修饰。大约有3000个信徒在那里过着独身的生活。那里有400座庙宇,每座都附有住房和花园。和尚就住在这些房子里,寺庙的布施非常多。这个地方是全国闻名的胜地。[1]

怀特说:普陀山庙宇四百,僧侣三千。

---

[1] [英]斯当东著,叶笃义译:《英使谒见乾隆纪实》,上海书店出版社2005年版,第187页。

在一个肥沃而狭窄的山谷之间,悬着一条豁口,可以直上高 1000 英尺的岛上最高峰。在清澈、甜美的溪水之上,躺着中国东南地区佛教的"主教府"(Cathedral),供奉着观音菩萨。寺庙稳稳地坐落在位于两柱高高的旗杆之间的岩石之上。[1]

1838 年 6 月,法国传教士加略利搭乘英国的商船到达浙江沿海地区,并且在舟山群岛的普陀山停留。他详细地记述了这次对普陀岛的考察过程,秀丽的风景和佛教的盛况深深吸引了他。当时,中国佛教圣地除西藏外,普陀该是最著名的了。

受到中国人和近代旅行家们大加赞赏的普陀山,是中国最神圣的地方之一,在那里祭祀中国人承认的所有神祇。它远离了商贾们的竞争和大城市的喧哗,仅由僧侣们居住,在某种意义上可与基督教中的神秘隐修地相比较。全岛共分布有 72 座佛塔,其中居住有大批的佛教法师。岛中以其财富和多变性气候而最引人注目的地方,都供奉着佛像,这些佛像既显得野蛮又令人望而生畏。隐修处均被神秘地隐蔽在美丽的森林中,森林的各个方向均有漂亮的铺石路。甬道由无数大树形成的茂密森林遮阴,阳光似乎从未透射入其中。随着我们在森林迷宫中前进,又有一大堆东西吸引了人的注意力,每时每刻都有新的美景展示在面前,诸多石刻把我们引向了遥远的唐、宋、元时代。那里有巨大的山崖、孤立岩石和堆得奇形怪状的峰岩,上面用大字写着本处之主神的名字。还有些地方建有供奉低级神的亭子。全部建筑都按最多种多样的形状而落成,可以透过树叶或面对昏暗山道而遥望。再远一些是许多自然形成的山洞、沟壑,这一切都可以使人联想到阿尔卑斯山的风景。最后是其水清澈见底的溪流,这说明我们已接近主寺中僧侣们的居住处了。主寺中有 200 多名僧侣居住。佛寺大雄宝殿大门的直径与高度均在 50 尺以上。佛像有 30 尺高,至少有 10 尺宽。虽然佛陀是印度人,但这里供养的佛像都酷似中国人。大雄宝殿门口挂着法鼓,其直径也有 150 至 200 尺。[2]

普陀山有 70 座宏伟壮观的佛塔和寺庙,其中最古老的建筑可上溯至 848 年。所有这些都充分显示了最初几个世纪中国人的聪明和才智;同时,这些宗教建筑也是历代帝王、官绅和艺术大师不断修建并保存下来的。

---

[1] [英]阿罗姆绘画,李天纲编著:《大清帝国城市印象——19 世纪英国铜版画》,上海古籍出版社和上海科技文献出版社 2002 年版,第 84 页。
[2] 耿昇:《西方人视野中的宁波地区》,载阎纯德主编:《汉学研究》第十集,学苑出版社 2007 年版,第 298—300 页。

鸦片战争前,舟山定海是英国人魂牵梦绕的城市。在1840年鸦片战争第一次定海保卫战中,英国皇家海军随军医生兼画家克里·爱德华·霍奇斯在其日记中写道:

1840年7月:首战定海城

7月4日,所有船只都起锚,但是几乎没有风,女皇号蒸汽船牵引着威勒斯雷艇舰,带头向舟山城(定海)进发,我们尽量跟随,并在傍晚到达,几乎被陆地包围的海湾周围有许多美丽的小岛,无数的船只上装满了当地人和物品,当地人来来往往毫无惧怕。舟山多山,山下种植水稻,山丘约700～800英尺高,山呈阶梯状,用来种植茶叶、土豆和竹子,棕榈树长在山谷。对这样美丽的乡村发动战争,我感到羞愧,但是我必须抛开这个想法来考虑来自家乡的命令。[1]

普陀山的风景

第二天,另外一位英国军人夸耀道:"1840年7月5日早晨,这一天,英国女王的旗帜注定要插在这座大清帝国最美丽的岛屿上。"[2]

---

[1]《英国军医笔下的定海保卫战》,载《舟山晚报》2005年12月1日。
[2][英]阿罗姆绘画,李天纲编著:《大清帝国城市印象——19世纪英国铜版画》,上海古籍出版社和上海科技文献出版社2002年版,第92页。

在1841年鸦片战争第二次定海保卫战中,英军士官宾汉随璞鼎查进入舟山后,曾感慨地说:"作为一个曾经亲自在场,而且亲眼见过许多所发生的事的小民的热忱愿望,我必须加一句:无论处于何种情形之下,绝不该再放弃这些美好的岛屿了。"[1]

近代以来,从外国人对舟山群岛的描述中,可以发现舟山是一个美丽的群岛,定海是一座和谐的小城,环境优美,空气清新,适宜于旅游和居住。今天,从海洋生态来看,舟山是一个宜居、宜学、宜业、宜游的群岛型港口城市,未来目标是成为"国际生态休闲岛、海上花园城"。

舟山自然资源丰富,拥有普陀山、嵊泗列岛两个国家级风景名胜区和岱山、桃花岛两个省级风景名胜区;舟山历史文化悠久,是浙江省首批省级历史文化名城,拥有首批中国传统村落和第六批中国历史文化名镇——岱山县东沙古镇、省级历史文化保护区——定海区马岙街道;舟山生态特色鲜明,拥有普陀中街山列岛、嵊泗马鞍列岛两个国家级海洋特别保护区,五峙山鸟岛省级海洋自然保护区和普陀山省级"非遗"观音文化生态保护区。舟山群岛新区不仅是海洋经济新区,也是度假新区、休闲新区,舟山正因为天蓝、水清、地绿、气爽,而成为浙江省园林城市和环保模范城市。

五、从宗教信仰来看,舟山是"中外文化交流的聚焦点"

从18世纪中叶起,随着英国东印度公司遣人、遣船进入舟山群岛,此地已经或多或少地开始接受西方文化的影响。当时,由于葡萄牙、西班牙、荷兰、英国、美国商人的关系,水手中有大量的欧洲和中国基督教徒。基督教信仰,在鸦片战争前就从澳门、马六甲、长崎传到舟山。

1840年中英第一次鸦片战争后,随着宁波的开口通商,其外港舟山也就成了与西方文化接触的最前沿。陈训正、马瀛编纂的民国《定海县志》(1923年)记载,1923年,舟山地区总人口大约40万左右,而外出经商人数高达上万。由于孤悬海外,文教不盛,加之清末废止科举,舟山民众对于以儒学为宗旨的科举考试并未趋之若鹜,大量人口外迁从商。舟山就是这样一个很实际的城市,这里士绅很少,人们不理会对外国人的文化歧视,只要能赚钱,无分中外。

---

[1] 炎明主编:《浙江鸦片战争史料》上册,宁波出版社1997年版,第579页。

英国传教士施美夫在《五口通商城市游记》(全称《1844、1845、1846年英国圣公会调查访问中国各设领事馆城市及香港和舟山群岛记事》)一书中认为,由于舟山与西方人接触较早,西方的工商业对舟山人带来许多影响,在中国一时得风气之先。

外国人的存在可能会给舟山人的品味和需求打上永久的烙印。欧洲制造的小商品登陆舟山,给当地手艺注入了新的动力。因此,舟山人比他们的同胞至少先进半个世纪。[1]

位于定海西门的天主教堂

这也就是鸦片战争以后,舟山成为近代民族工商和外贸史上"宁波商帮"发祥地之一的原因。上海开埠早期的"三十六通事"(36个登记注册的外贸翻译,即上海最早的买办)中,除了远道而来的澳门、广州人,就是临近的"宁波商帮"。舟山商人如朱葆三、刘鸿生、安子介、董浩云等,在对外经商中先行一步,在上海"十里洋场"上脱颖而出,和具有丰富外贸经验的广东商人、占据地利优势的江苏商人竞争,除了他们吃苦耐劳的原因外,实在还有比较深远的历史渊源。

近代以后,在与西方文化接触的历史中,舟山群岛则成了一个重要的输入地,被西方人称为"基督教教区"。早在1841年,就有法国传教士顾芳济来舟山传播天主教。1852年因发生民众攻击教徒的教案,天主教传播一度受到影响,后再发展。至1890年左右,新教也开始传入舟山。根据陈训正、马瀛编纂的民国《定海县志》第四册丙志《礼教志

---

[1] [英]施美夫著,温时幸译:《五口通商城市游记》,北京图书馆出版社2007年版,第222页。

第十三》统计,当时定海县属各教徒人数:佛教2649人,道教749人,洋教(包括天主教2281人和耶稣教667人)2948人,信奉洋教的"教徒"竟超过了佛教的"教徒",这说明了当地社会开始接受西方文化的影响,洋教在舟山群岛的传播是比内地更为广泛的。

通过传教士的日记、游记,我们可以看到舟山在那段时期的民众信仰状况。德国传教士郭士立在《1831—1833年在中国沿海三次航行记》一书记载:

我们在这度过了好多天,人们对上帝的需求每天都在增加。我们参观了其他几个属于舟山群岛的岛屿,那些岛屿也住满了人。这里宣传福音书遇到的阻力要比在太平洋的其他岛屿少得多。[1]

英国传教士麦都思详细记载了他们在沈家门散发传教手册的情况:

(麦都思)带着一大堆传教书籍登陆岸边,立刻引起了当地老百姓的围抢。说实话,他们为了得到书互相争斗。……但是,后来我们在村庄里穿行,发现那里的店主几乎人手一册,就好像我们挨家挨户散发的一样。[2]

施美夫通过接触的人物从基督教徒的角度分析了儒家、佛教和道教,认为佛教是迷信,道教脱离生活,儒家不是宗教;中国人尽管表面上遵循该国各种宗教习俗,其实他们是怀疑论者,或是无神论者。他对自己的传教事业充满信心:

舟山作为传教努力的一个地域,……必将是大有前途,颇具吸引力。我们遗憾地离开舟山这个可爱的岛屿,但却怀着崇敬的心情,谦卑地接受上帝无形之手,使它指引着每个事件朝着神圣而荣耀的目的发展,造福于人类。[3]

同时,西方人也看到,舟山是一个佛教圣地,随处可见众多的僧侣以及佛塔、寺庙等佛教建筑,佛教气息十分浓厚,当地居民大多信仰佛教,而且非常虔诚甚至痴迷,供庙里烧的锡箔和香烛店非常多。

---

[1]石青芳著:《西方人眼中的浙江》,海洋出版社2009年版,第149—150页。
[2]俞强著:《鸦片战争前传教士眼中的中国》,山东大学出版社2010年版,第115页。
[3][英]施美夫著,温时幸译:《五口通商城市游记》,北京图书馆出版社2007年版,第223页。

普陀山被称为中国佛教"四大名山"之一，经过康熙、雍正、乾隆三个朝代的修建，到了1793年英使团抵达舟山时，普陀山寺院已是在中国江南首屈一指的寺院。马戛尔尼使团到过普陀山，具体行程现在已无从查考。

阿罗姆和怀特给我们描述了鸦片战争前后普陀山更为详细的景致。但他们也指出，普陀山不是一个单一的佛教领地，历来是"三教合一"，极具包容性的信仰之岛。中国是一个会包容的民族，不像他们自己那样狭隘。

在亚历山大关于"普陀山普济寺"画中，寺庙右侧竖立着一尊十字架雕塑，这说明普陀山上还曾有过基督教的痕迹。普陀山僧侣们大约对受到康熙皇帝关照的在华天主教传教士的劳作并不陌生，完全可以肯定他们是从澳门的葡萄牙人那里熟悉了基督教的信仰方式。在定海城公开销售的商店里，混有十字架以及救世主和圣母玛丽亚像出售。

普陀山佛寺

另外，岛上还有许多小道观，供奉土地、关公、风师、雨师。岛上最重要的神像，除了观音，就是"天后"娘娘妈祖。妈祖源于福建莆田，后来成为流传于福建、台湾、广东、浙江、江苏水手中的民间信仰，是保佑海上水手平安的天神。妈祖的信仰人群，最为重要的是水手们。商人们经常来到寺庙外面的通道上，以求财运。其中不乏求护身符或者符咒，人们认为这可以保护他们的船只，特别是保证满载货物的商船的安全。

在历史上，舟山是中国通向日本、韩国、东南亚以及世界各国的重要通道，为"海上丝绸之路"的中转站。明朝中叶以后，舟山群岛成为东南沿海对外开放的最早口岸之一。今天，从海洋文化来看，舟山处在环杭州湾地区"海洋文化圈"的核心位置，是"海洋文化新区"，未来目标是成为"中外文化交流的聚焦点、国际文化的交流热地"。

舟山拥有众多的国家级海洋文化遗产，比如花鸟灯塔、洛迦山灯塔等10座舟山海域历史灯塔，多宝塔、法雨寺、普济寺等普陀山文保单位，以及"舟山锣鼓""观音传说""渔民开洋谢洋节""舟山渔民号子""传统木船制造技艺"等非遗名录，在全国乃至世界上有一定的知名度，是对外交流的文化使者。舟山群岛新区通过弘扬海洋文化，发展海洋文化产业，开展国际性海洋文化交流活动，打造在全国沿海地区有较大影响力的国家海洋文化基地。

六、小结

近代以来，葡萄牙人、西班牙人、荷兰人、英国人等，不断地拍打中国的海岸。当时，中国已经是世界的一部分，一举一动，已经牵动了世界的神经。但中国人并没有抓住这样的机会。中国的江苏、浙江、江西、安徽这些江南省份，垄断了世界上利润最高的三大产品：丝绸、茶叶和瓷器，却自动放弃了它们的海外销售权，把它拱手让给了葡萄牙、荷兰、英国、美国、法国的商人，让他们多赚了很多钱。其实，中国有世界上最精明的商人。江苏人、浙江人、福建人、广东人，都会做生意，如果他们有机会介入18世纪的海外贸易竞争，与欧洲人面对面地"商战"，那么，近代中国在世界上的格局会很不一样。

海洋贸易决定了一座城市的地位与价值，决定了这座城市的未来前途。舟山群岛位于长江入海口，背靠长三角经济发达地区，面朝东海，水深浪平，良港众多，建设国际自由贸易港的条件十分优越。但由于近代中国海洋政策的局限，它的岛屿特色和港口优势并没有受到重视。几百年后的2011年6月，舟山迎来了命运中的重要转折，成为继上海浦东、天津滨海和重庆两江后又一个国家级新区，也是首个以海洋经济为主题的国家战略层面新区。

2013年1月17日，国务院正式批复《浙江舟山群岛新区发展规划》（以下简称《规划》），明确了舟山群岛新区作为浙江海洋经济发展先导区、全国海洋综合开发试验区、长江三角洲地区经济发展重要增长极的"三大战略定位"。根据《规划》，未来10到20年，舟山群岛新区要推进实现五个方面的总体目标，即大宗商品储运中转加工交易中心（国际物流枢纽岛）、东部地区重要的海上开放门户（对外开放门户岛）、重要的现代海洋产业基地（海洋产业集聚岛）、海洋海岛综合保护开发示范区（国际生态休闲岛）、陆海统筹发展先行区（海上花园城）（简称"四岛一城"）。

自由港不仅是高度开放的国际贸易口岸，而且是多元文化并存的前沿之地。随着国家建设海洋强国进程加快，舟山群岛新区的战略地位将越来越突出。从海洋强国的内涵和舟山群岛新区的发展目标来看，舟山在国家战略中的地位，不仅仅在经济上，而且在政治、社会、文化、生态等各个方面。因此，我们要有世界眼光和海洋思维，在全球海洋竞争的大格局中把握"开发开放、先行先试"的国家使命，充分认识舟山群岛新区不仅是浙江海洋经济发展的示范区和中心区、长三角乃至中国发展海洋经济的前沿阵地；而且是中国海洋综合开发战略的试验区，中华民族建设海洋强国的历史新起点。

第二章
早期来华欧洲人对舟山的描述

第二章 早期来华欧洲人对舟山的描述

明代中叶,随着新航路的开辟,东西方交往的自然屏障消失了。大批西方冒险家、商人、传教士、殖民者等,都迫不及待地纷纷奔向这块东方新大陆。葡萄牙人作为大航海时代的先锋,他们是最早来到东方的欧洲人。

1510年(明正德五年),他们占据印度西海岸的果阿,次年又攻占地处东西方交通咽喉之地——马六甲海峡。1514年,葡萄牙商人首先进入中国东南部沿海地区;随后几年,葡萄牙使节两次访华,开始正式的官方接触。

舟山群岛作为中国东部重要的海上门户,对外交往的历史很发达,自然成为早期来华欧洲人进行各种活动的重要舞台,因而他们对这一海域的了解也就比较早。

本章通过葡萄牙人、西班牙人、荷兰人、瑞典人、法国人等早期来华欧洲人对舟山群岛的记述,说明鸦片战争前舟山不仅是我国一个重要的国际贸易港口,还是一个对外经济、文化和宗教交流的重要窗口。

一、早期来华欧洲人笔下的"Liampō"

欧洲人对舟山群岛的最初认识和最早记载,都源于被称为"Liampō"的双屿港。

来自伊比利亚半岛的葡萄牙人从马六甲来到广东沿海屯门一带,除了受到葡萄牙国王或者印度总督派遣来华的官方使者之外,相当多的葡萄牙人从事贸易和殖民活动,或为贩私贸易,或为打探军情,或为武力占据,建立殖民点。由于广东加强海防,厉行海禁,葡萄牙人看到福建、浙江沿海一带较为松弛,便纷纷转到闽浙两省进行交易。葡萄牙人便侵占舟山六横岛附近的双屿港,作为其在远东的走私贸易基地。

至少在1524年前,葡萄牙人就来到了浙东海域,在一个叫"Porto Liampō"的地方扎下了营寨。这里的"Porto Liampō"翻译成中文就是"宁波港"。据多位学者考证,这里的"宁波港"就是明代私人贸易据点——双屿港。欧洲人经常把宁波的贸易地和双屿港都叫作 Liampō，所以常常使人误认为双屿就是宁波。[1]

根据《普陀县志》的记载，明代双屿港址在今六横岛与佛渡岛之间，葡萄牙人来到双屿港通商在 1524 年到 1528 年之间。双屿港孤悬于离舟山群岛 60 余里的海洋中，岛民早在明朝初年已经内迁，长期无人居住，其地势极有利于走私贸易。葡萄牙人通过贿赂地方官员，得到了行商的默许。当地的百姓士绅也愿意与葡萄牙人交往，因此葡萄牙人在双屿港的据点发展得极具规模。

西方记载中最早提到双屿地名的是耶稣会传教士沙勿略，1541 年，他受命于葡萄牙国王来到亚洲，根据商人提供的情况写过一个报告，称双屿港为 Liampō。1551 年，沙勿略在东京发出的一封函件中称："自日本至中国滨海重要城市之 Liampō，相距凡一百古法里。"[2]

沙勿略

最早记载有关双屿港情况的是葡萄牙人伯来拉，1539—1547 年间，他曾到中国沿海从事贸易，并一度成为明军俘虏，根据自己在中国的亲身见闻写下《中国报道》（又名《中国见闻录》）。其中写道：

中国的正式名字是大明，浙江（Chequeam）是中国的一个主要省份，其首府是杭州（Ocho）；浙江省有十来座城市，其中宁波（Liampō）是较为重要的一座，在宁波可以购买到江西所产的精美瓷器。[3]

可见，葡萄牙人对浙江的认识比以前准确了，他们先是知道宁波（Liampō）是中国的主要港口城市，后来又逐渐知道了浙江省及其省会城市杭州的名称。

伯来拉还说，葡萄牙人发现宁波售卖大量细瓷，起初以为是宁波制造的，但最

---

[1] 在葡萄牙文献中，Liampō 一词既用来特指双屿港，也用来指称宁波府城和宁波地区，一般用来指宁波口外舟山群岛的双屿港。

[2] 方豪：《十六世纪我国走私港 Liampō 考》，载《方豪文录》，北平上智编译馆 1948 年版，第 24 页。

[3] 石青芳著：《西方人眼中的浙江》，海洋出版社 2009 年版，第 37 页。

后才知道产自邻省江西。在频繁贸易的背景下,1541年,出现了有满剌加要塞司令别碌佛哩名字及年代的中国青花瓷,由葡萄牙人率先输入欧洲。这批早期订购瓷有三件实物遗存,为当时葡萄牙人在华定制的瓷器新品种"铭文瓷"和"纹章瓷",目前分别收藏于意大利那不勒斯玛蒂娜公爵国家瓷器博物馆、土耳其托普卡比·萨拉伊宫博物馆和葡萄牙贝雅地区博物馆。它们既是商品,又是艺术品,中西合璧,独具特色,为全球化第一波浪潮激荡下的历史产物。[1]

葡萄牙人在双屿港过冬定居下来后,便开始在那里筑码头、铺道路、建仓库、设商店,甚至建造市政大厅、任命各级官员。他们在这块居留地上享有广泛的自由。若用1541年抵达双屿港的葡萄牙人法里亚的话说,"这里的状况与葡萄牙繁荣的市镇绝无二致。"17世纪的西方旅行家曼里克说:葡萄牙人在中国的第一个居留地是宁波(双屿属宁波府),那里的贸易之盛和商业规模之大,堪和(葡属)印度城市相匹敌。[2]葡萄牙人加斯特洛·桑巴域在《中国澳门》一书中也曾说道:"1545年前,葡萄牙人曾经在双屿港建成一座名副其实的市场,其中有天主教堂八所,医院两所,一座永久性的市政厅。"[3]

拉达

---

[1] 金国平、吴志良:《流散于葡萄牙的中国明清瓷器》,载《故宫博物院院刊》2006年第3期,第98—112页。
[2] 转引自王慕民:《明代中后期葡萄牙与宁波的交往》,载《宁波师范学院学报》(社会科学版)第19卷第4期,第17页。
[3] 转引自杨成鉴:《海上丝绸之路的起点站——双屿港》,载《浙江纺织服装职业技术学院学报》2005年第1期,第67—71页、76页。

1564年,西班牙人拉达自愿参加菲律宾远征,此后有机会出使中国。拉达等人在福建受到中国当地官员的礼遇,对中国有了不少了解。除先前从葡萄牙人处得到的中国信息,这一次亲身所见所闻,加上购置了一些中国书籍,这些都成为以后拉达写作的素材。拉达虽然没有到过舟山,但他在1575年所写的《记大明的中国事情》中指出:按葡萄牙人所说,"从宁波[Nin(g)po]即他们(指葡萄牙人)地图上称作的Liampō所在的纬度29度开始,所有的海岸都是整齐的,有很好的港口"。[1]

洪若翰是18世纪法国耶稣会传教士,他受法国国王路易十四派遣,于1687年7月23日到达宁波。1703年2月15日,当时他居住在舟山,与法国国王忏悔师、神父拉雪兹保持通讯关系。在这份名为"耶稣会传教士洪若翰神父致拉雪兹神父的信"中,他把舟山视为浙江省境内的中国港口,距宁波有18法里(1法里约合4公里)。

宁波——某些欧洲人称其为Liampō,是浙江省境内一流的城市之一,也是濒临中国东海的一个极好的港口,它还与日本隔海相望。……宁波的商人与日本做的买卖颇大,其前往日本始自圣方济各·沙勿略时代……[2]

20世纪英国历史学家博克舍在追述这一段历史时说:

对于葡萄牙人来说,和中国的贸易是那样有价值,他们不愿意轻易就放弃这个新的和有希望的市场。故而在随后的三十年内,佛郎机[3]继续游弋于中国沿海,他们有时在地方官员的默许下进行贸易,有时则完全不把地方官放在眼里。由于最初是在广东相当严厉地执行那道明王朝禁止其贸易的诏令,葡萄牙人便将自己的注意力转移向较北面的沿海省份——福建与浙江,他们在那隐蔽、无名的诸岛屿及港湾内越冬。在那些暂时的居留地中,最繁盛的要数宁波附近的双屿港,以及位于庞大的厦门湾南端的浯屿和月港。……从中国载籍中可以清楚地看到,1521—1551年间频繁出没于中国沿海的那些葡萄牙走私商人得到了急于要与其交易的中国各阶层人士的广泛同情和支持。[4]

---

[1] [英]博克舍编注,何高济译:《十六世纪中国南部行纪》,中华书局1998年版,第187页。
[2] [法]杜赫德编,郑德弟、朱静等译:《耶稣会士中国书简集:中国回忆录》第一卷,大象出版社2001年版,第260—261页。
[3] Frank的音译,十字军东征以后,近东人概称西欧人为"佛郎机",此名随阿拉伯商人传到印度、中国。
[4] [英]博克舍编注,何高济译:《十六世纪中国南部行纪》导言,中华书局1998年版,第4—5页。

博克舍所说是可信的。在西方的文献资料关于双屿港的记录中,可以看出,从公元1524年到1548年的二十多年间,经过葡萄牙人的精心经营,双屿港逐渐成为中国东南沿海地区,乃至葡萄牙在远东地区最重要的商贸港口之一。

二、极盛时期的双屿港

葡萄牙人占据双屿之后,最初主要从事浙江沿海的走私贸易。然而,1542年左右,葡萄牙人"发现"了日本,又开辟了对日直接贸易。日本文献《南浦文集·铁炮记》说,在1543年(日本天文十二年)八月,有3名葡萄牙人漂流到种子岛。葡人"发现"日本的经过如下:

1542年,一个名叫弗雷伊塔斯的船长把船停泊在暹罗王国的大城。三个葡萄牙人乘一条前往中国的中国式帆船逃离了他。他们是:莫塔、泽摩托和佩索托。他们前往位于30多度的宁波城(Cidade de Liampō)停泊,一场船尾暴风把他们吹离了陆岸。几天后,在东方32度处见到了人称日本的岛屿。似乎这便是书中常常提到的日本国及其财富;日本岛有金,多银,还有其他财富。[1]

这三个葡萄牙人乘坐的是一条中国船,目的地是宁波的双屿,而船主便是大名鼎鼎的汪直。其实在当时,汪直和三名葡萄牙人带领上百名番商从暹罗乘船北航双屿港,结果于九月廿三日被暴风雨冲漂到日本种子岛。由此,葡人发现了他们梦寐以求的日本,汪直也和日商初步建立起贸易关系。正是在这次暴风灾难中,通过汪直的传译,"铁炮"传入了日本。"铁炮"还是葡人的"铁炮",但是由华人经中国传入的。西方先进火器的传入,促进了日本列岛的统一步伐,对日本历史的影响可想而知。后来传入

有关"铁炮传来"的日本历史画

---

[1] 转引自金国平编译:《西方澳门史料选萃(15—16世纪)》,广东人民出版社2005年版,第60页。

日本的天主教也先经中国而入。双屿在日本与欧洲初期交通史上的地位由此可见一斑,对此,文化史家方豪评论说:"日本与欧洲之知识交换,双屿必为策源地之一。"[1]可见,双屿在日本近代化的过程中,曾起到过不可替代的文明传播媒体的作用,它竟是现代日本崛起的策源地。

博克舍根据葡文记载,说:

1542年,搭乘一只福建船的三个葡萄牙逃兵偶然发现了日本,由此开辟了一个有利可图的、广阔的新市场,这使葡萄牙人转移了重开与中国官方贸易的迫切努力。但是不久,在台风季节,他们笨拙的帆船在中国海航行的危险迫使他们致力于获得一个处于满剌加(马六甲)与长崎之间的庇护港口。此外,还需要一个安全的基地,以获得充足的中国生丝的供应,中国生丝是他们运往日本的船货中最有利可图的部分。[2]

而双屿正是这样的一个安全基地。

葡萄牙人的贸易形式是,与中日私商合伙,从满剌加等地贩来胡椒、香料等东南亚商品运到双屿,再在宁波沿海与当地商人交换丝绸、棉布,然后运往日本出售,换回白银,再用以购买下一趟航行的船货。葡萄牙人除了在宁波、双屿等处与中外私商交易,也继续发船到闽浙沿海从事买卖活动,甚至深入到长江内河各港口。

由于"日本盛产白银,中国货在那里可以赚大钱",[3]葡萄牙人对中国和日本的三角贸易获利甚厚,而且"在1542年发现日本之后的几年里,这种贸易是对所有人开放的"。[4]因此,双屿港不断吸引来大批的葡萄牙人和中外私商,并从这里继续前往日本和东南亚各地。在日本的平户,"大唐商船来往不绝,甚至南蛮(指东南亚)的黑船也开始驶来平户津。大唐和南蛮的珍品年年充斥,因而京都、堺港等各地商人,云集此地,人们称作西都。"[5]

双屿港的国际贸易蒸蒸日上,盛极一时,到此经商、定居的葡萄牙人迅速增加,

---

[1] 方豪:《中国在日欧初期交通史上之地位》,载《方豪文录》,北平上智编译馆1948年版,第69页。

[2] 转引自廖大珂:《朱纨事件与东亚海上贸易体系的演变》,载中国人民大学复印报刊资料《明清史》2009年第6期,第18页。

[3] [葡]平托著,金国平译:《远游记》下册,澳门东方葡萄牙学会1999年版,第137章,第409页。

[4] 转引自廖大珂:《朱纨事件与东亚海上贸易体系的演变》,载中国人民大学复印报刊资料《明清史》2009年第6期,第18页。

[5] [日]木宫泰彦著:《日中文化交流史》,商务印书馆1984年版,第618页。

来自亚洲各地,甚至欧洲的商品都在这里交换、中转和集散,双屿港成为联结东南亚、中国东南沿海、日本大三角贸易市场的中心。在这个链条中,他们从满剌加等地贩卖胡椒、香料等东南亚商品,在双屿或者月港与当地商人交换丝绸、棉布,然后运往日本销售,换回白银,再到中国买丝或布,卖到满剌加。葡萄牙人甚至还通过果阿将货物贩卖到了欧洲,这条线成为葡萄牙人获利最丰的黄金航线。

随着"东南亚 — 双屿 — 日本"贸易网络的构建成功,双屿港的对外贸易活动对于当时世界贸易体系的建立,产生了重要的影响。明朝嘉靖年间,日本正处于室町幕府统治时代,日本在这一时期加入了"东南亚 — 双屿 — 日本"贸易网络,从而使得博多、山口、长崎等地作为对外贸易的城市,逐步发展并繁荣起来,成为日本当时的商业中心。日本通过双屿港走私商人的贸易,不仅满足了日本国内对于明朝商品的需求,另一方面日本又开始大规模从事所谓的"转口贸易",即日本"与琉球的贸易主要是输入琉球国的商船,自爪哇和菲律宾输入胡椒,再将其输出至朝鲜和明朝"[1]。

同时,欧洲的商人,其中主要是葡萄牙商人,又将日本的商品转运至东南亚,而且规模十分庞大,当时日本的商业城市"特别是长崎就几乎成了葡萄牙的半殖民

到达日本的南蛮船

---

[1] [日] 井上清著,阎伯纬译:《日本历史——"国史"批判》,生活·读书·新知三联书店1957年版,第93页。

地"[1]。"东南亚 — 双屿 — 日本"贸易网络的影响不仅局限于东亚、东南亚地区,而是覆盖到了当时世界上很多国家和地区。在这条贸易网络中,中国是龙头,汪直为首的一大批中国走私商人的对外贸易活动带动了日本经济的发展。中国商品的直接输出,或是通过日本"转口贸易"的间接输出,也促进了欧洲各国对外贸易的繁荣。由于欧洲各国对于中国商品的巨大渴求,必然会导致大量白银流入中国,而为了获取白银,也使得欧洲殖民者加速了对美洲白银的开发和对其他国家地区白银的掠夺,这些都直接或间接导致了当时世界贸易体系的建立。

双屿港见证了以葡萄牙为代表的西方列强向东方拓展市场的历程,它比澳门还早近十年,可以说是事实上最早的"自由港",与世界公认最早的意大利热那亚湾的里南那自由港(1547年)相比还要早,并且持续繁荣长达20多年。大小船舶云集,钟楼、民居、教堂、码头、商铺等中西建筑鳞次栉比,卸货的码头工人、赶着马车的车夫、巡逻的警察、做买卖的生意人、挑担的挑夫等南来北往。世界各地的商品和数不清的白银在这里交换、中转和集散,双屿港成为连接东西方的举世无双的贸易金融港。

有历史学家称"双屿港邻近中国经济最发达的地区,借助浙东运河可与明朝的经济神经中枢京杭大运河连接,从经济地理角度来说,双屿的价值远胜澳门"[2]。而后世的日本著名海交史专家藤田丰八先生则称:"葡人所称之宁波(Liampō),实为十六世纪之上海也。"[3]

三、克路士《中国志》中的双屿

克路士,出生于葡萄牙的恩渥拉。1543年,作为十二名多明我教士团的一员,在副主教迪额郭·伯姆德斯的率领下,前往亚洲传教。克路士到达葡萄牙在远东的殖民点果阿,最初前往印度的西海岸传教,后来又到满剌加布道。1555年到1556年在柬埔寨传道失败后,就转移到中国广州传教。1556年冬天,他到达广州,停留了几个星期。1559年,克路士便乘船返回葡萄牙。10年后,克路士在恩渥拉出版《中国志》,被誉为"欧洲出版的第一部专述中国的书"。

---

[1] [日]井上清著,阎伯纬译:《日本历史——"国史"批判》,生活·读书·新知三联书店1957年版,第104页。
[2] 《中国国家地理·浙江专辑》(下),2012年第2期,第32—33页。
[3] [日]藤田丰八著:《中国南海古代交通丛考》,商务印书馆1936年版,第384页。

在葡萄牙早期文献中，最详细谈及葡萄牙人和双屿港关系的是克路士。在《中国志》中，克路士宣称这是一部"详尽记中国事物及其特点的文章"。该书被公认为是比较可靠的史料，所述内容也大多能为中国史籍所证实。

首先是葡萄牙人何时来到双屿港的问题。克路士在《中国志》的第二十三章"葡萄牙人在前些时候怎样跟中国人进行贸易，中国人又怎样武装反对他们"中，记述中葡早期贸易活动时，详细地谈到葡萄牙人与浙江宁波的关系，说当时受诱于贸易利润的丰厚，一些葡萄牙人来到浙江，建立了第一个相当规模的殖民据点——双屿港。他记述道：

克路士纪念碑

这些住在中国以外并且自费尔隆·伯列士·德·安德拉吉犯事以来和葡人一起去的中国人指导葡人开始到宁波（Liampō）做贸易……[1]

葡萄牙人是在旅居满剌加、暹罗等地的华人指导下，开始到宁波做贸易的，时间在 1522 年葡人被逐离广东之后，贸易对象则是"当地商人"。

第二是关于双屿商埠形成过程的问题。以 1526 年葡萄牙人的到达为契机，中国海上贸易的重心开始东移，宁波的商贸活动由此被注入强劲动力，双屿港也随之从大茅、南纪之类的海商私泊锚地脱颖而出。在这起始阶段，贸易是"暗中进行"的，数量不大，华人中间商也并不固定，葡人在贸易季节或直接在停泊港中的船上交易，或"靠海滩搭起蔽身和存货的席棚"，当交易完毕"乘船离开时就把棚子烧掉或拆掉"。正如克路士所言：

事态发展到葡人开始在宁波诸岛过冬，在那里牢牢立身，如此之自由，以致除绞架和市标（Polourinho，作为城市标记及对犯人公开施笞刑之地的石柱。——原注）外一无所缺。[2]

---

[1][葡]伯来拉等著，何高济译：《南明行纪》，中国工人出版社 2000 年版，第 205 页。
[2][葡]伯来拉等著，何高济译：《南明行纪》，中国工人出版社 2000 年版，第 206 页。

而且还步步前进,开始到福建漳泉一带和广东海岛去做生意,到南京那边去进行贸易。由此可知,双屿港此时已成为葡人在华的重要走私港口和中转贸易基地,并且正在向像澳门一样的永久定居点方向转变。我们有理由相信,要不是1548年明政府对双屿的军事打击,它完全有可能发展成为葡萄牙的永久性居留地。

第三是双屿港走私贸易的繁荣情况。经过二十多年中外商人的共同经营,双屿发展成为舟楫塞港、商贾辐辏、百货齐集、市面兴旺的国际贸易港。如克路士记述:

> 因为那一带没有带墙的城镇和村落,而沿岸有许多穷人的大镇,他们很喜欢葡人,把粮食卖给葡人以便得到收入。在这些城镇中有那些跟葡人一起的中国商人,因为他们为人所知,葡人也以此受到较好的款待,通过他们的安排,当地商人把货物携来卖给葡人,和这些葡人一起的中国人就充当葡人和当地商人的中间人,所以很快获得大利。
>
> 海岸的小老爷也从这种贸易中获得大利,因为他们接受这个和那个的重贿,许人交易,让商人携带和转运货物。因此这种贸易在他们当中长期瞒过了皇帝和省的大老爷。[1]

通过宁波出口的瓷器以数量多、品质好和价格便宜而给来双屿的葡萄牙人留下了极为深刻的印象。这种空前繁荣的商业性经济恰好适应了当时世界贸易量迅速提升的需要,即它不仅能向外商大量提供其最需要的丝绸、瓷器等物品,同时也能吸纳他们运来的香料和其他商品。以至通过在双屿的贸易,葡萄牙人竟能获得高达200%到300%的利润。

双屿门(港)地形图

---

[1] [葡]伯来拉等著,何高济译:《南明行纪》,中国工人出版社2000年版,第205页。

这应该是葡萄牙人选择双屿和双屿迅速崛起的根本原因。

最后是葡萄牙人被逐离双屿的原因。最初光顾双屿港的中葡海商往往有很强的"盗"性,他们中有不少人干过海盗营生,或本身就是狱囚。他们的商船都配有精良的热兵器,一遇有利时机就乘便打劫。如果说起初他们行事还比较谨慎的话,那么随着在双屿逐渐站稳脚跟,他们就变得越来越放肆了。

随同葡人的中国人,及一些其他的葡人,无法无天到开始大肆劫掠,杀了些百姓。这些恶行不断增加,受害者呼声强烈,不仅传到了省的大老爷,也传到了皇帝(耳中)。他马上下旨福建省准备一支大舰队,把海盗从沿海,特别从宁波沿海驱逐走,所有的商人、葡人和中国人都一样,都被算在海盗之内。[1]

在此,克路士还谈到此后双屿港葡人被明军剿灭的大致原因。

另据克路士记述,在走马溪被捕的华人中,有一名浙江出生的青年为葡人充当翻译。估计他很有可能是浙东一带的人,或者是经由宁波等地入海到葡船上服务的。当时有不少葡萄牙人、西班牙人、日本人、南洋各国人在双屿定居。16世纪40年代,西班牙人带着宁波(Liampō)人,从东、西两条航路漂洋过海,成为最早到达欧洲的浙人。当时,一批宁波人从东航路上,随西班牙人漂洋过海,到达拉丁美洲;而另一批宁波人则从西航路上,随西班牙人越过印度洋和大西洋,到达伊比利亚半岛。

总之,根据克路士的记载,葡萄牙人从1524年起,就在中国东南沿海一带进行走私贸易,他们盘踞的浙江宁波甬江口外的双屿港就是一个大规模走私贸易的据点。当时国际走私贸易十分兴旺,以致造成港口堵塞的现象。葡萄牙人所盘踞的双屿港号称当时"葡属东方殖民地最富庶的商埠"。

四、平托《远游记》中的双屿港

费尔南·门德斯·平托,葡萄牙商人、冒险家。平托出生于葡萄牙一个贫苦家庭,少年时代在贵族家中当差。在这个方兴未艾的大航海时代中,平托也梦想着去遥远的东方漫游冒险。1537年他登船出海,前往印度,从此开始了他在东方长达21年的游历冒险生涯。他曾为葡萄牙王室效力,还参加过耶稣会,也经过商,还成

---

[1] [葡]伯来拉等著,何高济译:《南明行纪》,中国工人出版社2000年版,第206页。

平托

为葡萄牙使团的成员出使过日本。一生经历坎坷离奇,曾多次到过中国南部沿海地区。1558年,他返回葡萄牙里斯本,潜心写作,撰写回忆录。1576年,不善文字的他终于在别人的帮助下,完成了这部讲述他在东方冒险经历的《远游记》。1583年,平托去世之后,书稿经方济各·安德拉特整理,于1614年在西班牙里斯本出版葡萄牙文版本,此后被译成多种文字,在欧洲流传甚广。

《远游记》对东方世界的描述和记录内容囊括了红海、东南亚、中国和日本列岛,在当时欧洲无出其右者,其中用了近三分之一的篇幅记述了中国。平托的《远游记》后经人润笔,优美生动,内容富于传奇色彩,情节引人入胜。由于《远游记》曾被人进行过不顾事实的润色,长期以来学术界都认为其史料价值有限。但现在经过中国文献的佐证,我们知道平托书中关于双屿港的记载,除某些细节的夸大及个别情节的杜撰外,其主要内容是真实可信的。而且平托的游记除记载自己在东方的经历外,也编入了当时西方人的各种东方见闻,所以比较完整。平托在其书第67—71章和第137—144章,讲到他在双屿门,也就是双屿港的详细经历。

首先,平托考察了双屿港所处的位置和环境。

我们行驶了6天后,来到了双屿门。谓门,实为两个相对的岛屿。距当时葡萄牙人的贸易点三里格[1]远。那是葡萄牙人建立的在陆地上的村落,房屋逾千。有市政官、巡回法官、镇长及其他六七级的法官和政府官员。那里的书记在公文的最后常常这样写道:本某,双屿城书记官,以我主国王的名义……该城充满自信和骄傲。有些房屋的造价已高达三四千克鲁扎多。[2]

…………

在这两个当地人和在那一带航行的人称之为双屿门的小岛之中有一个海峡,其宽度为两箭之遥,水深在二十至二十五寻[3]之间,有数处优良泊口。山头有淡水溪流,

---

[1] 里格(Lengue):葡萄牙里程单位,1里格约等于3海里。
[2] [葡]平托著,金国平译:《远游记》上册,澳门东方葡萄牙学会1999年版,第66章,第193页。
[3] 寻(Fathom):长度单位,主要用于测量水深,1寻=6英尺=1.8288米。

穿过茂密的树林直淌而下。林中多雪松、橡树、五针松、海松。船只在此伐取帆衍、桅杆、木板及其他木材,分文不付。[1]

接着,平托详细描述了当时双屿城的规模、市政建设。在第221章中,他写道:

这村落中除了来来往往的船上人员外,有城防司令、王室大法官、法官、市政议员、死者及孤儿总管、度量衡及市场物价监察官、书记官、巡夜官、收税官及我们国中有的各种各样的手艺人,四个公证官和六个法官。每个这样的职务需要花三千克鲁扎多购买,有些价格更高。这里有300人同葡萄牙妇女或混血女人结婚。有两所医院,一座仁慈室。它们每年的费用高达3万克鲁扎多。市政府的岁入为6000克鲁扎多。一般通行的说法是,双屿比印度任何一个葡萄牙人的居留地都更加壮观富裕。在整个亚洲其规模也是最大的。[2]

平托还用生动的笔调描述了双屿港繁盛的海外贸易,俨然一个海外贸易中转站。

据知情者讲,葡萄牙的买卖超过三百万金,其中大部分为白银。日本是两年前发现的,凡是运到那里的货物都可以获得三四倍的钱。[3]

嘉靖中叶,双屿成为当时海上重要的国际走私贸易港,作为宁波的外港,以其为中心,形成了新的海上网络:宁波—日本—东南亚—印度洋—欧洲。双屿港也成为一个重要的造船和补给基地。平托记载,一个以法里亚为首的葡萄牙人船队作出去双屿的决定,"他去双屿的目的是去那里换船,配备新的桨船,然后继续沿海南海岸行驶到印度支那湾去找寻宽热帕鲁矿"[4]。

平托说葡萄牙人曾"到岛上去收货。他们带着从主人手里借来的五六十个奴仆去收挂在树上晾晒的丝绸。此外,在两所大房子中,在很干燥的环境中还储藏着

---

[1] [葡]平托著,金国平译:《远游记》上册,澳门东方葡萄牙学会1999年版,第67章,第194页。
[2] [葡]平托著,金国平译:《远游记》下册,澳门东方葡萄牙学会1999年版,第221章,第699页。
[3] [葡]平托著,金国平译:《远游记》下册,澳门东方葡萄牙学会1999年版,第221章,第699页。
[4] [葡]平托著,金国平译:《远游记》上册,澳门东方葡萄牙学会1999年版,第56章,第164页。

葡萄牙文版《远游记》扉页

许多丝料,如前所述,总值达白银十万两,有一百多人的股份。一些股东在双屿,另外一些在满剌加。当时那批货物就是准备运到满剌加去的,这两批收回的货物价值也在十万克鲁扎多以上"。而后来他们清点货物,除了给葡萄牙人的那部分以外,"还有价值十三万日本纹银的货物。品种繁多,锦缎、丝绸、丝线、塔夫绸、麝香、细瓷"。[1]

平托还记述16世纪40年代初,由于葡萄牙人到达日本,随后给双屿带来了"日本盛产白银,中国货可以在那里赚大钱"的消息,于是"当时一担生丝只有四十两白银,八天中竟然涨到了一百六十两。就是这样,还要千方百计才能购得,且质量不佳"。[2]

《远游记》中也记下了双屿港葡萄牙人被明军剿灭的具体缘由:一个遭中国商人欺骗的葡萄牙商人,纠集歹徒向沿岸的中国村庄泄愤,抢劫杀人。中国居民上报官府。1548年,明军便出兵将双屿港夷为平地。

因一葡萄牙人的胡作非为,双屿在片刻之内被摧毁、夷为平地。我亲身经历了这场灾难。当时我们的火力及财产损失无法估计。[3]

这一战葡萄牙人受到重创,不得不离开浙江避走福建沿海。后又数次被逐,辗转奔走多处,最后才在澳门落脚。

葡萄牙学者阿马罗称:"费尔南·门德斯·平托的《远游记》为今天了解双屿的唯一详细的文献。它为华人所摧毁,但其可能的生还者或许就是澳门的最早一批居民。据此文献,双屿港这个葡萄牙人在中国东海岸的商站是由杜阿尔特·罗德里格斯于1524年成立的。"[4]

---

[1] [葡]平托著,金国平译:《远游记》下册,澳门东方葡萄牙学会1999年版,第60章,第177—178页。

[2] [葡]平托著,金国平译:《远游记》下册,澳门东方葡萄牙学会1999年版,第137章,第409页。

[3] [葡]平托著,金国平译:《远游记》下册,澳门东方葡萄牙学会1999年版,第221章,第699—700页。

[4] 转引自林立群主编:《跨越海洋——海上丝绸之路与世界文明进程国际学术论坛文选(2011中国宁波)》,浙江大学出版社2012年版,第326页。

五、双屿——中西文化交流的第一站

当时双屿港,伴随着海外贸易的发展,西方文化乃至世界文化也在此交融。当葡萄牙人进入双屿港后,便在修筑商馆的同时也建造了天主教堂,以供来此经商的教徒礼拜和耶稣会士传教布道。其时岛上各国教徒已不计其数。除葡萄牙人、华人外,用《葡萄牙同明朝的早期关系》中的观点,在双屿港居住的至少还有日本人(倭夷)、马来人(彭亨人)、琉球人与暹罗(今泰国)人,甚至还有远至东非、印度的黑鬼番。

葡萄牙人浩瓦特的文章也指出:特别在著名的宁波附近的殖民地上(双屿),耶稣会传教士狂热地把他们统治下的土著居民转化为基督教徒。[1]不管怎么说,这可以算是天主教来到浙东海岛的最早记载。

根据平托记载,天主教已经传入双屿港,而且已经建有教堂,有比较正式的宗教活动。他走进村中时,"无染受孕圣母堂的钟声敲响了,它是当地六七所教堂的主堂"。[2]平托详细记述了他在双屿港参加的一场天主教弥撒:

他登岸后,为其举行了欢迎仪式。

…………

然后,带着他沿一条上面横满了松树枝、桂树挂满叶和芦苇,用绸缎做天篷的曲长的路前往教堂。

…………

安东尼奥·德·法里亚离开这里后,六位知名人士打着一顶富丽堂皇的华盖送他到教堂中去。……

抵达教堂门口时,八个身着锦缎礼袍,佩戴着华贵披肩的教士列队吟唱"赞美上帝",迎接他。还有许多人在风琴的伴奏下为之伴唱。那情景如同在一王子的小教堂中一般。

在这缓慢庄重的仪式中,来到了教堂的主殿。只见那里安放着一铺着白锦缎的王位,上面有一把包着洋红天鹅绒的椅子。它的下面摆着一个用同色天鹅绒制的垫子。

---

[1]转引自王慕民:《明代中后期葡萄牙与宁波的交往》,《宁波师范学院学报》(社会科学版)第19卷第4期,第18页。

[2][葡]平托著,金国平译:《远游记》上册,澳门东方葡萄牙学会1999年版,第67章,第194页。

以沙勿略带华人施洗为题的彩绘玻璃窗

他一坐到那把椅子上,便响起了和谐的弥撒声,无论是人吟还是乐曲都很动听。一位名叫埃斯特万·诺格伊拉的代理主教开始布道。因为他不习惯做神功,加上他本人亦并非优秀神职人员,学问浅,目不识丁,但却有种贵族式的傲气,所以他想在这个重要的日子里卖弄自己的学识和口才,结果把布道词混成了一锅粥,一味儿吹捧安东尼奥·德·法里亚。其语毫无逻辑,前言不搭后语,在听众面前大吹特吹安东尼奥·德·法里亚,连安东尼奥·德·法里亚本人都听得厌倦了,觉着这是一种侮辱,于是人们扯了扯他的法衣三四次,示意让其停止……

…………

笑声人语平静后,进来了六个身着天使服的助祭儿童。他们手持各种镀金乐器。代理主教跪在无染受孕圣母之前,眼望图像,双手高举,眼含热泪,用悲切的口吻,对圣像说道:

"圣母,您是玫瑰。"

六名儿童齐声附和:

"圣母,您是玫瑰。"

孩子们一边吟唱,一边弹拨乐器,听得所有在场的人都如痴如迷。这虔诚的场面真可使人为之一掬热泪。

然后,代理主教按照古老的方式,奏起一把巨大的吉他,用吟念弥撒一般的抑扬顿挫的声音十分虔诚,却是应景地在吉他上演奏了几支曲子。每奏完一遍,孩子们都齐声答道,"圣母,您是玫瑰。"众人认为这一演奏极佳,无论是那音乐的和谐,还是气氛的虔诚,使教堂中所有的人无不听之泪下。[1]

由此可见,明嘉靖初,天主教就开始传入舟山,时人称其为"洋教"。16 世纪 40

---

[1] [葡]平托著,金国平译:《远游记》上册,澳门东方葡萄牙学会 1999 年版,第 68—69 章,第 198—201 页。

年代,因天主教为葡萄牙国教,葡萄牙走私商在双屿港首建天主教堂,"有葡萄牙传教士 8 人",有欧洲及日本等地的教徒数千人,有华人教徒数百人,双屿成为天主教在中国东南沿海最早的活动中心之一。

平托记述的中西文化交流最有特色的,是葡萄牙人法里亚的船队入港的描述:

六天以后的一个星期天的凌晨,晴空万里,可以顺利进港。在一片悦耳的乐器声中,人们在晨曦中,把他迎进了港口。在海岬上按照葡萄牙人的习惯,一队人敲锣打鼓,载歌载舞迎上来。一切是那样具有故土气息,令人赏心悦目。

……各种小船前呼后拥,上面鼓乐齐鸣,各式各样的中葡乐器应有尽有。

……六十艘不同的船只向安东尼奥·德·法里亚所在的那船驶来。只见那些船上张灯结彩,铺好了地毯。有三百身着盛装,披金戴银,按非洲习惯斜挎镶金宝剑的人来迎候他。所有的物品无不精美绝伦,令人赏心悦目,惊叹不已。[1]

在这一隆重的仪式中,法里亚驶入了港内,"那里依法排列了二十六艘大船,八十艘帆船和许多拴连在一起的小船。这些船只构成了一条长长的通道"。更有趣的是,那里出现了中外文化的交融现象。法里亚是在"一片鼓号齐鸣及中国、马来西亚、占城、暹罗、婆罗洲、琉球及各种各样的乐器声中来到了码头"。并被一顶 8 人抬的大轿抬上了岸,轿子前面"由十二名手持银狼牙棒的开路先锋及六十名持镶金宝剑和戟的刀枪手护卫。……还有八个打着白色缎旗的骑兵及另外八个打着绿、洋红两色华盖的人在高声开道"。"宴会上还有文艺演出,一曲中国戏,一曲葡萄牙戏。"[2]由此可见,在当时的双屿港,人们不仅在教堂中做弥撒和布道,而且在宴会上还演出中国戏和葡萄牙戏。

欧洲的西洋美术(包括绘画和雕塑)传入中国,是伴随着天主教而来的。过去,有艺术史家下过这样的结论:"西洋美术传入中土,盖亦自利玛窦始。"以今天发掘的史料而言,此言有错误。

中国油画发展的起点,有据可查是从明代嘉靖年间葡萄牙人在双屿港建立贸易基地起,将油画这一艺术样式带入中国。平托《远游记》第六十八章这样记载双屿港:

---

[1] [葡]平托著,金国平译:《远游记》上册,澳门东方葡萄牙学会 1999 年版,第 68 章,第 196 页。
[2] [葡]平托著,金国平译:《远游记》上册,澳门东方葡萄牙学会 1999 年版,第 68—70 章,第 196—203 页。

"世贸中心"双屿港的覆灭

在同一塔楼上有一窗户,两个孩子和一个上了年纪的妇女在哭泣,在她的脚下有一男人被大卸四块,其形象很逼真,十几个全副武装的干系腊(即西班牙)人还举着带血的矛戟在杀戮。整幅艺术品豪华壮观,令人百看不厌。[1]

很明显这是一幅绘制在窗户上的西洋画,是一幅"豪华壮观"的艺术品。《远游记》同一章还记载:"他的双眼注视身边的那组塑像,近如同一面明镜。"双屿港的教堂里有西洋雕塑。同书第六十九章:"代理主教跑在无染受孕圣母之前,眼望图像,双手高举……对圣像说道……"双屿港的教堂里还有"无染受孕圣母"像。可以说,这是我们目前所能见到关于欧洲西洋美术传入中国最早的文字记载,比利玛窦到澳门要早30余年。

平托关于双屿港最后被摧毁的原因和情形的描述,也大致反映出当时双屿一带天主教人数至少为12000名。

我亲眼目睹了这一切。在这不到五个钟头的上帝对我们的严厉惩罚中,上帝以其

---

[1] [葡]平托著,金国平译:《远游记》上册,澳门东方葡萄牙学会1999年版,第68章,第198页。

万钧之力摧毁了一切，所有东西被付之一炬，夷为平地。基督徒死亡达一万两千人，其中八百名葡萄牙人。这些人分别在三十五艘大船和四十二艘中国帆船上被活活烧死。[1]

1548年（嘉靖二十七年），明军攻陷双屿，驱逐葡萄牙人，教堂亦被摧毁，部分教徒逃离，传教士也很快丧失了在浙江沿海的立足点，天主教在舟山的发展也暂时中断。

尽管后人对平托书中关于双屿港的描述提出种种质疑，但是不可否认的是，平托给我们留下了明朝西方人在舟山的珍贵见证，见证了当时舟山海上贸易的繁盛和中西文化交流融合的情景。

六、林旭登《航路总集》中的双屿

林旭登，生于荷兰哈勒姆。1576—1583年先后住在西班牙的塞维利亚、巴伦西亚和葡萄牙的里斯本。1583年去印度，1583—1589年任印度果阿大主教的簿记员。1589年回国，帮助荷兰到东印度（今印度尼西亚）的第一次航行，参加筹建荷兰西印度公司。1594—1595年发起到东北亚的航行，有"荷兰的马可·波罗"之称。

林旭登长期在果阿葡萄牙主教府工作，因果阿是当时葡萄牙殖民帝国的一大中心、葡萄牙东方总部，林旭登在那里接触并搜集了大量葡人在中国沿海的航

林旭登

路资料。主要的资料来源是大主教的档案室，后者对他很信任，因此他得以查阅到葡萄牙人试图隐瞒的大量信息。可以想象，这两个人一同坐在葡萄牙大帆船那起伏不定的甲板上，交流着远行的葡萄牙人征服或与之贸易的那些神秘国度的信息。

回国后，他根据16世纪葡萄牙人实际考察东方"香料航路"而留下的"针路"

---

[1][葡]平托著，金国平译：《远游记》下册，澳门东方葡萄牙学会1999年版，第221章，第700页。

资料,出版了两本重要的书,详细地说明了赴印度与中国的行程、各国的状况和进行贸易的可能性。其一是《葡萄牙人东方旅行记》,今名《航路总集》,为1595年荷兰人经好望角到印度的首次航行提供了重要指南;其二是《路线》,今名《林旭登到葡属印度东部航海记》(又名《葡属印度水路志》)。这两部文献是目前中葡双方有关双屿研究最权威、最核心、最重要的史料,也是我们打开双屿港之谜的钥匙。

作为欧洲方面最详尽可靠记述双屿港的相关资料,林旭登在《航路总集》中记载,沿着浙东海岸由北向南航行,便能驶达葡商常去做生意的双屿港。

沿着海岸,在距乍浦18古里(lieues)[1]处,你们可以来到Liampō诸岛(Isles de Liampō)。葡萄牙人习惯在那里进行贸易。这些岛屿以前称双屿港(Syongicam)。Liampō是附近一个地势高的海国的名字。一开始,你们碰到的岛屿不多。再往前走,会遇到一系列岛屿。[2]

这段话我们可以这样理解:从乍浦向东南行驶约95公里,就到了宁波诸岛(今舟山群岛)。

林旭登航海图

---

[1] 古里:即法国古里,1古里约合4公里。
[2] 金国平编译:《西方澳门史料选萃(15—16世纪)》,广东人民出版社2005年版,第57页。

该港周围有不少岛屿,"最后一个面向大海的岛屿很大,上面有数座高山及数个海湾。主要海湾位于西海岸。其中间有一座高耸的小岛。在它与海岸之间有一锚地。这是躲避南风及西南风的避风处。入口处水深5寻,但十分狭窄,大船无法转动。这个岛屿周围的水底干净无礁。"[1]

这个大岛,就是今天的六横岛,《航路总集》的地理描述,完全符合今天六横岛的地理特征。从西北的郭巨方向航行到东南的六横岛,首先映入眼帘的就是六横岛的"数座高山及数个海湾"。所不同的是,由于经历了清以后的围海造田运动,当年有水的港湾变成了今天无水的山岙。六横岛的地形特点是,西部全是百米左右的山岭,由北而南,连绵不断。山岭的西面,由北而南,分布着大麦坑、棕榈湾、涨起港等天然湾澳。这正符合"主要海湾位于西海岸"的记录。这些V字形或U字形的湾澳,大多开口朝西,三边有高山阻拦,口小腹大,拥有良好的避风和泊船条件。这段文字也使我们了解了双屿古航道的水深:5寻,即9米多。淡水资源,小平原,湾澳,是港口区成立的基本条件。

《航路总集》称:

在该岛西北2古里处有一个又大又高的岛屿。在其南西南海岸上有一个良港。在那里可以躲避东北风。其岸有淡水可汲取。其空气优于另外那个岛屿。两个岛屿之间的水道深35寻。锚地的水深足以泊船。从该岛北侧至陆地的距离约为3古里。在两者之间还有些小岛。[2]

从位于六横岛西北部、距离六横岛11公里及"又大又高"三大特征来看,应该是梅山岛。梅山岛地势呈西南—东北走向,南面可以挡东北风,所以,居民点即便在今天,仍多集中于南面。这正符合《航路总集》南面、西南海岸上建港口的条件。今天的梅山港,也位于岛的南部。梅山岛南及西南部是汀子港,是比较理想的港口区。梅山岛隔一条狭小的水道,就是宁波大陆了。海边的大陆都是小山,交通并不理想,但这正是走私港所要求的安全条件。

《航路总集》还称:

---

[1]金国平编译:《西方澳门史料选萃(15—16世纪)》,广东人民出版社2005年版,第57页。
[2]金国平编译:《西方澳门史料选萃(15—16世纪)》,广东人民出版社2005年版,第57页。

双屿港的上述两个岛屿位于 29 又 2/3 度处,延伸至 31 度。两岛之间的航道不净,因为在任何地方都可以遇到礁石和暗礁。水流湍急,因此,在遇到来自其他水道及水口的水流时,必须注意制定穿越的航线。为了安全通过,必须尽量避免与任何上述岛屿碰撞。上述岛屿之外,水底洁净。[1]

只要对照目前已测得的与双屿港相关的水文地理资料,便可知它与林旭登的记述基本吻合。林旭登所言双屿港的两个岛屿位于北纬 29 又 2/3 处同目前实测的 29.75 度很符合。据《六横志》所载,双屿航道呈南北走向,东西宽 1.4～2 公里,南北长 7.6 公里,水深 40～90 米,港域面积约 13 平方公里。[2]

按照《航路总集》的上述理解,则由西北而东南,在六横岛与梅山岛"中间有一座高耸的小岛",应该是佛渡岛。佛渡岛在两岛的南水口中间,远远望去,确实如大门障蔽着海峡。那么,"在它与海岸之间有一锚地",应该是佛渡岛与六横岛涨起港间的海域。今天,涨起港仍是摆渡到佛渡岛的渡口,这不是偶然的,而是历史形成的。"入口处水深 5 寻,但十分狭窄,大船无法转动",这应该是双屿港情况的描述。说明双屿港区背岛面洋,这正符合涨起港的地理特征。双屿港扼双屿门,地理位置重要。从地理上说,翻过涨起岭,就是适合人类居住的蛟头街。

至此,双屿港古航道有了确切的定位,为解开一系列双屿港之谜奠定了基础。林旭登的记述明确无误地告诉人们,双屿港位于双屿航道之内,它是 Liampō 诸岛或 Liampō 诸港的旧称,一般泛称主要由双屿水道内若干小港所组成的港口群,16 世纪上半叶葡萄牙人习惯在此进行贸易。

七、龙思泰《早期澳门史》中的双屿

龙思泰,瑞典商人和历史家。1759 年 3 月 23 日,龙思泰诞生在瑞典南部林雪平的一个贫民家庭。1797 年,龙思泰受雇于瑞典东印度公司,于第二年乘商船远航中国。19 世纪初,瑞典东印度公司结束了其在中国的生意,时任公司大班的龙思泰则继续留在中国,做着自己的生意。1815 年,他被瑞典王家授予瓦萨爵士勋位。1820 年,他成为瑞典驻中国的第一位总领事,并从广州移居到澳门,从事历史研究以终其生。1835 年 11 月 10 日,龙思泰在澳门逝世。

---

[1] 金国平编译:《西方澳门史料选萃(15—16 世纪)》,广东人民出版社 2005 年版,第 58 页。
[2] 蒋文波主编:《六横志》,上海书店出版社 1996 年版,第 63 页。

1832 年和 1834 年，他出版了不少关于葡萄牙在中国居留地，特别是澳门的著作。这些著作在他去世后，经过修改，于 1836 年在波士顿被合成一书出版，书名为"早期澳门史——在华葡萄牙居留地及罗马天主教布道团简史"。此书在国内所见到的版本，是 1997 年由东方出版社出版的《早期澳门史》。这是首部以英文撰写的较为完整的系统的澳门通史，一百多年来都是澳门研究者必读的重要参考书。

《早期澳门史》全书分为上、下两篇。上篇题为"在华葡萄牙居留地简史"，分三卷论述了葡萄牙人在中国东南沿海地区不同的居留地的情况。在第一卷"临时居留地"第一章，论述的是葡萄牙人在舟山双屿港的居留情况。

龙思泰

首先，他指出了双屿港走私贸易的形成原因：

很可能这一活动在葡萄牙人于 1521 年被驱逐出屯门之后不久就开始了（下文将有段落叙述被逐一事）。若干年内，葡萄牙人要在中国海湾活动必须冒着巨大的危险。因此，他们必须在帝国的东部港口为整个商业活动寻找据点。那里和别处一样，地方官员由于得到金钱上的好处，在他们敢于维持的时间内，尽可能长久地默许中国人与外商之间时断时续的交易。终于在双屿形成一个固定的交易市场。[1]

关于双屿港的具体位置，龙思泰写道：

如果我试图无懈可击地确认这个市场的地点。那将是轻率的。但通过仔细翻阅《平托旅行记》（Perigrinations of Fernão Mendes Pinto），我收集了一点线索，也许将来会有些用处……到达双屿要塞，该要塞由两个互相对峙的岛屿组成，相距 3 里格。两岛之间是一条海峡，其宽度在枪弹的射程之内，水深 25 寻，是一处环境优良的碇泊所。还有一道溪流从山顶流下来，令人愉悦。这个地方在中国东北部沿海，距澳门 200 里格。

---

[1] [瑞典] 龙思泰著，吴义雄等译：《早期澳门史》，东方出版社 1997 年版，第 3 页。

宋宝庆《昌国县境图》中的双屿山

显然,在这里龙思泰并未得出双屿港地理位置的确切结论。

但他做出了自己的判断,那就是区分了 Ningpo(宁波)和 Liampō(双屿港)这两个不同的地理概念:

> 我从耶稣会士于1714年绘制的浙江地图上没有找到这些岛屿,也许可以在200年前绘制并藏于里斯本的档案中的地图上,找到这些岛屿。我认为,Ningpo 和 Liampō(英文作 Lyangpo)并不是一回事。我宁愿相信,它们之间的距离相当于澳门与广州府之间的距离……[1]

理由是,当明朝的军队把 Liampō 捣毁之后,宁波府仍然存在。最初平托等一批葡萄牙人之所以将双屿港命名为 Liampō,应该是他们将其看作属于宁波府的港口,并为了和宁波(Ningpo)这个大的地理概念作区别,所以才以"宁波"的谐音

---

[1] [瑞典]龙思泰著,吴义雄等译:《早期澳门史》,东方出版社1997年版,第4页。

"Liampō"来称呼此地，或者根本就是将双屿港视为宁波府下辖众多港口之一而一并称之。从地理位置来说，双屿港当时确是宁波府的管辖范围，但葡萄牙人这样命名造成的结果，使得后来很多学者都误将 Liampō 直接当作了宁波。

经过20多年的经营，由港兴市，由市兴镇，双屿港区实际成为一个较大的小城镇。葡萄牙人建立起颇具规模的贸易基地，并且已有完备的城市行政建制，不仅为海上贸易提供便利，也为其在双屿常驻提供了休息场所。根据龙思泰记载：

在其繁荣兴旺的日子里，双屿成为中国人、暹罗人、婆罗洲人、琉球人等等的安全地带，使他们免遭为数众多、横行于整个海域的海盗之害。这个地方向来繁华，但自1542年起，由于对日本贸易而变得特别富庶。其地有两座教堂、一座市政厅、两家医院，以及超过1000幢的私人房屋。尽管这里属中国管辖，但实际上由一个自治市政机构统治着，这个机构由行政司法官、审计官、法官、市议员以及其他六七种官员组成。[1]

龙思泰引用了平托的《远游记》的内容指出，这个宏伟而富庶的居留地的毁灭，归因于一个叫佩雷拉的法官的挑衅行为。

据说此人将价值几千克鲁扎多的货物交给了某个中国人，但交货之后这个中国人却杳如黄鹤。他决心为自己损失的货物取得补偿，并从那些与此事无关的人身上挽回损失。他纠集了18或20个游手好闲的无赖汉，乘黑夜袭击了距离双屿约二里路的一个村庄，抢劫了11至12户人家，掳走了他们的妻子儿女，并毫无道理地杀害了大约10个人。[2]

这一暴行是对国家保护人民的法律的挑衅，和对神圣的财产权的蔑视，立刻引起愤慨。周围的居民都站到受害者一边，共同向地方官员递交了一份禀帖，抱怨这些外国人所带来的烦恼，及此时所犯下的罪行。

这一罪案得到了审理，浙江的道院或巡抚根据所提供的犯罪事实，下令将该地毁灭。这项命令得到了执行，"不到5个小时"，"双屿就一物不剩，荡然无存了"。双屿港葡萄牙人佩雷拉滥杀滥抢中国人，触犯了中国的法律，遭到浙江巡抚朱纨的打击，这在龙思泰眼里，认为是中国官府维护法律和主权的正义行为。

---

[1] [瑞典]龙思泰著，吴义雄等译：《早期澳门史》，东方出版社1997年版，第5页。
[2] [葡]平托著，金国平译：《远游记》下册，澳门东方葡萄牙学会1999年版，第221章，第699—700页。

八、法国入华天主教传教士笔下的舟山

《耶稣会士中国书简集》卷8内页

明清之间,自从耶稣会士入华以来,掀起了历史上首次真正的中西文化交流。尤其以法国入华耶稣会士的著作最多。通过与法国皇家科学院的密切联系,他们以近千封书信和大量著作向法国介绍了中国的传统科学文化,形成了欧洲历史上第一次"中国热"。他们的书信结集出版,形成18世纪欧洲汉学的"三大巨著"之一—《耶稣会士中国书简集》,影响甚大。

1685年,法国耶稣会的洪若翰、白晋、张诚、李明、刘应、塔夏尔一行六人,带着"皇家科学院院士""国王数学家"委任状,几经周折来到暹罗,塔夏尔留在暹罗后,其余5人继续向中国行进。为了避开葡萄牙人在广州等地刁难、阻堵和迫害,他们研究决定从宁波登陆,因此他们此行是经过台湾海峡来到舟山群岛的,并于1687年7月23日抵达宁波。

1687年,李明在他给蓬查特兰[1]大臣的信中,提到了他们初到舟山时的情景:

> 经过长时间在岩石间穿行后,我们终于发现了一个名为定海的城市,意思是让海安定下来的城市。该城位于一条河流的入海口处,我们在涨潮时驶入这条河流,并在上游三海里靠近宁波处抛锚,这正是我们旅程的终点。我们历尽一个又一个的危险、酷暑、饥渴以及船上的种种不舒服,经过36个日日夜夜的艰苦旅程,终于到达目的地了。[2]

洪若翰于1703年2月15日第二次来舟山时,曾从舟山写信给法国的拉雪兹神父,信中有一部分记载了在定海港活动的情况。

---

[1] 路易·菲利浦·蓬查特兰伯爵,是法国当时财务总监和海军部国务秘书,后于1696年任法国首相。
[2] 石青芳著:《西方人眼中的浙江》,海洋出版社2009年版,第88页。

1686年7月,我们离开暹罗前往中国。

....

我们幸运地通过了福建省的陆地与台湾岛之间的海面……

....

在距宁波三十或四十法里处,我们进入了一个由高高的岛屿组成的迷宫。在这一迷宫中,我们无法再辨认方向。[1]

舟山群岛由1390个岛屿和3350多个明礁组成,不熟悉舟山航道的人肯定要迷航的。幸好这五位传教士不仅是数学高手,而且都是天文学、地理学专家,他们随身带有绘制的地图和测量地球经纬度等仪器。

洪若翰还说,英国人用6个月时间探测,才绘制成定海(舟山)这片海洋的详细地图。

如果人们希望对此海有更多的了解,就应该去求助于英国人。因为三年前,他们已绘制了一张有关这片海洋的详尽的地图。他们探测了所有地方,访问了所有岛屿,知道哪些岛屿有人居住,哪些岛屿有水供应。这项工作耗时六个月,它颇适合于这些先生们的用心与好奇心。我曾经在卡切波尔(Catchpoole)[2]先生的手上看到过这些绘制得极佳的地图中的一种。卡切波尔先生是位贤人,他现在在中国担任领事与负责英国人在华所有贸易的英国王家公司的总裁。[3]

当时,洪若翰因向康熙皇帝奉献金鸡纳霜(奎宁),治好康熙皇帝的疟疾而闻名。浙江省和定海县的官员很热情地接待他,让他住进定海港道头新建的西洋楼,一住就是一个多月。后来,洪若翰从舟山定海乘英国船返回欧洲,1704年1月到伦敦,1月15日在伦敦又写信给法国的拉雪兹神父,信中写道:

尽管宁波是中国皇帝向外国人开放的港口之一,欧洲人仍还没有来过宁波。英国人在舟山就停了下来。舟山是东北面的一个岛屿,距宁波有十八到二十法里。英国人

---

[1] [法]杜赫德编,郑德弟、朱静等译:《耶稣会士中国书简集:中国回忆录》上卷,大象出版社2001年版,第250—259页。
[2] 卡切波尔,另译卡奇普尔、喀恰浦,为英国东印度公司舟山贸易管理会第一任主任。
[3] [法]杜赫德编,郑德弟、朱静等译:《耶稣会士中国书简集:中国回忆录》上卷,大象出版社2001年版,第260页。

首次登上舟山纯属偶然，因为他们在这一带星罗棋布的岛屿之中分不清也找不到通往宁波的航路。自那以后，舟山的官员们谨慎地根据朝廷的命令把英国人拦在了舟山。舟山是一个极好的港口，但不怎么适于从事贸易。我从 1703 年 1 月底开始与这些英国人一起呆在舟山，一直呆到同年 3 月 1 日我们为返回英国张帆起航。[1]

定海海关是浙江海关自己出钱建设的，海关财力有限，定海海关的基本设施造得不够好，特别是仓库太少。货物多了，定海仓库就放不下。

1773 年，天主教教皇下令解散耶稣会。1783 年，法国路易十四国王要求教廷准许由遣使会士取代耶稣会士主持法国北京传教区，遣使会由此在中国大幅度地发展。

加略利

加略利，是一位法国入华遣使会传教士，原籍意大利。他于 1836 年到澳门，由于受到清政府闭关锁国政策的阻挠，他停留在澳门学习汉语多年，并且多次试图进入中国内地传教。1838 年 6 月，他搭乘英国的商船到达浙江沿海地区，并且在舟山群岛的普陀山停留，企图北上进京，后被迫返回澳门。1838 年 10 月 26 日，加略利在澳门给法国巴黎外方传教会神学院院长写信，详细介绍了他这次中国沿海之行的情况。这封信后发表在他 1838—1860 年的《1838 年中国海岸旅行记》一书中，被收录到《旅行新年鉴》中。

在这篇文章中，加略利说明了自己前往宁波的目的主要是为了通过浙江沿海进入中国内地传教。

我将向您详细介绍本人在中国海岸的旅行……陶若翰（Torrette）先生首先想出了利用欧洲人在中国北部海岸从事鸦片交易商船的主意。最早对这种办法的反对和赞成意见各占一半。但自从一名遣使会士于今年 3 月在宁波获得幸运成功之后，又导致众人最终一致同意了这项倡议。因此，法国的两位司库联合了新近莅华的一批传教士，向在广州的英国商人搜集了许多信息，采取了多项措施，从而获得了一艘驶往舟山的大船。最终决定与罗神父共同乘船，分赴各自的目的地。我们将来宁波登陆。陶若

---

[1] [法] 杜赫德编，郑德弟、朱静等译：《耶稣会士中国书简集：中国回忆录》上卷，大象出版社 2001 年版，第 322 页。

翰先生有一位自称是该城客栈老板的通信人，是该地诸多基督徒们的朋友，熟悉可以方便我们行动的一切手段。此人与我们同时登船，并提前下船以为我们进入中华帝国而做好一切准备。[1]

依天主教系统而言，法国遣使会取代耶稣会而在浙东传教活动中充当了主角。还在鸦片战争之前，滞留在澳门的法国遣使会士就积极同西方鸦片贩子合作，力图潜入宁波传教。1838年8月，加略利和罗神甫两名法国遣使会士在澳门搭乘英国鸦片走私船，驶达宁波镇海口。1840年英军发动鸦片战争攻占定海后，法国遣使会账房陶若翰立即向总会和教廷建议，"争取将刚刚陷入英国人手中的舟山群岛辟为遣使会传教区"。有的教士甚至提出："要把传教会账房从澳门迁徙到舟山，使舟山将来成为部分传教士落脚的地方，即另一个澳门。"[2]

加略利详细介绍了自己在宁波的遭遇和被迫停留普陀山的经过。

圣母升天节那一天，负责引导我们登陆的那位信使，从宁波赶来了。这一次，我们相信自己忍受苦难的时间已经过去。信使登船向我们宣布，在宁波下船不会遇到障碍，但宁波城正被我们西方的人和前几天到达的海盗搞得沸沸扬扬，官吏们密切监视着从海上前来的任何人，所有的船只和行人，都受到了严密的监视、检查和询问。总之，我们不能通过这条渠道进入中国大陆，最好是原路返回澳门。……由于在北京爆发的教案，我们今年不能进入朝鲜了。我们只好绕道舟山群岛，去普陀山了。[3]

有着优越地理环境和人文条件的宁波，便成为来华各派基督教势力的前站基地。1842年5月，顾铎德等两名法国遣使会士和三名耶稣会士、两名方济各会士搭乘三帆船抵达英军占领下的定海，着手租房建堂和开设修道院。《南京条约》订立后，法国遣使会便利用攫取的特权，倾全力在宁波开拓教务。1852年，法国遣使会账房也从澳门迁入宁波。由此，宁波成为天主教在浙江的宣教中心和法国遣使会在中国的大本营。

---

[1] 参见耿昇：《西方人视野中的宁波地区》，载阎纯德主编：《汉学研究》第十集，学苑出版社2007年版，第298页。
[2] [法]卫青心著，黄庆华译：《法国对华传教政策》上卷，中国社会科学出版社1991年版，第180页。
[3] 参见耿昇：《西方人视野中的宁波地区》，载阎纯德主编：《汉学研究》第十集，学苑出版社2007年版，第299页。

九、小结

最初的西方游历家、探险家、商人、传教士等，不论他们以何种理由、何种机缘、何种目的来中国，都无一例外地探索新知，寻求交流，或者在一种好奇心、想象力的驱动下，写出种种不同的中国游记，把中国视为"天外版舆"。把遥远、陌生、神秘的中国看成不同于西方的异类世界。他们写成的中国游记，总是按照自己的意愿与想象来塑造中国形象，一个真实与虚构相交织的中国形象。从而构成了中西方相知相识的历史见证，成为西方人认识中国、走近中国的重要文献，在中西文化交流史上具有一定的传播意义。

舟山的情况在欧洲有关中国的文献档案中记载标识之早、之丰富具体，说明了舟山在大航海时代中西文化交流史中的重要意义。舟山在早期中西关系史中具有显著的地位。欧洲人正是通过长期以来对舟山等中国东南沿海地区长期考察所掌握的知识，帮助欧洲商人到中国沿海开展贸易活动，传教士们也经由这些沿海口岸进入内地；同时也把中国经济文化各方面的信息逆向传回欧洲，对此后欧洲的"中国热"产生直接的影响，从而掀开了中西文化交流新的一页。

2005年出版的《浙江通史》记载："舟山定海，是中国最早向欧洲国家开放的窗口之一，在东西方的文化交流中具有十分重要的地位。"[1]舟山群岛是我国沿海最大的群岛，位于长江口以南、杭州湾以东的浙江省北部海域，扼中国东南沿海航道之要冲，自古以来就是浙江省和长江流域的出海门户，也是中国历代对外商贸和文化交流的主要港口之一。从"东亚地中海"的世界地缘和商贸格局来看，舟山群岛是"海上丝绸之路"的锚泊之地，是中国通向日本、韩国、东南亚地区以及欧美诸国的重要通道和商业港口之一。从中外文化交流的视野来看，舟山是中外文化交流中的一个重要节点，也是中外文化荟萃的重要窗口之一。

---

[1]叶建华著：《浙江通史（第8卷）》清代卷上，浙江人民出版社2005年版，第482页。

第三章

16—19 世纪欧洲地图上的舟山

大航海时代带来的丰厚利益,驱使西方列强开始寻找东方贸易的集散地,通过关注适合海上贸易的战略要地,来谋划武力占领中国沿海局部区域,作为发展自由贸易港的选址依据。

鸦片战争以后,英国人利用战胜国的优势和新近发展的先进测绘技术,对中国沿海进行了多次精确而详细的全面、系统测绘,形成了当时世界上最精细的、包括了中国沿海全部区域的航海图体系。其中,舟山群岛作为英国人觊觎的重点对象,形成了 7 幅大比例尺高精度海图,最大比例达到 1∶20000 左右,精确标绘了主要港口、航道的适航情况以及陆上地貌,重点区域的政治、军事和文化概况。从图中可以看出,当时英国人对舟山群岛的了解几乎达到了无所不知的地步。

本章通过梳理欧洲地图上舟山形状和地名的历史演变:从一个点到岛形状再到单幅地图,地名从 Chamxian 到 Cheuxan 再到 Chusan,说明舟山群岛因优越的区位和优良的港口条件,成为西方人的重点关注和测绘对象,从而形成了精度明显高于中国版本,基本能满足大规模航行需要的航海地图。

一、早期欧洲地图上的"Liampō"

大航海时代的地理发现直接推动了西方地图绘制的变革。这一时期西方航海家绘制了许多亚洲、中国地图,这些古地图上有关舟山的地名标识起初含糊不清,随着了解的增进,才渐渐明晰确定下来。

欧洲人很早就对中国表现出了浓厚的兴趣。在早期欧洲人的地图中,准确地把宁波沿海凸出地带描绘成锥形伸入海中,并与舟山群岛紧密相邻,中间仅隔一狭窄的海道,并把这一地带命以 Liampō 之地名,这表明当时的欧洲人对宁波沿海的地理已经有了相当的了解。

葡萄牙人是最早来到浙江沿海活动的欧洲人,因此 Liampō 之名最早出现在他们的航海图上。"Liampō"本是欧洲人根据"宁波"地名的闽南方言发音拼写的,形成于大航海时代初期,最早出现在大约 1550 年的欧洲地图上,根据图中文字推断乃是一位不知名的葡萄牙人所制。这幅地图年代久远,标注地名大而化之,且许多地名位置偏差较大。如没有朝鲜半岛,日本纬度偏南与浙江、南京相仿。但浙江地区的海岸线却标出了细节:有明显的杭州湾,甚至舟山群岛的几个大岛屿。这说明刚离开双屿港的葡萄牙人对浙江还是比较熟悉的。

由于双屿港所在的舟山群岛当时属于宁波府治下,距离宁波又很近,外国海商的主要贸易货物大多由陆路到达宁波,转而由宁波入海到双屿港交易。因此,以葡萄牙人为主的欧洲人,将当时无名的六横岛和双屿港,用他们已经略有所知、但又了解得不甚清晰的宁波(Liampō)来指称。当时葡萄牙方面的 Liampō 一词同样具有多重含义,其一,为闽南语的宁波音读,指的是宁波府;其二,为 16 世纪上半叶葡萄牙人在宁波沿海的若干走私港湾;其三,为葡萄牙人在宁波沿海诸多走私港湾中最为重要的一个(即双屿港)。

到目前为止的研究表明,除去宁波府地域的含义,Liampō 和双屿港的意思基本相同。葡萄牙人在双屿港附近活动的 20 多年里,虽然生意兴隆,贸易额不断扩大,但因随时需要提防明军的围剿,有的贸易也是流动的。为更好地开展航运贸易,他们利用贸易间隙对舟山群岛和浙江沿海进行了简易的实地测量,形成了宁波(Liampō)之角的概念。

对于这个"宁波角",有人认为是葡萄牙人的错误认识——"错误地认为宁波位于一个突出的海角上,是中国海岸线的一个转折点,宁波以北是一个深入中国内地的一个大海湾"。[1] 其实这个"宁波角"是葡萄牙人及其他欧洲人对于宁波、对于双屿港定位的一个重要标志物,是他们航行中确定航向和目的地的主要目标。从某种角度说,这个"宁波角",就是葡萄牙人对双屿港的定位角。

1554 年,葡萄牙制图学家洛波·奥梅姆制作的一幅世界地图,就把宁波沿海描绘成一块半岛,标为 Liampō。1558 年、1565 年、1568 年,其儿子奥哥·奥梅姆绘制的世界地图都将这个以"宁波角"予以记载。

1581 年,西班牙人门多萨收集大量资料后,写成了《中华大帝国史》,书中认为

---

[1] 石青芳著:《西方人眼中的浙江》,海洋出版社 2009 年版,第 38 页。

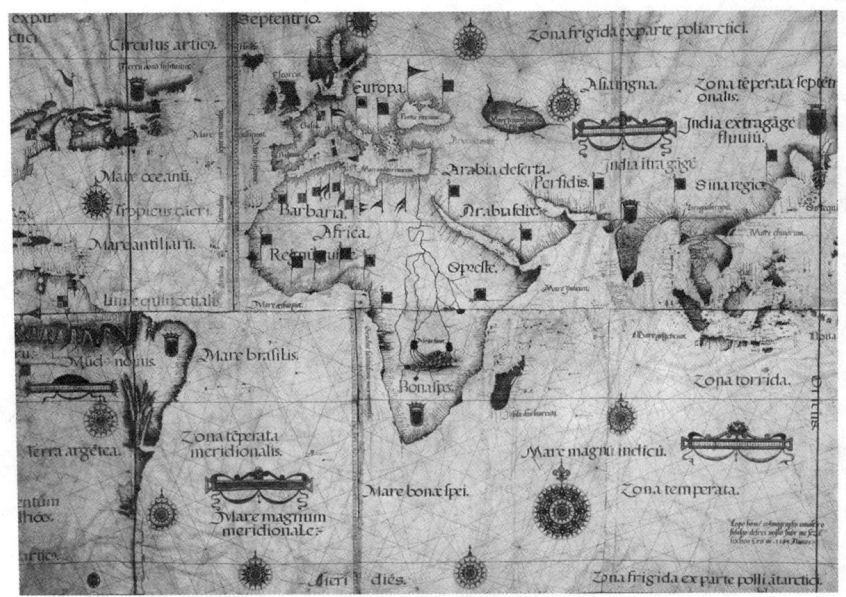

奥梅姆的世界地图

中国沿海有 5 个省份,其中一个省竟然是"Liampō"。显然,这里所说的"宁波省",实际上指的是浙江。或许是宁波的知名度太大了,他和当时的大多数欧洲人一样,犯下了同样的错误。

1587 年与 1590 年出版的墨卡托地图与 1602 年出版的戴伯利地图已将 Liampō 标于今天宁波的位置。墨卡托中国地图明确说 Liampō 即昔日葡萄牙人为贸易而探险之岬角地 —— 宁波,因读音有讹而称为 Liampō。1563 年的一幅地图、1567 年的一个地球仪、1594 年的一幅地图上都把宁波标为 Nimpo,一致认为 Liampō 乃是误写而不予采用。[1]

16 世纪末,由于荷兰和英国的船只开始航行在远东,地图的绘制也就不再只来源于葡萄牙人和西班牙人提供的信息了。1595 年,16 世纪欧洲绘制图学集大成者 —— 荷兰制图学家奥特里斯的世界地图上标出了浙江(CHE QVAN)和杭州(Quanzu),同时也出现 C. de Lampo(漏字母 i)和 Ningpo(宁波城)二名。他在另一幅地图上把 Liampō 准确地标在宁波城的位置上。

---

[1] 方豪:《十六世纪浙江国际贸易港 Liampō 考》,载《方豪六十自定稿》上册,燕京印书馆 1969 年版,第 121 页。

西方第一幅单幅中国地图

奥特里斯被视为 16 世纪最突出的地理学家之一，他编制的《世界概貌》被认为是世界上第一部现代地图集。在《世界概貌》1584 年拉丁文版中，收入了一幅《中国新图》，是欧洲人第一幅刊印传世的单幅中国地图，它在西方地图绘制史上具有重大意义。《中国新图》把宁波沿海突入海洋的部分描绘成被海水分割的 3 个岛屿（为大榭岛、穿山半岛、梅山岛），与舟山群岛隔海道相望，并把宁波陆地和舟山群岛分别标为 C.de Liampō。

为了纪念麦哲伦环球航行 75 周年，奥特里斯于 1589 年出版了《太平洋与周边地区及其间岛屿近图》，该图把 C.de Liampō 标在宁波陆地凸入海中的部分。值得注意的是，在奥特里斯所收的这两幅地图，C.de Liampō 的地理范围不仅包括宁波沿海地带和舟山群岛，也包括宁波的内陆地区。

值得注意的是，1646 年，英国人 Robert Dudley 在佛罗伦萨首次出版了《海洋之奥秘》海图集，其中有一幅《中国部分海岸包括台湾及其岛屿》图，所根据的是葡萄牙人和荷兰人的资料。该图把宁波内陆标为 Liampō，宁波陆地伸入海的半岛标为 Co ba di Liampō（C.de Liampō），舟山群岛标为 I.Liampō（Isles de Liampō），清楚地说明了在当时欧洲人眼里，Liampō 包括宁波内陆、宁波角和舟山群岛三个部分。1656 年以后，欧洲地图上把宁波标为 Liampō 的已极少。18 世纪以后，Liampō 这一地名便在西方地图上绝迹。

总之，自从葡萄牙人在双屿建立居留地后，宁波的国际贸易盛极一时，蜚声海外，Liampō 之名在欧洲也广泛被用于指宁波陆地及附近的舟山群岛，并在这一时期欧洲人的地图中得到普遍采用，反映了欧洲人对宁波港的真实认知。在早期欧洲地图上，先有宁波再有浙江，用 Liampō 指称宁波，可见双屿港在中国沿海版图的重要地位，它代表当时东亚最大的贸易城市 —— 宁波。

二、陀拉多东亚地图上的 "Chamxian"

大航海时代早期，虽然以葡萄牙人为主的欧洲人在海上开辟了通往中国的新航路，并在杭州湾以南的双屿港及福建、广东等沿海开展了贸易活动，但是欧洲人对中国的整体了解还是比较肤浅和零碎的。如反映在地图上，这个时期绘制的亚洲地图和中国地图的基础底图仍来源于《马可·波罗游记》的记载，精度极差，变形失真较大。

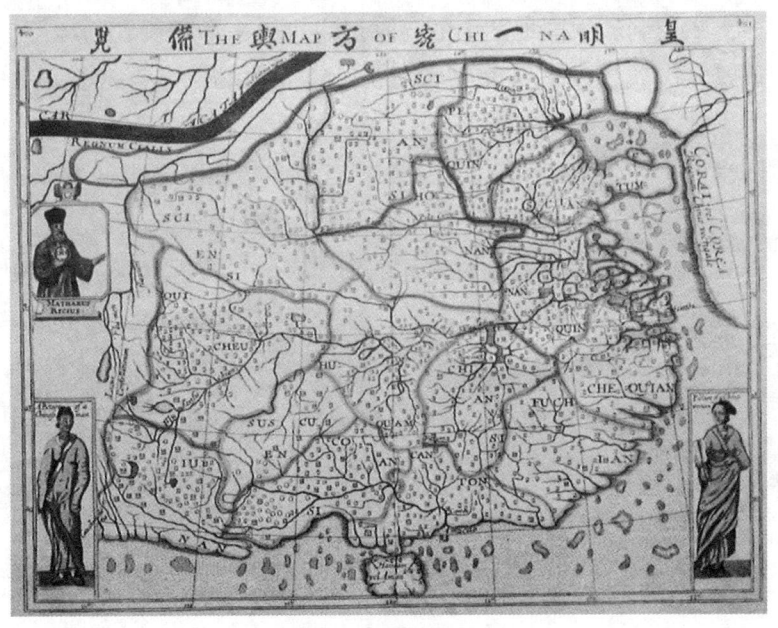

《皇明一统方舆备览》

1541年，状元出身的罗洪先继承和发展了朱思本的《舆地图》，将大幅的地图，分绘成小幅、多幅地图，刊印了我国古代第一部综合性地图集——《广舆图》。这是我们至今所能看到的早期刻本地图中最好而又最完善的一种，在以后的300年间，曾6次刊印，广为流传，成为后世数百年编绘舆地图的底图，也是17—18世纪西方编绘《中国地图》的主要底图。随着《广舆图》的流传，西方的传教士、航海家对中国的疆域、地形和行政区划等都有了更进一步的了解。

受《广舆图》的影响，或者说以《广舆图》的《舆地总图》为基础，西方人此后编绘的《中国地图》在精度上有了质的飞跃：形状更真实，地名更正确，定位更准确，特别是中国沿海海岸线和山东半岛等形状已经基本接近真实。如传教士普哈1625年编绘完成的《皇明一统方舆备览》，从总体上看，基本就是《广舆图·舆地总图》的翻译版，只是在海岸带附近等区域，结合了航海家的贸易经验、实测资料和各省的分图进行了细化。其中，有长江口、杭州湾的大致形状，但精度与《广舆图》相近。

在对舟山群岛的绘制上，《皇明一统方舆备览》与《广舆图·舆地总图》一样只有"昌国"一个地名的注记，但比先前的同类地图有两个方面的进步：一是反映舟山群岛的岛屿数量更多；二是舟山群岛的形状更加接近真实。与相邻的长江口和杭州湾相比，舟山群岛的形状也相对更精确。从这个时期地图的变化可以看出：此时西方人绘制的中国地图中的地理信息主要来源于明朝的地图，但对舟山群岛等区域，加进了他们通过航海和贸易获得的认识。

在众多的国外制图学家中，有一个人不可忽视。在16世纪下半叶的葡萄牙制图学家中，陀拉多并不太有名，甚至在多数地图学史的专业工具书中也难以找到有关此人的记载。不过，他是当时对中国东部沿海地区知道得最多的地图学家。1568年至1580年间，陀拉多在葡萄牙人的东方大本营——印度果阿生活。其间，他获知了关于中国沿海的大量资料，绘制了多幅有关东亚的地图。

在一幅绘于1571年的东亚地图上，我们可以清楚地看到，中国南方标有"广东"（Camtam），在浙江沿海，用小字标注 I.Liampō，并在图上用大号大写字体标上 Liampō，[1]以位置来看似乎指整个浙江。按照欧洲人经常以大城市指代称呼中国省份的情况，估计当时宁波在葡萄牙人心目中为浙江最大的城市，因此以之称呼浙江。

显然，作者此时只知有宁波而不知浙江，误将"Liampō"作为省名使用。除此

---

[1] 龚缨晏：《早期欧洲地图上的宁波（下）》，载《宁波晚报》2008年6月29日，第A11版。

之外，还标有"宁波"的城市名以及"Ancheo"（杭州）。在陀拉多的地图中，用暗红色大写注记表示省名，以黑色小写注记表示城镇或设有官方机构的海岛名称，用海域中的红色小写注记表示没有设立官方机构的海岛名称。在该图舟山群岛的位置上有6个注记，其中最北一个是红色的注记："Mochosa"，中间有个黑色的"Chamxian"，南面有个黑色的"Chaposi"，通过从舟山群岛的地理位置、明代的古地名及宁波、舟山的方言音等方面分析，我们推测，"Mochosa"，就是马迹山；"Chamxian"就是舟山；"Chaposi"即《郑和航海图》记载的"昌国所"的音译，是对当时"中中所"和"中左所"的合称。

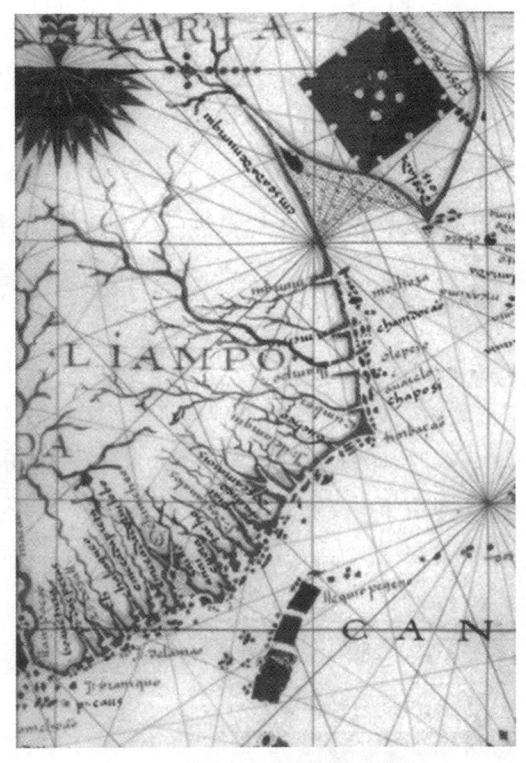

陀拉多编绘的东亚地图（局部）

马迹山（Mochosa），是古人对今泗礁山岛的称呼，位于长江口南侧中段，是嵊泗列岛的主岛，也是当时南直隶省与浙江行省分界岛。马迹山名称产生于北宋以前，在明代嘉靖年间，马迹山是明朝军民和日本海商都重点关注的海岛。由此，我们推测葡萄牙人对马迹山的认知可能来自于当时被称为倭寇的日本海商的口述，或曾与日本海商一起去过马迹山。

昌国，本是舟山群岛的古县名，名称产生于1073年（北宋熙宁六年）。其时朝廷从加强海防建设的需要出发，在唐翁山县故地复置县，以此地"东控日本，北接登莱，南亘瓯闽，西通吴会，实海中之巨障，足以昌壮国势焉"取名为昌国县。1386年（明洪武十九年）明朝廷对海域管理无方，实施封闭的"海禁"政策，迁海岛居民入内地。1387年，废昌国县，并迁原昌国县境内的昌国卫，至象山东门山岛，在原昌国城内改设舟山中中所和舟山中左所，俗称为昌国所。

1405年7月11日（明永乐三年六月十五日）起，明成祖命太监郑和率领240多艘海船、27400名士兵和船员组成庞大的远航船队，从苏州刘家港出发，经东海、南海,穿越马六甲海峡,横渡印度洋,开展以宣扬明朝国威为主要目的的航海出使活动。郑和七次航海期间,通过简易测绘和中国画的山水画法将沿途地物进行描绘,绘成一图,后人简称为"郑和航海图"。该图约成于 1425 年(明洪熙元年)至1430 年(明宣德五年)间,是世界上现存最早的航海图集。出现在郑和航海图中的舟山群岛有昌国所(在舟山岛上,即中中、中左千户所)等 14 个地名。

在明初海禁将近 200 年后编制的陀拉多地图中,恰恰比较准确地记载了马迹山和昌国这两个当时在全国范围内微不足道、毫不起眼的地名。可见,生活在印度果阿的陀拉多,在对浙江省都尚不了解的情况下,通过来往海商的资料和口述,已经比较清晰地了解了舟山群岛的概况。随着时间的推移,陀拉多所绘的《中国地图》也在不断地更新。在一幅绘于 1580 年的东亚地图上,大写的"Liampō"不见了,但是作为城市的"宁波"以及"杭州"依然出现在地图上。这也说明,通过不断的积累,陀拉多获得的中国资料越来越多,对中国的了解也进一步加深。

三、卫匡国《中国新地图集》中的"Cheuxan"

卫匡国

卫匡国,意大利籍天主教耶稣会传教士,欧洲近代著名的地理学家、神学家和汉学家。卫匡国原名马尔蒂尼,因其入华之初,正值明朝政权摇摇欲坠之时,一方面是关内的农民起义军势如破竹,京师指日可夺;另一方面是关外的满洲大军重兵压境,伺机长驱直入,在这种形势下,马尔蒂尼为取悦明朝廷和士大夫而改名为卫匡国,以袒露自己匡扶正义,保卫大明国的决心。

卫匡国于 1643 年夏抵达澳门,1659 年 6 月抵达杭州。在华期间,卫匡国主要在浙江杭州、绍兴、金华、宁波等地活动,又在南京、北京、山西、福建、江西、广东等地留下了足迹,至少游历了中国内地 15 个省中的六七个省,对中国山川地理和人物掌故十分了解。同时,他又广交江南名士和达官贵人,致力学习汉文华语,阅读中华典籍舆志,对中国的历史文化有极深的造诣。卫匡国来到中国后,即开始注意搜集有关中国地理与地图的中文著作。当他于 1650 年踏上返回欧洲的航船后,就在漫长的旅途中对自己所搜集的资料进行了整理,编成一部中国地图集,这就是 1655 年荷兰阿姆斯特丹布拉厄家族作为《世界新地图集》第 6 册出版的拉丁文《中国新地图集》。

卫匡国的《中国新地图集》为大开本图集(32.5 厘米 × 50 厘米),分为彩色与黑白两个版本。第一版共有中国总图 1 幅,分省地图 15 幅,并配有大量的文字说明和中国各主要城市经纬度表等。这是一部里程碑式的著作,除了制作精美这一技术因素外,它的重要性还在于它是欧洲出版的第一部用投影法制图的中国地图集,是近代欧洲人关于中国地理著作的范本。

卫匡国的《中国新地图集》有中国全国总图和各省的分图,并有详细的文字说明。对于浙江省,卫匡国说:"其富饶程度也远远超过其他地区";"这里既有山区也有平原,气候温和,土地肥沃,江河湖泊众多,雨水充足,适于多种农作物的生长";"这里的丝织品被认为是全中国质量最好的,但价格却相当低,在欧洲一件羊毛衣服的钱在这里能买十件上好的丝绸服装";"浙江省东南临海,离日本列岛很近,如果乘船从宁波港出发,顺风的时候只需要一天甚至更短时间就能到达日本"。对于浙江人,卫匡国的评价是:"和蔼可亲,好交往,聪明,崇拜偶像,迷信。"卫匡国也介绍了浙江省的杭州、嘉兴、湖州、严州、金华、衢州、处州、绍兴、宁波、台州、温州等 11 个府的概况,其中比较详细地介绍了杭州和宁波。[1]

在《中国新地图集》中,卫匡国一改葡萄牙人以往根据闽南方言将宁波拼写为"Liampō"的做法,而根据宁波方言拼写为"Ningpo"。并且出现了比较清晰、完整,轮廓接近真实的舟山岛,并明确地标明"Cheuxan Insula"(舟山岛),这是西方第一幅既明确标绘了舟山形状,又明确注明舟山岛名称的地图。在这里,舟山地名按舟山方言或宁波方言拼为"Cheuxan"。

在《中国新地图集》中,有专门的浙江省(CHEKIANG)地图,并有非常详细的说明。其中,"第九府·宁波"中叙述说:

早年葡萄牙人经商就曾到过这里,但他们称此地为"Liampō",与城市的本名有些出入。据说每当天气晴的时候,从宁波湾可以清楚地看到海对面日本岛上的山峦。至于两地间的距离,在我们的地图上已准确地标出;

---

[1] 石青芳著:《西方人眼中的浙江》,海洋出版社 2009 年版,第 55—56 页。

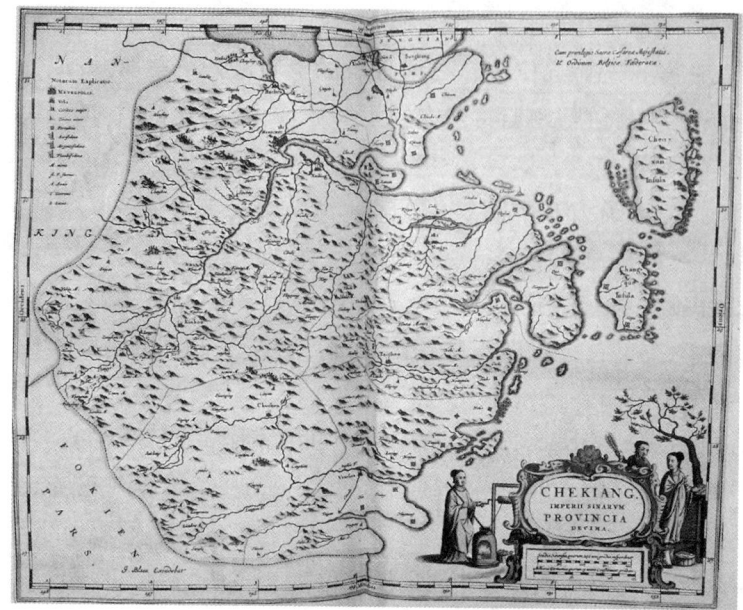

《中国新地图集》中的浙江省图

越国时（Iue）称此地为甬东（Iungtung），秦朝（Cina）时隶属会稽郡（Hoeiki），唐朝时为明州（Mingcheu），宋朝称庆元（Kingyuen），明朝起称宁波，取"海浪宁静"之意。

....

宁波府下辖5个县：宁波、慈溪（Cuki）、奉化（Funghou）、定海（Tinghai）、象山（Siangxan）。[1]

其中，定海拼写为"Tinghai"，当时指的是包括舟山群岛在内的明代定海县，该县于1688年（清康熙二十七年）分为镇海县和定海县。

在记述定海县的文字中，有这样一段话：

定海县附近有个地方叫灌海门（Quonmuen），这里有一块光滑的巨石矗立在海边，形状似圆柱。当有船从此地经过时，基于某种迷信，船员们总会向海里扔东西，据说这样才能保证航行平安顺利。[2]

---

[1] 石青芳著：《西方人眼中的浙江》，海洋出版社2009年版，第67—68页。
[2] 石青芳著：《西方人眼中的浙江》，海洋出版社2009年版，第69页。

从上面的叙述中可以看出，卫匡国对舟山的介绍还是比较准确的。这一方面是由于他掌握了较多的中国文献，特别是参阅了《元大德昌国州图志》有关；另一方面也可能是亲自到过舟山，有亲身的感受。此处，"Quonmuen"被译为"灌海门"，可能受《广舆图·浙江舆图》中的"灌门海"记载影响。我们理解，从"Quonmuen"的发音和其对应的舟山地名来看，译为"灌门"更为妥当。这就是位于舟山群岛中部，介于舟山和秀山岛之间的"灌门"水道。

在第二年出版的《中国新地图集》中，卫匡国对舟山岛屿上的抗清力量也作了介绍：

浙江省的岛上住的大多是农民和渔民。舟山岛是浙江面积最大，人口最多的岛屿，当年包括鲁王在内的许多人为躲避清军的追赶逃到此地避难。目前这里有72个村子，大都建有防御工事。众多的河流和海湾使这里成为非常便利的避风港。这里还有为数不少的船队，专门与清军作战保卫皇帝。在一个曾经荒无人烟的岛上建立起了让清兵不敢小视的王国，而由于惧怕岛上的兵勇反攻大陆，清兵不仅在附近的定海修建了军事营地，还训练了一批海军。[1]

卫匡国还讲述了舟山岛上的寺庙：

舟山岛是中国人的主要朝拜地，岛上有一座住着许多僧侣的寺院，对于这些僧侣而言，在这里，神的力量是神奇而且无穷的。[2]

从上面的记述中可以看出，卫匡国对明末鲁王还是存在好感的，甚至觉得鲁王可以在舟山建立起强大的基地，与清军长期对抗。卫匡国根本不知道，1651年，当他在菲律宾徘徊时，清军已经攻占舟山，鲁王逃到厦门去投奔郑成功了。

卫匡国是第一个将中国的自然、经济和人文地理概况系统地介绍给欧洲的人，被称为西方"研究中国地理之父"。他对舟山地名及情况的描述，一度成为早期欧洲人关于舟山舆地的权威观点，影响后来西方国家对舟山地图的绘制。

---

[1] 石青芳著：《西方人眼中的浙江》，海洋出版社2009年版，第80页。
[2] 石青芳著：《西方人眼中的浙江》，海洋出版社2009年版，第81页。

四、西方出现的单幅舟山古地图

目前已经考证的,有确切时间记载的西方出版的第一幅舟山地图,是原籍舟山现任职于美国 Mass Trace 公司的袁尚贤先生于 1996 年在美国哈佛大学普西图书馆地图收藏部查到的桑顿公司 1703 年出版的"The English Pilot"。[1]

1761 年,法国人 Echelle 将该图编译成了法文版,印在阿姆斯特丹出版的《通用的旅行史》第 6 册中,名为 CARTE DE L'ISLE DE CHEU-CHAN("舟山地图")。

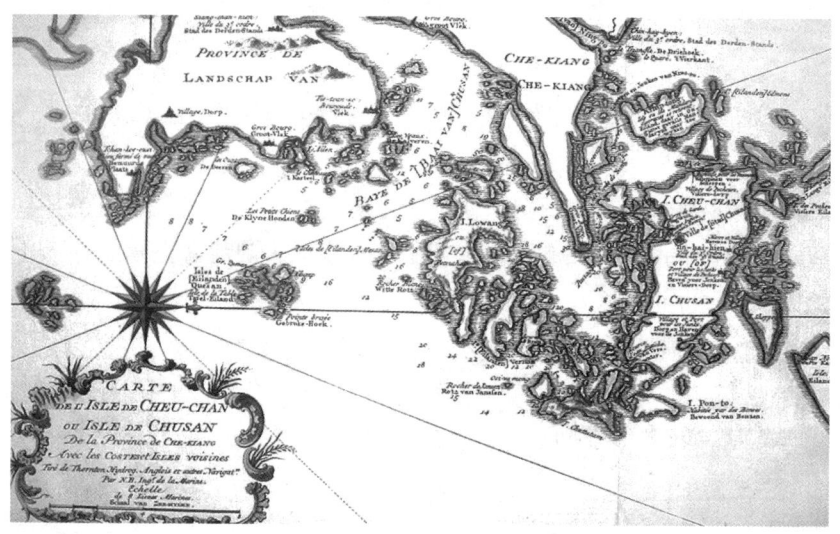

法国人 Echelle 编译的单幅《舟山地图》

由于桑顿的原图不允许复印,我们现在通过 Echelle 的这个法文版来分析桑顿的《舟山地图》——西方第一张记载了舟山群岛南部数百个岛屿及相关航道的单幅舟山地图。其中,有以下几个特点:一是用投影法绘制,带有比例尺;二是特别注出航道水深、航行方向、岛屿和陆地形状、距离及何处有淡水,哪里有浅滩等事关航行的地理概况;三是载明了"县城外有兵营、金塘是被贬官员所居……""定海港口已有一英国商社"等政治、军事、经济等方面的知识;四是地名拼写方法较以前的地图有所变化,"一路进舟山港,地名先是闽南话,然后变成宁波话,拼音法大

---

[1] 袁尚贤:《看图史志:从三百年前的舟山地图说起》,载《科学月刊》1997 年 10 月第 334 期,第 854—858 页。

概是先有葡文、西文、荷文,再加上各地方言,所以洋名都很奇怪。……有些小岛用一些英文名,有些是东印度公司早期到此作交易的船名,以及他们自取的'Elephant Trunk'等。"[1]如舟山原拼为"Chamxian"或"Cheuxan",在桑顿和Echelle的《舟山地图》中,改拼为"CHEU-CHAN",定海县拼为"Tin-hai-hien"等。其中,"L'ISLE DE CHEU-CHAN"这一个地名可能专用于指舟山群岛或舟山海域,而同时出现的"ISLE DE CHUSAN"拼法,则可能用于指舟山岛。

从这些记录我们可以看出,其实早在马戛尔尼来华前的很长一段时间里,英国人已经和舟山有过贸易,并已经对舟山海域进行了详细的航海调查,可见英国早在18世纪初的时候就已经关注了舟山。

对比Echelle法文版的《舟山地图》与当前的舟山群岛地图,并消除清代以来岛屿海岸的淤积和围垦影响,我们发现,该地图的精度已经达到了令人惊讶的地步:一是舟山岛分为舟山和马目山两块,形状与当时的岛形几乎一致;二是朱家尖岛分为几个岛屿,长峙分为两个岛屿;三是金塘、册子、长白、秀山、普陀山、大猫、盘峙、岙山、登步、蚂蚁、桃花、虾峙、湖泥、东白莲、西白莲、悬山、六横、佛渡和穿山半岛等诸多岛屿的位置正确,大小比例科学,形状与实际极为接近,甚至连定海南部的东岠岛、西岠岛、摘箬山、刺山,六横岛以东的砚瓦山、对面山、大蚊虫山和梅散列岛等诸多小岛都历历在目,形状基本正确。可见,此图的测绘精度已经远远超过了当时中国的测绘能力,非经科学方法详细实测,不可能绘成如此高精度的地图。即使在今天,在没有基础底图的情况下测绘这样的地图,也需要很长的周期和大量的人力、物力。

该地图准确地标示出舟山的地理位置在中国东部沿海地区,非常细致地记载了舟山的地理状况,描绘了舟山岛附近的地形,根据可谓相当正确。分析此图的测绘过程,有以下两个方面值得注意:一是在1524—1548年,以葡萄牙人为主的欧洲人在双屿港开展走私贸易。其间,葡萄牙人对舟山海域进行了实地测量,但是,当时走私集团的测绘技术及中国的社会环境决定了他们的测量是简易的,这在此后出版的包括葡萄牙人在内的欧洲人绘制的地图中可以清晰地分析出来。二是英国于1600年成立东印度公司,大规模开展世界贸易。特别是来自荷兰的威廉于1688年入主英国后,把荷兰的制度移植到了英国,英国海上力量成为英国最为重要的国家战略工具,东印度公司的贸易也因此得到了快速的发展。1700年,清政

---

[1] 袁尚贤:《看图史志:从三百年前的舟山地图说起》,载《科学月刊》1997年10月第334期,第854—858页。

府在舟山岛南岸的定海道头建立了商馆（俗称"红毛馆"），为外国商人提供膳宿。当年，英国东印度公司派卡奇普尔率商船4艘到舟山贸易。东印度公司在开展经济贸易的过程中测绘地形，收集地理、政治、军事和人文方面的情报，为进一步扩张海洋权益做准备。该图一改过去以中国全国或省区为制图单位的绘图方式，以小小的舟山群岛作为单幅地图的制图单元，就是英国实施海洋战略的前奏。

另一个有意思的现象是，1703年是中国的清康熙四十二年，此时的舟山已经被康熙皇帝御笔钦改为"定海山"：1684年，浙江巡抚赵士麟、总兵孙惟统以"舟山是宁郡藩篱，亟宜展复"，上疏设兵防守。于是，清朝廷把定海镇移至舟山，改称舟山镇。从此，被明、清朝廷用武力强制抛荒了整整300年的舟山群岛重新迎来了开发的新时期。1688年，康熙皇帝以"山名为舟，则动而不静"，诏改"舟山"为"定海山"，并题"定海山"额。次年，取"海波永定"之义分设定海县，改原定海县为镇海县，也就是说，舟山岛名已经于1688年由康熙皇帝改名为定海山，但桑顿1703年出版的地图仍以"舟山"为名，说明该图的测绘是在1684年之前的通商期间完成。

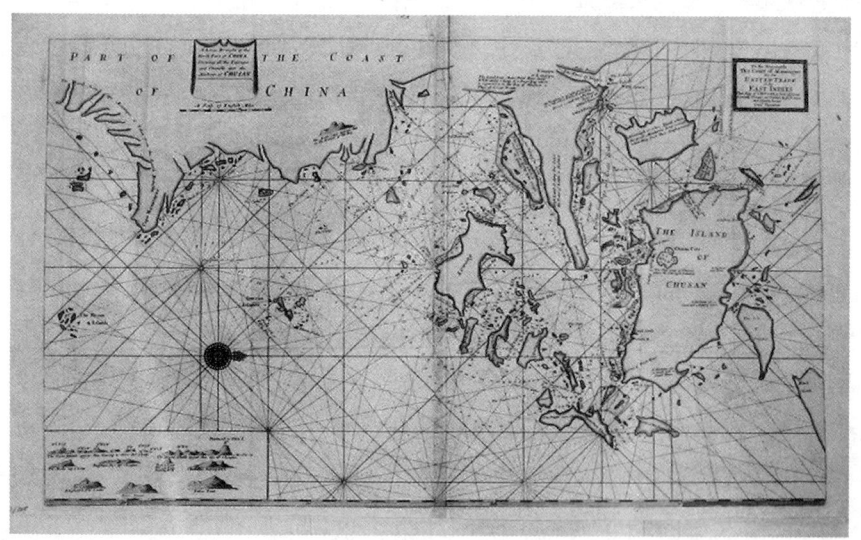

1703年，英国桑顿公司出版的宁波舟山海图

透过桑顿公司单幅的《舟山地图》部分，我们看到了18世纪初英国人对舟山的地理调查与地图绘制。当时的清朝统治者对欧洲国家知之甚少，英国人却已绘制出如此详细的舟山地图，而且这张舟山地图在后来英国人一系列针对舟山的行动中所体现的战略价值是不言而喻的。

五、西方单幅舟山古地图上的"Chusan"

在这本英国桑顿公司1703年出版的《航海图集》中，收有约翰·桑顿于1685年编绘的《中国北部简图》。这张早期的英国海图标出了浙江海岸、舟山岛和所有进入舟山港的海道及英国人的居留点，并把舟山岛拼作Chusan。这是在欧洲地图中第一次出现用"Chusan"拼写舟山。1720年Herman Moll的《东印度及周边国家地图》，该图把舟山岛标为Chusan，并注有here has been an English factory的字样，标出英国商馆的位置。该图是英国东印度公司在舟山贸易早期拓展的详细记载。[1]

"舟山"作为地方名称最早出现于1169年（宋乾道五年）编纂的《乾道四明图经》："舟山渡，去县南五里，趋城由此出，山形如舟，故名。"[2]1297年（元大德元年）《昌国州志》记载："以舟之所聚故名舟山。"[3]然而，舟山群岛的主岛——舟山岛及群岛本身，在宋、元时代并没有独有的称谓，均以"昌国县（州）"名称来涵盖。1387年（明洪武二十年），沿海一带倭患严重，地处东海的昌国县成为倭寇的跳板和基地，朝廷徙民禁海，废昌国县，"昌国"地名随政区的消失也逐渐隐退，舟山岛走向了"无名"。当时，舟山群岛荒夷一片，仅存有547户居民因乡贤王国祚的请免获准留守舟山岛。由于这些留守岛民主要聚居在旧县治所在地附近，聚落前的泊舟之山名称也就逐渐演变成了舟山岛上小城的名称。继而随后来"海禁"的松弛，居住地的扩展，才渐发展成为对整个舟山岛乃至舟山群岛的称呼。至嘉靖年间胡宗宪撰《舟山论》时，"舟山"地名的外延已基本上同于现在了。

"舟山"是西方人较早了解、使用最频繁的舟山群岛地名。在桑顿的《舟山地图》中，以"CHEU-CHAN"指舟山群岛，以"Chusan"指舟山岛，此后多以"Chusan"统称舟山群岛和舟山岛。在鸦片战争期间英国人使用的舟山地图中，出现了"GREAT CHUSAN"地名。关于"GREAT CHUSAN"，有人译为"伟大的舟山"，有人译为"大舟山"。从字义表面和地名的一般翻译方法来看，以"大舟山"相对正确。"GREAT

---

[1] 廖大珂，辉明：《世界的宁波：16—17世纪欧洲地图中的宁波港》，载林立群主编：《跨越海洋——海上丝绸之路与世界文明进程国际学术论坛文选》，浙江大学出版社2012年版，第34页。
[2]（宋）张津：《乾道四明图经》卷七，《昌国县·津渡》，《续修四库全书》第704册，上海古籍出版社1995年版。
[3]（元）冯福京修，郭荐纂：《元大德昌国州图志》卷四，《叙山》，景印文渊阁四库全书第491册，台湾商务印书馆1986年版。

Chusan 封面

"CHUSAN"也许有英国人喜欢以"大不列颠"来自称的思维方式,但更大的可能是类似于 1703 年桑顿《舟山地图》中分别以"CHEU-CHAN"和"CHUSAN"区分舟山群岛与舟山岛一样,以此来区别舟山岛与舟山群岛,其含义可能更接近于"舟山本岛"或"舟山主岛",其来源可能出自于舟山人喜欢用"舟山本岛"来区分舟山岛和周边各岛的习惯。从其使用的范围来看,大多也出现在定海城附近的图幅上。

"舟山"地名在 1793 年的马戛尔尼访华录、鸦片战争前的英外交大臣巴麦尊致海军上校、商务监督义律的机密信、英国在印度加尔各答总督的备忘录等相关资料均有记载,在鸦片战争和研究鸦片战争的文献中更是使用频繁。据统计,仅在英国人利亚姆·达西-布朗(中文名:林杰)写的 *Chusan: The Opium Wars, and the Forgotten Story of Britain's First Chinese Island*(中文书名:《舟山——鸦片战争和英国占有的第一个中国海岛的故事》,以下简称 *Chusan*)一书正文中,"舟山"就出现了 676 次[1];在该书地图中,"舟山"地名出现 4 次。

利亚姆·达西-布朗在 *Chusan* 一书中认为,鸦片战争 300 年前,舟山便是英国人关注的贸易地点,舟山的开放曾是英国对中国外交策略的头等大事。由于舟山的港湾拥有着天然的屏障,地理上又靠近生产茶与丝绸的浙江以及长江主干线,它成为 1840 年鸦片战争爆发时英国人占据的第一个中国岛屿。现今保存下来的记录当时各种各样人在舟山生活、工作的书籍、日记和信件有很多。这些人中有士兵、水手、商人、传教士、医生、教师,也有植物标本采集者、殖民地管理者、艺术家,甚至有前来航海及打猎的运动爱好者。当时的英国人显然觉得舟山是一个非常理想的居住地:它有着远远胜于香港的温和的海洋气候;有着十分愿意与驻卫部队交易的岛民;还有完美的深水良港,让英国人在这儿的海军基地得以主导东海上

---

[1] 根据 *Chusan*(《舟山》)一书译文统计。

的交易运输路线。英国人深深了解舟山作为经济及军事基地的重要性，他们也不想看到其他西方国家占据舟山。在英军《退还舟山条约》中，清政府答应了不会将舟山群岛出让于任何其他国家。总之，舟山的地理位置，以及精于经商的舟山人民，曾让这块土地在18、19世纪成为各国利益的中心。

Chusan"前言"中指出：

我们永远无从知晓"Chusan"是何时被英国人开始使用的，也不知道这个词来自哪里。最有可能的是，16世纪早期英国人从满载香料和茶叶的葡萄牙商船上的商人那里，得知了中国有一个适于船只停靠的环境优美的群岛。但是，那时候，舟山只是一个异域传说，没有人知道它的真实情况。[1]

Chusan 第十九章说：

郭士立认为非常值得给外交部写一封长信来讲述舟山岛的各种优势。岛上的中国人非常勤奋，尽管比香港人口多了十倍，只需要五分之一的警力。其绿茶和丝绸业尽管尚还粗糙，但是有很好的培养前景。至于渔业，该岛向来拥有非常广泛和利润可观的贸易，这一点可以成为英国的优势并可一直延伸至日韩。对于欧洲的军队，它的气候非常适宜；土地里，大家非常熟悉的水果和蔬菜茂盛地生长，即使是葡萄藤也可以种植在山坡上……"我们可以把舟山看成是第二个马耳他。"他确信通过占有舟山，英国可以保护其跨过东海北至满洲里的贸易利益。郭士立早在1840年的10月就告诫他的心腹友人詹姆斯·马瑟松道："如果我们自愿放弃这个地方，我们一定会为我们的愚蠢付出代价。"[2]

Chusan"后记"中指出：

Chusan（注："舟山"原来的英译）现在改成了 Zhoushan（注："舟山"的汉语拼音），过去的市政府所在地 Tinghae（注："定海"原来的英译）现在改成 Dinghai（注："定海"的汉语拼音）。[3]

---

［1］参见利亚姆·达西-布朗：*Chusan*（《舟山》），2012年版。
［2］参见利亚姆·达西-布朗：*Chusan*（《舟山》），2012年版。
［3］参见利亚姆·达西-布朗：*Chusan*（《舟山》），2012年版。

六、鸦片战争前后的英国版舟山地图

英国东印度公司在舟山群岛区域就航海地图、地理资料和军情社情等方面的长期侦察和充分准备,为英国殖民者军事占领舟山奠定了坚实的基础。到1840年,英国人对舟山的地图和地理资料的准备,已经能够为开打一场海岛战争提供足够的支撑了。有此积累,中英鸦片战争的胜败早在开战前已定。

1840年(清道光二十年)7月2日,鸦片战争爆发,英军把舟山作为首要目标。7月6日,英军攻占定海。7月8日,英军委任传教士郭士立任"知县",向居民发放《圣经》,发布告,强迫渔船、商贾领照纳税。次年1月,清钦差大臣琦善与英国代表义律在广东穿鼻洋私议英方归还定海并在香港寄居、通商及释放英俘等条款,即所谓的《穿鼻草约》。2月,英军自定海撤退。4月,为加强防务,道光皇帝将定海县升为"定海直隶厅"。

下图为 *Plan of Chusan Harbour*(舟山港平面图),出自约翰·弗朗西斯·戴维斯于1841年出版的《中国散记》第二卷第273页。该图中"PORT TING-HAE"意为定海港,"GREAT CHUSAN"意为舟山本岛,图中的数字代表水深数值。图中标注为"Tea Island"区域为盘峙岛;"Leang Kwuei"注解为"Two Turtles"(两只海龟),即大

Plan of Chusan harbour

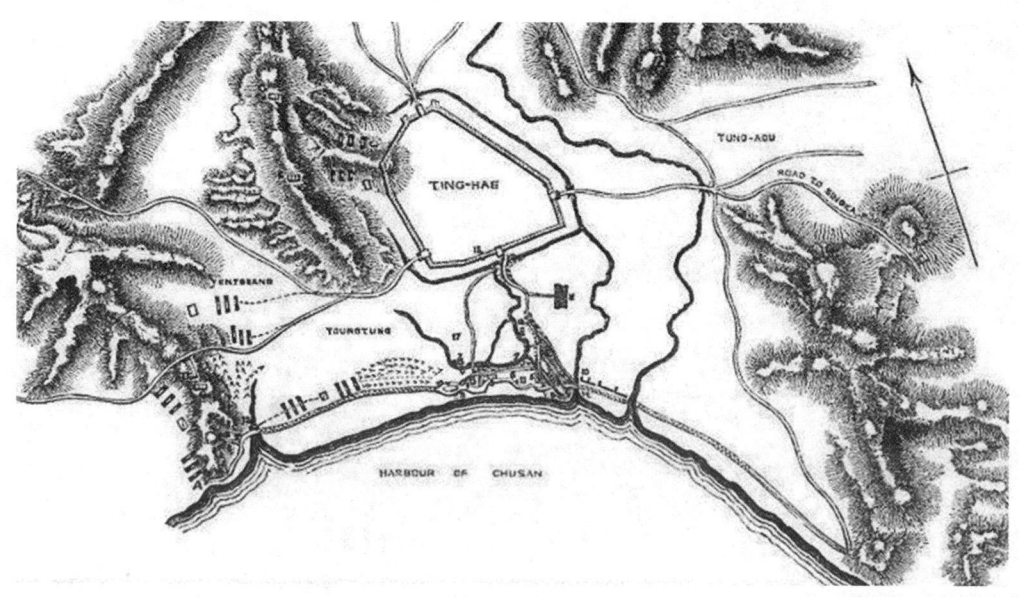

Capture of Chusan

小五奎山;"Josshouse Hill"即东岳宫山。从制图区域、制图方式和地名使用情况来看,指的是1840年7月英国人第一次占领定海之后,对舟山港描绘的示意图。

1841年(清道光二十一年)9月26日起,英军复攻定海城,定海三总兵阵亡。10月6日,英军在舟山设立军政府。次年2月10日,英军宣布定海为自由贸易港,"各国船只","任便贸易"。8月29日,中英《南京条约》签订。1846年4月29日,清钦差大臣耆英与英国代表德庇时签订《英军退还舟山条约》,公然把舟山列为英国的保护地。7月23日,英军从舟山全部撤出。

上图为 *Capture of Chusan*(进攻舟山),出自约翰·弗朗西斯·戴维斯于1852年出版的《交战时期及媾和以来的中国》第一卷第188页。该图的制图范围为舟山港(HARBOUR OF CHOUSAN)和定海城,即今定海港和定海城区。图中标注有"TING-HAE"字样的区域为当时的定海城,道头土城、东岳宫山、竹山等历历在目。定海城周围的山体采用晕渲法绘图,具有明显的立体感。从制图区域和标题来看,应该是鸦片战争时期英国侵略军使用的作战地图的微缩版,为英军占领舟山期间的测绘结果。

英国占领舟山期间,他们利用战胜国的优势,运用先进的仪器,对包括舟山群岛海域在内的中国沿海进行了更为科学、详细的实测。1840年9月,定海城北青

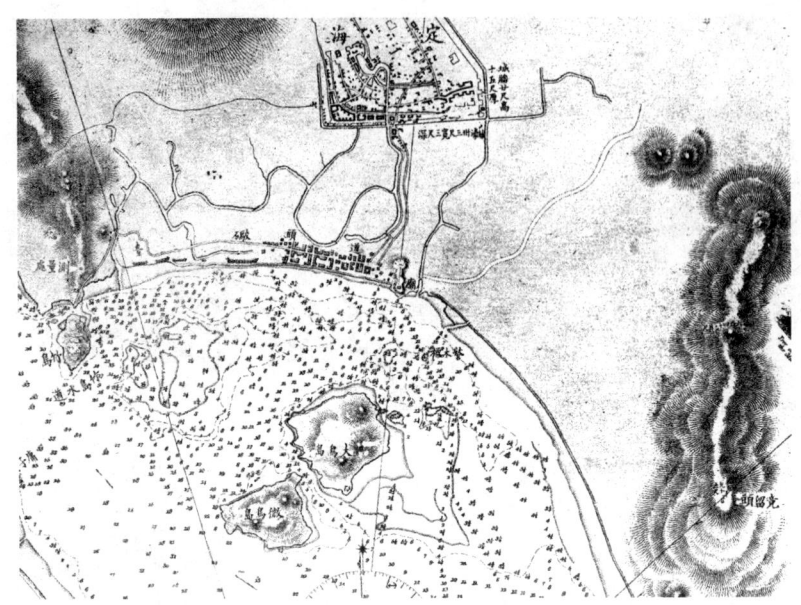

《八省沿海总图》之浙江舟山定海进口（局部）

岭村民包祖才兄弟在野外擒获正在测绘的英军军官安突德和黑人士兵的史实，反映的就是英军开展大范围测量中的一个意外插曲。经过全面测绘之后，英国军队于19世纪50年代形成了成套的舟山群岛海图。1861年英国海军局刊印了英国人金·约翰编辑的《海道图说》。洋务运动中，江南制造局请人将《海道图说》进行了翻译，形成《八省沿海总图》和《新译海道图说》[1]，于1874年刊行。

通过《八省沿海总图》和《新译海道图说》，我们可以看出：图载内容以港口进出航道为重点，陆上地貌以晕滃法和高程点表示，水下地形以等深线表示，陆上高程单位为英尺，水下深度单位为拓（fathom，也称英寻），或拓与英尺合用：水深11拓以下，以拓为单位，水深11拓以内，整数为拓，小数为英尺。图幅指向为上北下南左西右东（这些都是英国海军使用的单位和规范）。

《八省沿海总图》是从英国军用海图翻译过来的用汉字印刷的我国最早的一部沿海实测航海图集，原图由英国海军测绘编制而成，19世纪40—50年代出版，现藏北京大学图书馆。其制图方法采用等角正轴圆柱投影（墨卡托投影），从尺寸

---

[1]《新译海道图说》：1861年英国人金·约翰辑，美国人金·楷理口述，怀远、王德均笔述，1874年刊行。

上看,以对开为主,兼有全开和四开版,最小比例尺为1∶300000,最大比例尺为1∶20000,以1∶50000~1∶100000比例尺为主。图集总计有地图79幅:自广东到奉天的全图1幅,直隶5幅,奉天6幅,山东5幅,江苏3幅,长江7幅,浙江12幅,福建12幅,台湾5幅,广东23幅,覆盖了中国沿海大部分海区。从图幅数量可以看出英国人对浙江、广东、福建3省最为重视。

在浙江的12幅图中,与舟山群岛有关的占7幅,分别是浙江总图第一张、浙江舟山南群岛水道、浙江舟山北群岛水道、浙江舟山定海进口、浙江金塘水道宁波进口、浙江舟山北澳和浙江马鞍列岛,占浙江图幅数的58.3%,占全国图幅数的8.9%。从中,我们可以发现英国人最重视的舟山群岛区域是定海港、甬江口等舟山群岛南部区域,以及长江口南部的马鞍列岛等战略要地。在"浙江舟山定海进口图"中,定海城注有"城墙廿二尺高,十二尺厚"、"城濠卅三尺宽三尺深"和"道头炮台"等内容,在环南老鼠山屿上注有"警木标"(即航标),在竹山峧山上注有"测量处"等说明,在定海港注有数百个点的水深数值。在舟山南、北水道图中,绘出了每个海岛、每个岬角,标出了多数海岛的名称及每块暗礁(reef 或 rock)和干出礁(drying rock,图中译称涨隐石)的位置。在秀山岛以东海域注有"此海底低泥质,值西北恒风时可抛锚"等内容。对照战争前后两个版本的地图,其中地图精度和所包含的地理要素的差异是显而易见的。

七、英国人编绘海图中的舟山地名

在1703年英国人桑顿绘制的《舟山地图》中,标注的舟山地名大多为大岛屿及双屿港附近的岛屿,有舟山岛、岱山岛、金塘岛、六横岛、桃花岛、朱家尖岛、普陀山等十多个岛屿,主要采用按舟山方言音译的方法拼写:如舟山译为 Chusan,定海译成 Tinghae,六横写作 Lowang,普陀译为 Pootoo,沈家门叫 Sin-kea-mun。但是,对于桑顿的《舟山地图》或其他西方资料没有记载的小岛名称或其他小地名,则抛弃了"名从主人"和对外国地名以音译为主的世界通行原则,使用了新命名英文地名的方法:如将花鸟山改称为 Saddle Island(马鞍岛),将嵊山和枸杞山分别改称为 East Saddle Island(东马鞍岛)和 South Saddle Island(南马鞍岛),将西蟹峙称为 Bell Island(钟岛),将大渠山(今东岠岛)叫作 Sailer Island(塞勒岛),将岱衢洋上的百亩田礁写作 Melville Rock(马利拿石),将东岳宫山叫 Josshouse Hill,将镇鳌

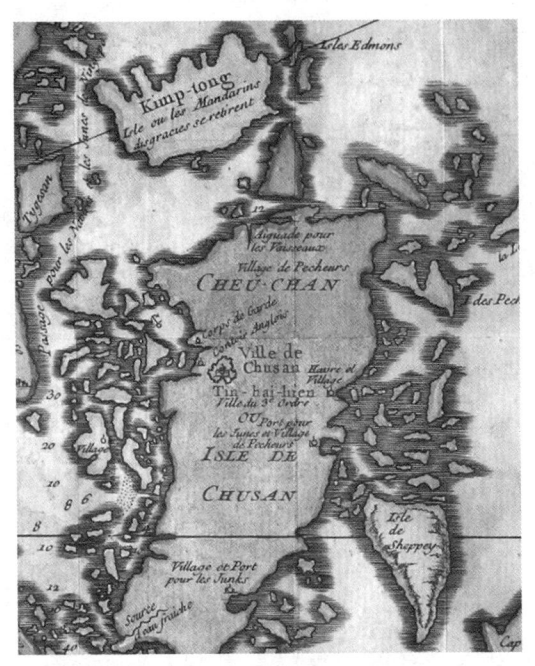

法国人贝林绘制的舟山岛地图

山称为 Caneronian Hill，城隍庙译作 City God Temple 等等。

下面以《舟山岛地图》为例作一说明。该图的作者为法国人雅克·尼古拉斯·贝林，为属于法国海洋局的一位地图绘制师。出版有《海洋小地图册》，该地图册共五卷，包括 581 幅地图，此图为其中之一。图中的舟山岛与法国人 Echelle 根据 1703 年英国桑顿公司编译的单幅地图《舟山地图》几乎完全一致，系以 Echelle 缩编的桑顿《舟山地图》为底图编辑而成，于 1750 年出版。

金·约翰编辑的《海道图说》一书用地图加文字说明的方式，详细记载了中国沿海岛屿、港口形状、长宽、岛间距离、登岛位置、航道水深、潮流流向和流速、航行适宜度、通船能力、航行方位、浅滩位置、适宜锚泊的区域、航行的主要参照物、方位角及航标等与航行和登岛有关的所有要素。其中的文字说明部分用了将近一半的篇幅记载舟山群岛及群岛附近的内容。在《海道图说》中，标注的舟山地名达到数百个，其中除 1703 年图中已有的地名采用按舟山方言音译外，其余的列岛、岛屿、礁石、航道、港湾等地名都进行了"命名与更名"。由于缺少原始英文图件，对其中的"命名与更名"方法无法进行很确切的研究，但从《新译海道图说》、民国《定海县志》和 Chusan 等史料记载中，我们大致可以看出以下几种"命名与更名"方式：

一是用参与鸦片战争的英国人名命名与更名，如：克拉克岛（本土地名为瓜连山）、巴丁岛（本土地名为斗鸡山）、圣安得里岛（本土地名为佛渡岛）、亨利岛（本土地名为桑枝山）等。

二是用曾经触礁过的船名命名礁石名称，如：用曾经在岱衢洋百亩田礁触礁的"马利拿"号船命名该礁为马利拿石。宾汉的《英军在华作战记》记载，1840 年 7 月 6 日，英军旗舰"马利拿"号（现译为"麦尔威里"号）在舟山海域触礁，船底洞穿，只好改用"威里士里"号作旗舰。

三是用曾经贩运鸦片的英国商船名命名，如：用"狮子"号船名命名中钓山为"林岛"，用"豺狼"号命名朱家尖的渔湖为"狼湾"。史料记载，1792年（清乾隆五十七年），英国第二次任命马戛尔尼为大使，乘皇家军舰"狮子"号及"印度斯坦"号、"豺狼"号等3艘商船，于9月26日从朴次茅斯港出发，驶向大清帝国，于1793年7月1日到达舟山。

四是以他们观察到的岛屿形状进行命名与更名，如：鹿岛（本土地名为小渠山）、象岛（本土地名为摘箬山）、鹭岛（本土地名为后门山）、彭岛（本土地名为笔架山）等。

五是以从向导处了解到的当地的民间传说命名，如：根据"青浜庙子湖，菩萨穿笼裤"的陈财伯燃火导航传说，将中街山列岛称为渔人列岛，将黄兴山、庙子湖、青浜山分别称为西、中、东渔人岛，但这种情况很少。[1]

从史料看，英国殖民者在使用舟山地名时，保留了部分较大岛屿的音译名，对其他大部分岛屿、礁石和航道进行了"命名与更名"，其所涉及范围，几乎包括了当时所认识到的所有岛屿及与航行有关的所有航道和较易伤船的礁石。分析其中原因，我们认为可能有以下几个方面：第一，像舟山岛等一些大岛名称，在1703年以来的地图中已经有标示，为英国海军和其他殖民者所熟知，保留这些名称，更符合原有的使用习惯，在作战中也更容易寻找目标。第二，周边小岛岛屿众多，本土地名本不为英军所熟悉，加上舟山人民对英国侵略者的入侵进行了坚决的抵抗，"重新命名"比采访和外业调查测绘更容易。第三，英国侵略者有

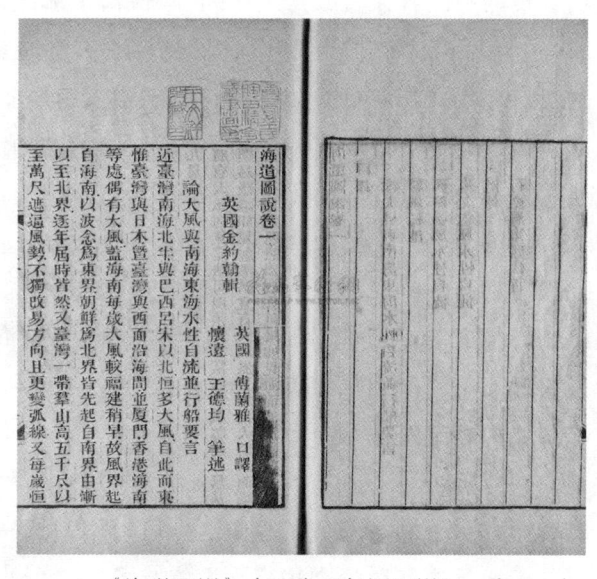

《海道图说》十五卷"长江图说"一卷

---

[1] 除现行地名外，表中地名多采用民国《定海县志》和1861年英国人金·约翰编辑，美国人金·楷理口述，怀远、王德均笔述，1874年刊行的《新译海道图说》中的记载。详见王建富、金燕的《鸦片战争与舟山的殖民地名》一文。

长期占领舟山,将之作为殖民中国的牢固基地的意图,对舟山地名进行"命名与更名",有炫耀其"辉煌战果"及进行殖民文化、奴役文化渗透,对舟山居民施加心理压力,进行心理暗示,达到长期占领的目的。

我们认为,在国际上,地名同主权紧密相连。按照"名从主人"的国际地名使用原则,地名必须按照主权归属使用。英国殖民者从长期占领的目的出发,对舟山地名进行了大量的更改。显然,英国强加给舟山的这些地名是为国际法所不容的殖民地名,作为新中国的任何一个机构和任何一位公民,都不应当继续使用。

八、鸦片战争期间英军常用的舟山地名

鸦片战争,为中国古代史和近代史的转折点,也对舟山群岛的地名产生了重大影响。舟山成为英国政府经常讨论的战略要地,定海城因此也成中国近代史上非常重要的一个地名,并且产生了三忠祠、姚公殉难处、义士李先生殉难处、法坟路、英军合葬墓、鸦片战争遗址公园和火烧门等纪念抗英斗争的地名。

英国殖民者在占领舟山期间,除保留了部分较大岛屿的音译名,对其他大部分岛屿、礁石和航道进行了"命名与更名",其所涉及范围,几乎包括了当时所认识到的所有岛屿及与航行有关的所有航道和较易伤船的礁石。根据英国人利亚姆·达西 – 布朗写的 *Chusan*(《舟山》)一书,我们对鸦片战争期间英军常用的舟山地名进行如下解读。

1. 定海。古称翁山、昌国,曾长期为舟山群岛的政治、经济和文化中心。在鸦片战争之前的英文文献中,定海及定海县被译作"Tin-hai-hien"。在鸦片战争期间的历史档案和研究鸦片战争的英文文献中,定海被译作"Tinghae"或"Ting-hae",是鸦片战争中使用频率仅次于"舟山"的舟山群岛地名,指当时的舟山群岛政治经济文化中心定海城和定海港。

利亚姆·达西 – 布朗在 *Chusan* 一书中认为,早在 16 世纪初,来自大不列颠岛的商人和水手们就发现了舟山这个可以作为贸易地点的岛屿的存在。1700 年,当时的定海县衙特地为这些英国人建造了一整套的仓库及住所(即"红毛馆"),好让他们在那里生活及交易。1793 年,时任英国大使的马戛尔尼勋爵远航来到中国觐见乾隆皇帝时,提出的一个重要请求便是:开放定海港给英国人。

据统计，在 *Chusan* 一书中，"定海"在正文出现了 274 次[1]，在地图中出现 5 次。*Chusan* 一书前言中指出：

> 经过热带的酷热，这里无疑是天堂。定海城位于舟山本岛南方中部海湾，城区背靠群山，阻挡了极端天气的侵入。英国人在几个世纪前就了解了这里的深水港，他们对这里虎视眈眈。

2. 大五奎山。因从定海城朝东南望，形状似乌龟得名"大乌龟山"。鸦片战争后，谐音更名为大五奎山。大五奎山位于定海港口，历为定海城的海防门户。在英文文献中，大五奎山被译作

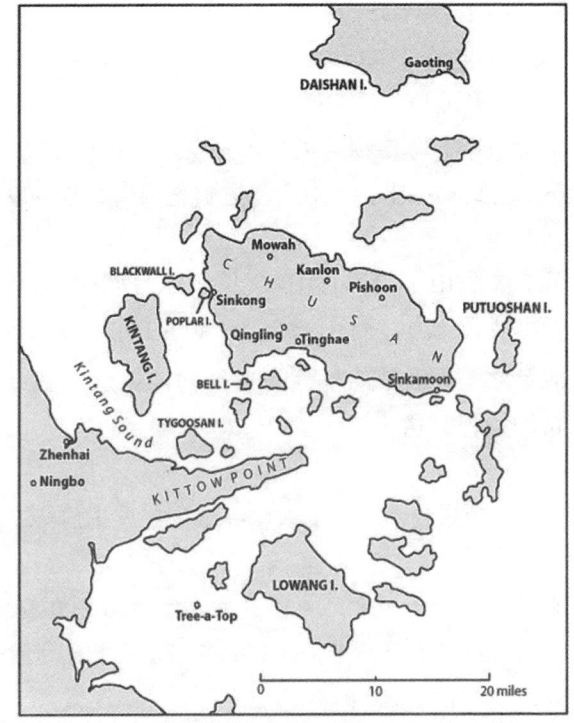

舟山群岛的英文地名

"Trumball Island"。由于"Trumball"读音与长白相近，易误译为"长白岛"。

3. 东岳宫山。古称大椎山，是古昌国县（州）城[2]的照山，既是县城的屏障，又是县城的风水之山。因山上建有东岳宫，百姓俗称东岳宫山。在英文文献中，东岳宫山被译为"Josshouse Hill"。在 *Chusan* 一书第四章，有这样的描述：

> 当军乐奏响时，爱尔兰皇家军团开始登岸并且顺利登上东岳宫山山顶……最早登上山顶的是登陆船上的一名水手。他从一个佛像的基座上扯下一个神像，并用力挥舞起来，最后把神像扔到地上砸成粉碎。接着，他接过一名军官递给他的英国国旗，爬上一个旗杆，把国旗牢牢地系在旗杆上，而他的战友们则在一旁欢呼。1840 年 7 月 5 日（星期天）下午 2 点 50 分，英国国旗飘扬在一个不知名的小寺庙，而这个小寺庙成为西方占领的第一块中国领土。

---

[1] 根据 *Chusan*（《舟山》）一书译文统计。
[2] 即后来的定海县城，今舟山市定海城区。

…………

爬到被占领后即被更名为 Josshouse Hill 的东岳宫山山顶，可以看见稻田外的一英里处被城墙包围着的定海城。城墙上，清军士兵们仍挑衅地挥动着一排排的锦旗。整个下午，马德拉斯炮兵团先费力地把船上的榴弹炮、迫击炮和大炮卸到东岳宫山下拥挤的码头上，然后再把它们拖到离城墙400英尺处的一座小山顶[1]上。

4. 竹山。也称竹山岙，位于定海城西，晓峰岭南端，是定海城的西部门户之一。在英文文献中，竹山被译为"49th Hill"。竹山是鸦片战争第二次定海保卫战的主战场之一，也是英军首先攻破的位置。在 Chusan 一书的第六章，利亚姆·达西-布朗这样写道：

（英远征军司令）郭富告诉他的战士们：登陆定海的第一步就是爬上竹山，然后朝东，从后方占领城墙。第二天登陆舟山的命令下达后，竹山响起了炮弹爆炸的声音。当傍晚来临的时候，英国皇家海军占据了有利地势，一大批中国军队在山顶上用过时的火枪对着英军开火。1841年10月1日那天……阵雨使竹山的花岗岩山坡变得很湿滑，浓密的矮灌木丛把竹山包围得严严实实。8点钟，"涅墨西斯"号和"地狱火河"号战舰开始准备登陆……两个小时内，轮船一直在跟海浪做着斗争，中国军队一直在海岸边发射炮弹，但是没有一个击中要害。最终，英军小艇成功登陆……第一批登陆的是威斯特摩兰兵团，紧接着的是皇家爱尔兰和马德拉斯军团步兵……很快穿红色军装的军队攀登上竹山斜坡，向着蓝色战袍的中国军队步步逼近。随着英军的进攻，中方所使用的近射距火枪开始发挥作用，当英国军队的前锋接近山顶的时候，出现了第一个伤亡人员……郭富司令的肩膀被炮弹击中，但他声称自己毫发未损。

5. 金塘山。即金塘岛，位于舟山市定海区西部，是舟山群岛的第四大岛屿，甬江口和杭州湾的重要门户，也是浙东北沿海南来北往的交通要道。在英文文献中，金塘山被译作"Kintang Sound"。Chusan 一书第三章记载：

（1826年）郭士立为"阿美士德"号三桅船的试航担任口语翻译，第二次来到舟山。虽然，为了争取一个良好的印象，这艘船当时特意没有运送鸦片，但他们仍

---

[1] 即指观山（道隆山）。

被拒绝进入定海港内交易。因此,他们转往附近的金塘岛抛锚。这是郭士立第一次踏上舟山的土地。金塘岛土地富饶,百姓和善,给郭士立留下了深刻的印象。上岛后,郭士立四处分发宗教宣传册及药品、药膏,并称佛教为虚伪的异教,以此恫吓居住在金塘寺庙中的僧侣……1833年1月,郭士立带着一艘鸦片船再次来到舟山。当他向当地官员申请进入金塘岛的请求又一次被拒绝时,转而筹划在舟山官员注意不到的任何地方登陆……

在第十三章,利亚姆·达西－布朗这样叙述:

就在舟山被重新占领的一周之后,璞鼎查爵士……命令约400名英军从水路穿越金塘山,占领了重要据点镇海,控制了通向宁波的所有通道。因为,只要中国人在那里聚集,舟山将处于威胁之下。

6. 岑港。古作岑江,是舟山岛西岸的重要天然港口。在英文文献中,岑港被译作"Sinkong"。1841年10月英军第二次占领定海之后,将岑港誉为"小型的博斯普鲁斯海峡"[1],派皇家爱尔兰军团驻扎。*Chusan* 第十七章说:

因为英军中大多数人原先是爱尔兰农场工人,一到圣帕特里克节[2],他们就会举办一年一度的节庆……每年的这个时候,皇家爱尔兰军团就会在岑港的营房举办活动比赛,庆祝他们的圣帕特里克节。

7. 沈家门。位于舟山岛东南端,是我国最大的渔港和海水产品的集散地,与秘鲁的卡亚俄港、挪威的卑尔根港同被誉称为世界三大群众性渔港,也被誉为"东海渔都"。在英文文献中,沈家门被译作"Sinkamoon"。*Chusan* 一书第七章记载:

(1840年)8月的最后一个周日,亚特兰大号在舟山东南端的一个叫做沈家门的渔村登陆。不祥的是,其中一个士兵精神好好的,没过一会儿却突然倒地死了,他的尸体被运回了出发地,但是其他的英军还继续留在沈家门。

---

[1] 博斯普鲁斯海峡:又名"伊斯坦布尔海峡",是一条介于欧洲与亚洲之间的海峡。
[2] 圣帕特里克节:是纪念爱尔兰的主保圣人圣帕特里克主教(约385—461年)的节日,在每年3月17日举行。

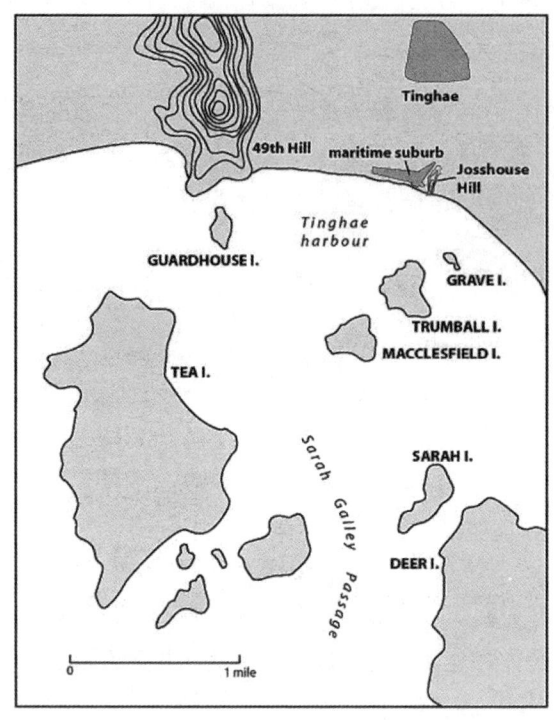

定海港及港内诸岛的英文地名

抵达村口时，士兵们看到有两个老妇人拄着拐杖，抬着一个竹篮跟跟跄跄地走着。当他们回头看到英国人时，表情就像是见到了孟加拉猛虎一般，拔腿就跑……"亚特兰大"号一出现，熟悉的锣鼓声就会响起，紧接着就听到成群的动物被赶往山中时发出的鸣叫声。有一些居民没有离开村庄，但他们中有一人交给郭士立一张纸条，里面发出了挑衅：我们不了解也不想了解你这个翻译。你们的钱我们分文不要，我们也不想对你们说什么。

8. 盘峙山。即盘峙岛。位于舟山岛以南的定海港内，是定海港的重要门户。在英文文献中，盘峙山被译作"Tea Island"。*Chusan* 第十四章写道：

（1842年3月）14日晚，清军试图向停泊于定海港的我军[1]船只放火，但以失败告终。大约晚上10点，我方收到了定海军事长官丹尼斯上校的消息。丹尼斯上校从他的侦察员那里获得情报说，装满了火药和易燃物的清军火攻船，正在路上。不到一个小时，几艘火攻船从海港的东边向我方军舰漂浮过来，有几艘火攻船则从南部靠近，其中部分企图进入盘峙岛北面的锚地，另一部分驶向朱皮特号抛锚的盘峙岛南面。

9. 大猫山。位于盘峙岛西南，是从定海港通往金塘和甬江的必经之地。在英文文献中，大猫山被译作"Tygoosan"。*Chusan* 第十七章说：

（英远征军司令）郭富决定将原余姚市一名姓林的中国监狱长调往大猫山当差。大猫山位于定海和镇海的中间位置。

---

[1] 指英军。

10. 普陀山。即普陀山岛。位于舟山群岛中东部，舟山岛以东海域，是著名的佛教圣地，我国四大佛教名山之一。在英文文献中，普陀山被译作"Putuoshan Island"。*Chusan* 的"后记"说：

1852年，（艾迪绥小姐）[1]在她60多岁的时候，乘船再次来到了舟山，想尽情感受一下舟山的海岛气息……接着，艾迪绥乘船到了普陀山，用一口蹩脚的宁波方言给山上的僧人们传教。

11. 老鼠山。位于定海港内，是定海港内影响船舶航行的重要岛礁之一。因从舟山岛南望，形似老鼠得名。在 *Chusan* 的《定海港及港内诸岛》地图上，老鼠山被译为"Grave Island"。

12. 小五奎山。即小五奎山岛。位于定海港内，与大五奎山岛相傍相立，因从舟山岛南望，形似乌龟得名。原名小乌龟山，鸦片战争后更名为小五奎山。在 *Chusan* 一书的《定海港及港内诸岛》地图上，小五奎山被译为"Macclesfield Island"。

13. 小竹山。现称小竹山屿。在定海港内，与竹山峧相对。小竹山古称竹屿山。因岛上旧多竹丛生长而得名。在 *Chusan* 的《定海港及港内诸岛》地图中，小竹山被译为"Guardhouse Island"。

14. 火烧门。位于定海港南面，介于小盘峙岛与东岠岛之间，是船只从南面进出定海港的咽喉要道。在 *Chusan* 的《定海港及港内诸岛》地图中，"火烧门"被译为"Sarah Galley Passage"。与此同时，火烧门西侧在大岠山[2]被译为"Sarah Island"，小岠山[3]则被译为"Deer Island"。

九、小结

从16世纪以来西方绘制地图的变化，可以发现：西方人绘制中国地图中的地理信息主要来源于明朝的地图，但在舟山群岛等区域，加进了他们通过航海和贸易

---

[1] 艾迪绥（Mary Ann Aldersey，1797—1868年），第一位来华基督教女传教士，在浙江宁波创办了中国第一所教会女子学校。
[2] 现名西岠岛，定海南部诸岛之一。
[3] 现名东岠岛，定海南部诸岛之一。

获得的认识。西方人对舟山群岛的最初认识和西方地图对舟山群岛的最早记载，都源于被称为"Liampō"的双屿港，这与葡萄牙人参与了双屿港的走私贸易有很大的关系，当时的双屿港是东方最早的东西文化共存的国际自由贸易港。1655年卫匡国编制的《中国新地图集》是西方第一幅明确标注舟山岛名的地图，这也是西方第一次用舟山方言音拼写舟山地名，对后来西方地图中关于舟山群岛的地名注记产生过很大的影响。透过1703年的桑顿《舟山地图》，我们则看见了英国人利用贸易收集情报的身影。

  16—19世纪西方列强对舟山群岛的测量绘制历史，就是西方实施海洋战略，不断扩张海洋权益的历史。大航海时代的早期，对于已有强有力国家政权管理的舟山群岛，西方主要通过海上贸易获取经济利益，并在贸易过程中不断了解中国，熟悉中国，积累各种政治、经济和军事情报。以英国为代表的欧洲强国为获取中国沿海的地理、军事、政治和文化情报，利用官商结合的贸易模式对中国沿海进行了秘密的测量。随着西方列强国家的不断壮大和中国清朝国力的日渐衰落，西方积聚的关于舟山群岛等战略要地的关于自然地理和政治军事情报，促进了其通过军事占领建立自由贸易港野心的膨胀和军事行为的实施。

  通过这个历史过程我们也发现，无论宋代在舟山群岛设昌国县，还是清代在舟山群岛设定海县，朝廷设县治的目的和县名的命名思路都是从巩固海疆稳定的国家战略出发的；而作为海洋大国的英国从海洋思维出发，认为舟山群岛是太平洋西岸最佳自由港选址，已经通过在18世纪初的中英初步贸易中蓄积了殖民侵略的野心，其测绘舟山群岛地形的行动，也是从国家战略思维出发的。比较中英两国的国家战略，有相同之处，但也有巨大差异，主要表现为代表中国的清朝廷主要采取守势，其海疆战略是以海岛为屏障的固守战略，而英方则是先通过贸易积累财力，再以武力扩大贸易，其对舟山的兴趣和与舟山的贸易，是试图以舟山群岛作为自由贸易和军事占领前沿阵地的战略，是争夺海洋权益的海上进攻战略，在谋略上已经先胜了一筹。其设置海上贸易基地，发展国际自由贸易的思路，在今天中国建设浙江舟山群岛新区的新时期，对我们仍有启示之处。

第四章

清朝前期英国人视野里的舟山

第四章　清朝前期英国人视野里的舟山 | 95

清朝前期,主要是1684年(清康熙二十三年)清政府颁布"展海令"至1816年(清嘉庆二十一年)阿美士德访华使团抵达中国的这段时期,在这一个多世纪中,舟山的对外开放和交流有三个关键点。第一个关键点是在1698年,清政府将"浙钞关"迁移到定海,并建起海关监督衙署和"红毛馆"。第二个关键点是1759年,乾隆下令禁绝舟山口岸中英通商,自此之后,虽有英国商人违制前来舟山交易,但都未能成功。第三个关键点是1793年,马戛尔尼访华使团登陆中国大陆首站地选择舟山,但英国政府通过和平谈判求得中英通商贸易的要求受到了严重挫折。

那时候,舟山由于独特的地域优势,受到了当时世界顶尖强国之一——英国的高度关注,成为他们梦寐以求的中英贸易港口和自由贸易区。由于两个国家制度不同和文明差异,英国人以贸易方式获得中国门户开放的政策最终以失败告终,而舟山也失去一次对外开放的机会。

本章以此为线索,重点记叙这一过程中英国人对于舟山的看法与认识,反映舟山在英国人眼里的经济价值和战略地位,以及中英双方在舟山发生的两种文明的冲突。

一、英国与舟山的最初贸易往来

从16世纪开始,英国相继与葡萄牙、西班牙、荷兰、法国等国家爆发了争夺海上霸权和殖民地的战争。1588年,英国一举击溃老牌殖民帝国西班牙的"无敌舰队",终结了西班牙的海上霸权,17世纪又在与荷兰的多次战争中取得胜利,基本奠定了英国在海上的霸权地位。英国就是在这样的大背景下开始了与中国的接触。

英国人很早就想和中国这个富有的东方大国进行贸易,但直至17世纪中期英国才开始与中国进行直接的接触。1637年(明崇祯十年)6月,英王查理一世派遣东印度公司主任威德尔率领5艘船舰来中国,并命令"如果发现任何机会,就把

清代浙海关五两银锭

他们可能发现的和认为对我（英）国有利益、有荣誉、值得据为己有的一切地方，占据下来"[1]。接到指令后，英国人便四处活动，选择地点之一就是舟山群岛。[2] 威德尔船队经印度果阿中转，然后到达了中国的澳门。8月，英国船队要求进入广州城贸易，但遭到拒绝。9月，英国船队强行进入广州城，购买一批中国商品后离开。广州政府随后声明："红夷今日误入，姑从宽政，日后不许再来。"[3] 英国人第一次进入中国通商贸易表现出的强迫性，当然使明政府无法容忍，因此，威德尔欲北上舟山自然无法成行。

清初，朝廷为了对付郑成功等沿海抗清势力，下令禁海。从1655年（清顺治十二年）至1684年（清康熙二十三年），清政府颁布了五次"禁海令"。直到清朝收复台湾、统一中国后，才于1684年下令开海禁。同时，放开沿海贸易，准许沿海船只出海贸易。1685年，清政府取消市舶司制度，设立粤海关（驻广州）、闽海关（驻厦门）、浙海关（驻宁波）、江海关（驻云台山，今江苏连云港）等4个海关，海关正式成为清政府管理对外贸易的官方机构。其中，浙海关的主要职责是管理浙江沿海地区的对外贸易，征收往来商船的税款。当时，外国商船常常在舟山定海停泊，而浙海关的驻地设在宁波府城，这就使双方开展贸易非常不便。依照规定，外商在宁波贸易还要经过一个十分繁杂的程序，商船抵达定海后，需要前往宁波报税、给票，两地相距140余里，而且蛟门水急礁多，这些因素极大地限制了外国商船前来贸易的热情。

基于上述原因，1694年，浙海关监督常在向朝廷上了一道迁移浙海关的关址到定海的奏折。常在的奏折说：

> 初设海关时，定海尚未置县，故驻扎宁城。凡商船出洋回洋，出入镇海口，往还百四十里，报税、给票，候潮守风。又蛟门、虎蹲水急礁多，绕道涉险。外国番船至此，

---

[1] 转引自樊百川著：《中国轮船航运业的兴起》，中国社会科学出版社2007年版，第9页。
[2] 王和平：《英国侵占舟山与香港的缘由》，载《中国边疆史地研究》1997年第4期，第67页。
[3] 转引自何大进主编：《近代广州城市与社会》，天津古籍出版社2009年版，第37页。

往往回帆而去,请移关定海,岁可增银万余两。[1]

设关之初,浙海关年税额为3万余两白银,"年可增银万余两",也就是说,可增税银三分之一。

但朝廷认为,一旦定海设关后,外商会就近在定海贸易,影响宁波商业、店铺的经营,其利润无法正常维持;朝廷一贯"重农固本",而定海平素以"渔、盐之利"纳缴利税,是为正税,对外贸易的发展无疑会使当地百姓弃渔盐而就"末商",最终必导致农本不稳、正税收缴困难。1696年,浙海关监督李雯再次奏请,将海关迁移至甬江河口的镇海,并且也像福建和广东那样建设一座"红毛馆",如果能够这样做,外国商船听到此种消息,将会大批来航,但是结果仍未成功。

1698年(清康熙三十七年),浙海关监督张圣诏再一次提出迁关到定海,因其"定海岙门宽广,水势平缓,堪容外国大船,可通各省贸易。海关要区,无过于此。自愿设法捐造衙署一所,往来巡视,以就商船之便。另设红毛馆,安置红毛夹板大船人众,可增税一万余两,府城廛市仍听客商贸易,不致毁坏"[2]。由于张圣诏的建议,既考虑到定海扩大对外通商的益处,又维持宁波的客商贸易,并表示拟在定海再建衙署系"自愿设法捐造",为的是"往来巡视"方便。这样,设关定海的申请辗转数年后,此次终于获得清政府批准,张圣诏将浙海关迁移到定海,并在定海钞关弄(今东大街东管庙弄斜对面)建起海关监督衙署。清光绪乙未年出版的《国朝通商始末记》和清人夏燮的《中西纪事》中记载:

监督张圣诏……请捐建衙署,移关,以便商船,当增税银万余。
…………
迨定海既设监督,张圣诏始请移海关于定海。部议从之。[3]

这是定海城内首次设立钞关及监督衙署。自此,外国商船就在定海交税了。

同年,清政府还在定海城外南道头西侧,建了一处西式的颇为壮观的西洋楼,俗称"红毛馆"(因当时国人把黄种人以外的有色人种统称为"红毛",所以把这处

---

[1]《宁波海关志》编纂委员会编:《宁波海关志》,浙江科学技术出版社2000年版,第330页。
[2]《宁波海关志》编纂委员会编:《宁波海关志》,浙江科学技术出版社2000年版,第330页。
[3]《宁波海关监督奏请移海关,并建红毛馆》,载刘鉴唐等编著:《中英关系年要录》第1卷,四川省社会科学院1989年版,第226页。

清代浙海关镇海分关办公楼与货栈

西洋楼叫做"红毛馆"），专门接待来舟山的欧洲商人（主要是英国商人）。这处由九幢楼屋组成的"红毛馆"，门上悬一方匾额，书有"万国来同"四个大字，意思是对各国来此经商皆予一视同仁。这个房子主要用来安置外国客商和船员，也为往来巡视之文武官员提供洽谈和理事场所，"凡有红毛船公务，会同文武官员集此理事"。既有接待外商宾客的职能，又有洽谈对外贸易的职能，还有海港船员俱乐部的职能，一句话，就是清政府设在定海的一个对外贸易办事机关。

"红毛馆"建立后，外洋番舶闻风而至。定海未设"红毛馆"时，东西洋船全数停泊甬江，有了"红毛馆"，洋船纷纷来定，定海亦有了市廛。定海的对外贸易一开通，必然影响到宁波商人的利益，特别是那些市侩、牙人（经纪人）不甘心自己利益受到损害。官司打到浙江巡抚那里，巡抚还算公平，并宣布："东西洋船，愿往宁波者，听其驾赴宁波，愿往定海者，听其停泊定海"[1]，地方官员不得以任何形式干预，并将此作为地方行政法规规定下来。自此，外洋番舶停泊宁波或定海完全由他们自己抉择。浙海关迁移到定海与"红毛馆"的建立，为英国来舟山贸易创造了良好的条件。

在与舟山贸易的过程中，英国东印度公司扮演着极其重要的角色。东印度公司从创立的17世纪初叶起，便主导了英国对远东的贸易，直至1834年公司对华贸易垄断权被终止。其间英中两国贸易的历史，实际上就是英国东印度公司对华贸易的历史。自从明末首次来中国贸易遭到失败，英国东印度公司一直强烈渴望寻

---

[1] 叶建华著：《浙江通史（第8卷）》清代卷上，浙江人民出版社2005年版，第483页。

找机会打开中国市场。当 1684 年康熙开海禁时，密切关注中国情况的东印度公司商人再次跃跃欲试，派遣大量商船来中国沿海贸易。根据中外史料的记载，英国对舟山的贸易主要集中在 1700—1736 年和 1755—1757 年这两个时间段上。

二、英国与舟山贸易的第一阶段

1699 年 11 月，东印度公司派出"麦士里菲尔德"号船前往中国进行贸易。他们先到达了广州，随后驶往宁波、舟山口岸。同一年，东印度公司向舟山贸易管理会第一任主任卡奇普尔下达命令：

> 前往宁波群岛，宁波在中国北部，我们指令你如有可能就居留该处——或者你可以得到政府许可在它的附近口岸贸易。……假如不能建立商馆，则可根据形势的可能进行贸易。坚持要找到适合北方气候的口岸，以便大量出售我们的毛织品。[1]

遵照公司的训令，卡奇普尔乘"伊顿"号商船，于 1700 年（清康熙三十九年）10 月抵达舟山，当时在港口上靠泊了英国"特林鲍尔"号、"麦士里菲尔德"号、"孟买商人"号三艘商船。卡奇普尔一行的到来受到当地官吏的热情接待，并让英国人获得了满意的商品。

1700 年，英国东印度公司为了拓展商业贸易，开始在舟山建立管理会，派遣商务监督驻定海，设立事务所，负责管理英国商人来浙江贸易事务，把舟山作为对华贸易的重要基地。那时，在英国等国商人眼里，舟山是一个充满商业机会的贸易福地。

值得一提的是，在卡奇普尔一行来舟山以前，担任"萨拉"号大班的理查德·高夫曾被东印度公司派遣到舟山，他向公司汇报，他不怀疑可以在该处得到贸易的自由，但恐怕中国人不会准许居留。正是由于在舟山贸易有利可图，英国方面派出大量的商船前往舟山，在 1710 年曾有 10 艘英国商船到达舟山，可见当时贸易之繁盛。

英国商人喜欢在定海进行贸易，主要出于营利考虑。钱塘江水系流经的浙、赣、皖三省毗邻地区，是著名产茶区。茶叶若能从定海出口，只需沿钱塘江水系运往宁波，再转运海道便可；如从广州出口，则需从产地经鄱阳湖、赣江、越大庾岭，南下

---

[1] [美] 马士著，区宗华译：《东印度公司对华贸易编年史（1635—1834）》第一、二卷，中山大学出版社 1991 年版，第 107 页。

清代浙海关税务司英式建筑

广州,价格会提高很多,质量也容易受损坏。除了茶叶,其他如杭嘉湖的丝绸,龙泉的青瓷,也因定海离产地近,价格比从广州出口便宜。至于英国商人运来的毛纺织品,因地处亚热带的广州人不太欢迎,也比在定海的销售量要小。

此外,英国商船踊跃来到定海,还有一个原因是广东、厦门官吏索取的税率和规费太高了。1689年英国东印度公司第一艘驶进广州港的船舶,核定应缴纳2484两的高昂管理费,经过与海关官员多方讨价还价,费用降至1500两,其中1200两为船钞,300两为付给粤海关监督的规礼银(即所谓的感谢费)。同一年,英公司船"公主"号到厦门贸易时,勒索也很重,以至于该船大班报告称,在此处无法使他们让步,只有将贸易转往定海,或者放弃几年。

而在定海,他们常常能享受到"一切科税诸事无不逾格从宽"[1]的待遇,这更引起了英商的兴趣和重视。海关原来设在定海城内东门文彩桥下,由于商船皆停泊于南道头,为征税方便,遂迁海关至南大街太保庙。后因城墙间隔,海涂涨,商船开始泊于东港浦,于是又将海关迁至邻近的黄大来公祠。定海官员事事为中英通商便利考虑,使英国商人对定海海关比广州海关满意多了。

---

[1]《关于浙江海关对外开放问题的几份奏折与乾隆的谕旨》,载刘鉴唐等编著:《中英关系系年要录》第1卷,四川省社会科学院1989年版,第563页。

但是，这种盛况并未持续很久，英国商船来舟山贸易的次数逐年减少，在 1736 年以后的十几年中，甚至没有一艘英国商船的贸易记录。导致这种情况发生的最重要的原因，应该说与定海没能建立起比较繁荣的交易市场有关。定海设海关后，英国商船开始就近在定海经商，但由于定海囤积货物的地方有限，商船仍需运往宁波发卖，所以定海的商铺寥寥无几，不及宁波的十分之三四。

舟山口岸的定海，只不过是一个小市场，只有本地买卖。商人都集中在内陆的宁波，定海是远离中心的一个站，他们是为了和英国贸易这个特别目的才来到这里的。[1]

其次，与当时舟山海关管理体系的不成熟有很大关系。首先，舟山虽已有海关和"红毛馆"，但是海关监督却经常在宁波，每做一笔交易，或者获得一张自由贸易的执照，必须要海关监督亲自审理，想建立永久性商馆的愿望不可能实现。因此，英国商人希望海关监督能常在舟山，或者英国人被允许进入宁波府城进行交易。1736 年，英国商船"诺曼顿"号抵达舟山海域，英国人要求直接进入宁波府城交易，但当地官员拒绝他们入港。1737 年，当时准备驶往舟山、宁波贸易的"哈里森"号闻此讯，改变计划前往广州。

第三，定海市场交易经常受到宁波官商的勒索。由于定海市场较小，商人和商品都集中在宁波府城，所以舟山的贸易在相当大程度上依赖宁波官商的支持，这些贸易限制使英国人不得不屈服于他们的敲诈勒索。当时英国驻舟山管理会主任卡奇普尔在舟山居留的 16 个月期间，他们的生活不是很愉

英国东印度公司商船

---

[1] [美] 马士著，区宗华译：《东印度公司对华贸易编年史（1635—1834）》第一、二卷，中山大学出版社 1991 年版，第 144 页。

快,工作也不容易,在向董事部的正式报告内说:"关于贸易及管理方面,没有一天不受到官吏或商人的侮辱、勒索和压制。"[1] 1703年8月,英国商船"塞缪尔与安娜"号和"宁波"号驶抵舟山洋面,海关监督恳请他们入港,并同意给予正常收税,然而船只一靠泊后,海关监督和中国商人便提出许多苛刻的要求,例如加征税额、抬高货价等等。

因此,卡奇普尔说:"劝告我们没有这样的资金就不要到舟山,因为该地海关监督公然要从中索取银10000两。"[2]除此之外,由于英国商船都配备武器弹药,这使中国政府充满疑惧。如"诺曼顿"号到宁波时就因为与当地官员无法达成卸掉武器装备的协议而使贸易陷入困局。

另一方面,广州优越的地理位置、悠久的对外贸易历史和清政府倾斜的税收政策等原因,使之较浙江拥有更为便利的交通条件和良好的贸易环境,因此吸引了大部分的英国商船在广州贸易。然而,这并不代表英国人放弃了对舟山这个贸易良港的渴望,他们时时刻刻在寻求机会重新回到舟山。

三、英国与舟山贸易的第二阶段

1753年,英国东印度公司决定重新开展对宁波和舟山的贸易,一方面希望再次在长三角区域开辟更大的市场,另一方面由于长期在广州贸易,经常受到粤海关敲诈勒索,于是东印度公司开始寻觅其他贸易口岸以分散对广州的依赖度,他们将目标锁定在了宁波和舟山。

1755年(清乾隆二十年)6月2日,英国东印度公司派大班喀喇生与汉语翻译洪任辉(西名詹姆士·弗立特)等58人,带着6箱银圆(每箱4000枚)、13箱英国酒(每箱120瓶)、2箱蜡烛等货物,乘"霍德尼斯"号和"格里芬"号商船到定海,购买和换取中国的丝茶。定海官员把喀喇生、洪任辉护送到了宁波。

两地官员因英船好久没来浙江,加意体恤,严令各商铺公平交易,使这次交易获得巨大成功。提督武进升上奏:"查红毛船只多年不至,今既远番入境,自应体

---

[1] [美]马士著,区宗华译:《东印度公司对华贸易编年史(1635—1834)》第一、二卷,中山大学出版社1991年版,第112页。
[2] [美]马士著,区宗华译:《东印度公司对华贸易编年史(1635—1834)》第一、二卷,中山大学出版社1991年版,第126页。

清代浙海关工作人员

恤。"[1]闽浙总督喀尔吉善和浙江巡抚周人骥也上奏:"伏查红毛国商船久不到浙贸易,今慕化远来,自请加意体恤,以副我皇上柔远至意,除饬令该道(绍兴道)派拨员役小心防护并严谕商铺人等公平交易,其应征税课,照则征收。"[2]7月7日,又有一艘英国商船"荷特奈斯"号到达定海。这艘船带来了银圆20万枚,以及黑铅等货物。定海地方官员仍然热情接待,使他们满意而归。

洪任辉等英商从对舟山贸易的成功中受到了极大的鼓舞,给东印度公司汇报说:

我们在此地缴纳的船钞和货税,不到广州的半数,喀喇生和我们每天都迫切地期待有船到来……两年以后,公司可能在该地订购全部所需的货品。[3]

第二年,东印度公司商船"格里芬"号又驶进定海港,洪任辉再次随同前来。此外,

---

[1] 转引自贝逸文:《定海"红毛馆"与十八世纪舟山对外贸易》,载《浙江海洋学院学报》(人文科学版)1999年第3期。
[2] 转引自贝逸文:《定海"红毛馆"与十八世纪舟山对外贸易》,载《浙江海洋学院学报》(人文科学版)1999年第3期。
[3] [美]马士著,区宗华译:《东印度公司对华贸易编年史(1635—1834)》第一、二卷,中山大学出版社1991年版,第442页。

还有一艘港脚船,即散商船,也于这年靠泊定海。贸易的成功吸引了更多商船的到来,在随后几年里,东印度公司派出了"哈德威克"号、"切斯特菲尔"号、"格里芬"号、"翁斯洛"号等商船到宁波,试图进一步扩大在宁波、舟山口岸的贸易。

这时候,对于舟山来说是一次机会,如果清朝政府在稍稍开放和更加封闭之间选择的是前者,那么舟山许多历史将重写。与浙江贸易复苏的状况相反,同期来广东贸易的洋船则呈下降趋势。两广总督杨应琚与浙闽总督喀尔吉善对此联合提出,应增加浙海关税率,使船钞同粤海关拉平,正税和出口货物的估价税高于粤海关。乾隆帝亦对英船如此频繁北上舟山贸易产生了这样的担忧,不过他并没有以强硬手段勒令英商不准来舟山贸易,而是期望以一种比较平和的经济手段抑制英商开辟舟山、宁波市场的热情。在1756年11月2日的上谕中,他肯定了喀尔吉善和杨应琚的建议,要求定海关税提高到"视粤稍重",以限制来定海的英船数量。由于这些商品售价定海比广州要便宜,因此浙江海关关税虽然提高了,但并没能减弱英国商人到定海交易的热情。

新税律公布后的1757年7月22日,英船"翁斯诺"号又来到定海旗头洋,英商表示"愿照新定则例输税"。乾隆据此认识到,浙、广两省地域、经济有别,即便舟山增加新税,英商亦愿弃粤抵浙,其原因是广东税额太重、杂税复多,而浙省乃丝斤、瓷器、茶叶产地,价格上具有先天优势,英商乐于赴舟山贸易。所以,通过税收政策调节的方式并不能奏效。"今番舶既已来浙,自不必强之回棹,惟多增税额。"[4] 由此可见,此时清廷已然默认英商北上贸易的尝试,虽顾虑重重,但终还是思路转变的某种迹象。试想,如宁波与广州就此形成某种竞争局面,对于东印度公司所期望的中英贸易的良性发展当有一定益处。

既然关税稍加提高也无法阻止英国商船来定海,乾隆经过考虑,决定改变去年主张,用经济手段把英商逐回澳门的主张,改谕令定海关税不可过重,并把定海划为常开之关。他于1757年9月20日颁旨:

> 将来定海一关,即照粤关之例,用内务府司员补授宁台道,督理关务。约计该商等所获之利,在广在浙,轻重适均,则赴浙赴粤,皆可惟其所适。[5]

---

[4]《关于浙江海关对外开放问题的几份奏折与乾隆的谕旨》,载刘鉴唐等编著:《中英关系年要录》第1卷,四川省社会科学院,1989年版,第565页。
[5]《清实录·高宗实录》卷五四四,中华书局1986年影印版,第917页。

当时4个海关中,只有粤海关由内务府司员督理,乾隆既然要将浙江海关升级,当然要由身边人内务府官员来专管。

但这时广州已形成了一个包括行商、粤海关监督、广东地方官员在内的利益集团,他们垄断了对外贸易,得利甚多,又怎么愿意将贸易转向浙江?由原两广总督奉调闽浙总督的杨应琚正是广州对外贸易利益集团的主要代表,他以粤民生计和两省海防为理由,力陈浙江通商的弊害。

> 粤省地窄人稠,沿海居民,大多借洋船谋生,不独洋行自二十六家而已。且虎门、黄浦,在设有官兵,较之宁波可以扬帆直至者,形势亦异,自以仍令赴粤贸易为正。[1]

可见,正是粤省民计和两省海防差异这两条,促使乾隆放弃了浙海关。相对于广州完备的军事设施,舟山军事力量比较薄弱,且广东依靠洋船谋生的,不单单是26家洋行,还有众多沿海居民。此外,浙江离北京比广州要近,社会稳定也是他所顾虑的。这一呈陈最终促使乾隆帝放弃了先前的"不禁之禁"之策。

1757年12月20日(清乾隆二十二年十一月十日),乾隆帝下令:

广州十三行对外贸易特区

---

[1]王宏斌:《乾隆皇帝从未下令关闭江、浙、闽三海关》,载《史学月刊》2011年第6期。

本年来船虽已照上年则例办理,而明岁赴浙之船,必当严行禁绝。……此地向非洋船聚集之所,将来只许在广东收泊交易,不得再赴宁波。如或再来,必令原船返棹至广,不准入浙江海口。豫令粤关,传谕该商等知悉。……令行文该国番商,遍谕番商。嗣后口岸定于广东,不得再赴浙省。[1]

明令拒绝外国商人来定海、宁波通商,禁止外国商船入港,并于次年关闭定海关及"红毛馆"。

浙海关被关闭后,英国方面并未就此放弃,而是千方百计寻求突破。1759 年 5 月,东印度公司命令洪任辉再度北上,并于 6 月 24 日乘坐一艘三桅小洋船来到定海泗礁洋面,试图再次进港贸易,但遭到了当地官员的拒绝。至此,一口通商成为定局,英国等西方商船只允许在广州贸易,而被迫退出了浙江沿海各口岸。

从康熙开海禁到乾隆时期的一口通商,这段舟山历史上罕见的对外开放和中外贸易的历史,只持续了半个世纪。对于英国人来说,舟山比中国大陆其他地方更为熟悉,这不仅因为康熙年间就已开始、后来却被中断的中英舟山贸易,让英国人获得了比中英广州贸易更加丰厚的利益;更因为舟山的战略位置和港口资源,使英国人一直认为舟山是最理想的海上自由贸易基地。

四、英使团访华的第一站选择舟山

1757 年,清朝实行一口通商政策后,英国商船的贸易受到了很大的限制,为了打破清朝的贸易壁垒,扩大对华贸易,英国政府决定派遣外交使团出访中国。

1787 年,英国政府经过长期认真考虑和讨论,决定派遣卡思卡特中校出使中华帝国。英王乔治三世下达给卡思卡特的主要任务是开展对华商务,并希望从中国获取一块地方或一个岛屿作为货栈,以及中英互派使臣等。[2] 这是英国首次通过政府官方向中国提出"租地"的要求。后因卡思卡特在来华途中病死,使团与船队只能返回英国,此行无果而终。

1792 年,英国政府为了达到开放贸易等一系列目的,以庆祝乾隆皇帝八十大寿为名,派遣以马戛尔尼伯爵为全权特使的政府代表团对中国进行访问。1793 年,当时世

---

[1]《清实录·高宗实录》卷五五〇,中华书局 1986 年影印版,第 1023—1024 页。
[2] 余绳武、刘存宽著:《十九世纪的香港》,香港麒麟书业有限公司 1994 年版,第 21 页。

界上两大顶尖强国大清帝国和大英帝国之间有了第一次正式国家级官方交往。中西交往史上的又一件大事落到了舟山的头上,这次访问,舟山是英使团访华的第一站,这无疑与 40 多年前英国商人蜂拥来这里进行商品交易有关。而英使团此行,名义上是祝寿,真正目的却是想打通对中国的通商之路。

英使团正使马戛尔尼和副使斯当东

从一些史料的蛛丝马迹可以发现,为使英使团访华第一站能够在舟山登陆,英使团耍了一个小小的计谋,骗过了广州地方官员。之前,从广州上岸,呈上贡单副表,然后走陆路上京,是惯例,这种惯例不得违背,是大清朝的规矩。但英使团这次来,到了广州却没将贡单副表呈上,其理由是:使船起程时贡品尚在备办,装运贡品的货船尚未开航,而且贡品繁多,由广州上岸走陆路恐怕会损坏贡品,因此贡品船已由外海驶向天津了。这样一来广州官方就为难了,只得将此事上奏朝廷。

乾隆因为误解英使团只是单纯来祝寿进贡表示顺从,龙心大悦,"特外开恩"准许其在天津上岸进京,又准许其在浙江、福建、江苏、山东等处近海口岸停泊逗留,并令沿海各督抚探听英使船到达的消息,妥善接待。这样,才有了英使团在舟山上岸的可能。从英使团随行日记来看,一得到乾隆允许他们从海路进京的消息,他们马上就把第一站确定为舟山。

这一事件,西方人记录的很多,有差不多 15 位参与此行的人留下了他们的见证,其中 5 种已出版,译成中文的也已有四种:正使马戛尔尼勋爵的《1793 乾隆英使觐见记》、副使斯当东爵士的《英使谒见乾隆纪实》、马戛尔尼的私人秘书约翰·巴罗的《中国旅行记》(即《我看乾隆盛世》)和士官安德逊的《英使访华录》,其中《英使谒见乾隆纪实》是关于此次外交使命记录的正式报告。这些报告描写了中国的建筑、语言文字、科学、宗教、妇女、家庭乃至行政、司法等方面,可称为"中国百科全书",为我们了解当年马戛尔尼访华使团的舟山印象,提供了不同凡响的版本。

英国对这次访华寄予了极大的期望。在使团临行前,英国内务大臣敦达斯给

马戛尔尼下达任务,其中有七点建议:

1. 为英国贸易在中国开辟新的港口。
2. 尽可能在靠近生产茶叶与丝绸的地区获得一块租界地或一个小岛,让英国商人可以长年居住,并由英国行使司法权。
3. 废除广州现有体制中的滥用权力。
4. 在中国特别是在北京开辟新的市场。
5. 通过双边条约为英国贸易打开远东的其他地区。
6. 要求向北京派常驻使节。
7. 最后的,但不是最重要的一点,情报工作:"在不引起中国人怀疑的条件下,使团应该什么都看看,并对中国的实力做出准确的估计。"[1]

其中以第一项和第二项最为重要,因此敦达斯在训令中又特别指出:

如果皇帝允准此事,必须小心择定地点,该地应既安全又便于吾人航业,即易于发散吾人入口货物;该地应靠近中国好茶产地,并指定在北纬二十七度至三十度之间。[2]

根据这个训令,马戛尔尼携带了各种有关资料,其中包括英国商船前往舟山贸易的航海日记和舟山群岛地图。

1792年9月26日,马戛尔尼使团从英国本土的朴次茅斯港出发,沿欧洲、非洲海岸南下,穿过南非好望角,进入印度洋;经马六甲海峡,进入南中国海,然后沿中国大陆的海岸线北上。经过十多个月的航行,于1793年7月1日到达了舟山,并且在以后的十余天中,在六横、定海等地停留。

马戛尔尼使节团第一次踏上中国的土地就是在舟山!这是他们首次和中国陆地的真正接触——他们感觉似乎来到了另一个星球。"克拉伦斯"号船在双屿门遇到落潮,因潮水较急,只好抛锚稍停。在等待潮水退落的间隙,船上的人们登上了六横岛,对中国领土进行第一次观光。斯当东留下的日记里对此作了详细记载:

---

[1] [法]佩雷菲特著,王国卿等译:《停滞的帝国——两个世界的撞击》,生活·读书·新知三联书店1993年版,第11—12页。
[2] [美]马士著,区宗华译:《东印度公司对华贸易编年史(1635—1834年)》第一、二卷,中山大学出版社1991年版,第238—239页。

"克拉伦斯"号(使节团所乘坐的船只)船上人们希望在继续开往舟山之前,利用等候潮水的时间上岸对中国领土进行第一次的观光。[1]

他们停靠在一个低海岸处,发现"人粪熏臭了中国农村",但他们马上又指出在这些"令人作呕的粪便里","农民精心地浸泡种子。种子经过播种前的这番处理后容易生成,并能防止害虫"。[2]中英接触一开始,英国人就受到不同作物方式的冲击。

斯当东的《英使谒见乾隆纪实》和巴罗的《中国旅行记》,记述了英国人入农家拜访的情形。巴罗写道:

船队下了锚,我们登上其中最大的一个岛屿,走了好长一段路都没见到人。远处是一个下倾的山谷,谷底是一个小村落。我们遇到一个年轻的农民。通过翻译,我们进行了艰难的交谈。突然遇到一些服饰、形体和肤色都跟本国人大不相同的陌生人,他十分羞涩。这种羞涩几乎也可以视为害怕。不过很快他就镇静下来,开始

在舟山港遇到风浪

---

[1] [英]斯当东著,叶笃义译:《英使谒见乾隆纪实》,上海书店出版社2005年版,第190页。
[2] [法]佩雷菲特著,王国卿等译:《停滞的帝国——两个世界的撞击》,生活·读书·新知三联书店1993年版,第65—66页。

交谈。他告诉我们，我们所在的岛是他的家乡，是群岛之中除了舟山以外最好的一个，人口很多，有万人。[1]

对于舟山的人口规模，英国人在游记中并没有一个完整准确的数字，但是我们可以通过英国人对舟山六横岛的访问中得到一些重要信息。当时的六横岛上人口繁盛，有将近1万居民。突然有容貌不同的外国人登岛，六横岛人感到无比的惊奇。舟山的六横岛是这些英国外交人员第一次登上的中国领土。整个舟山的民众在"闭关"三十多年、突然敞开国门之后显得手足无措，在接下来发生的事件中我们还会看到。

五、把定海比喻为"东方的威尼斯"

潮水退落之后，一行人结束了在六横岛的观光访问，回到船上，起锚继续北行。巴罗说："我们派出一艘小双桅帆船立即前去舟山港探路，并接回理应按照中国皇帝的谕旨随时待命的引船员。"[2] 赴定海的航行途中，他们遇到了一段潮流湍急的水路，这里航道的水深潮急令英使团成员留下深刻印象。好在已在船上的中国引水员经验丰富，最终化险为夷。过了这段险滩不久，迎面驶来一艘中国小船，叫他们停船下锚，说第二天早晨会指引他们去舟山港，有几个官员登上英使船，送给他们一筐水果。

第二天破晓时分，在那艘中国船的指引下，英使团双桅横帆船终于驶进舟山首府——定海锚地。巴罗记载："在近城的一个由众岛围成的内湾下了锚，按例鸣炮致了礼，几个清朝人上了我们的船"，"他们说总兵即该岛的军事长官当时不在，当天晚些时候应当回来，将很高兴在第二天早上在岸上接见我们。我猜是中国的礼仪要求等一天才能正式接待。"[3]

英使团进城是在到达定海港后的第三天。定海镇总兵马瑀和定海知县张玉田率领官兵排列队伍迎接，使团主事的官员除了正使马戛尔尼都上了岸。不论在澳

---

[1] [英]巴罗著，李国庆、欧阳少春译：《我看乾隆盛世》，北京图书馆出版社2007年版，第41页。
[2] [英]巴罗著，李国庆、欧阳少春译：《我看乾隆盛世》，北京图书馆出版社2007年版，第43页。
[3] [英]巴罗著，李国庆、欧阳少春译：《我看乾隆盛世》，北京图书馆出版社2007年版，第43页。

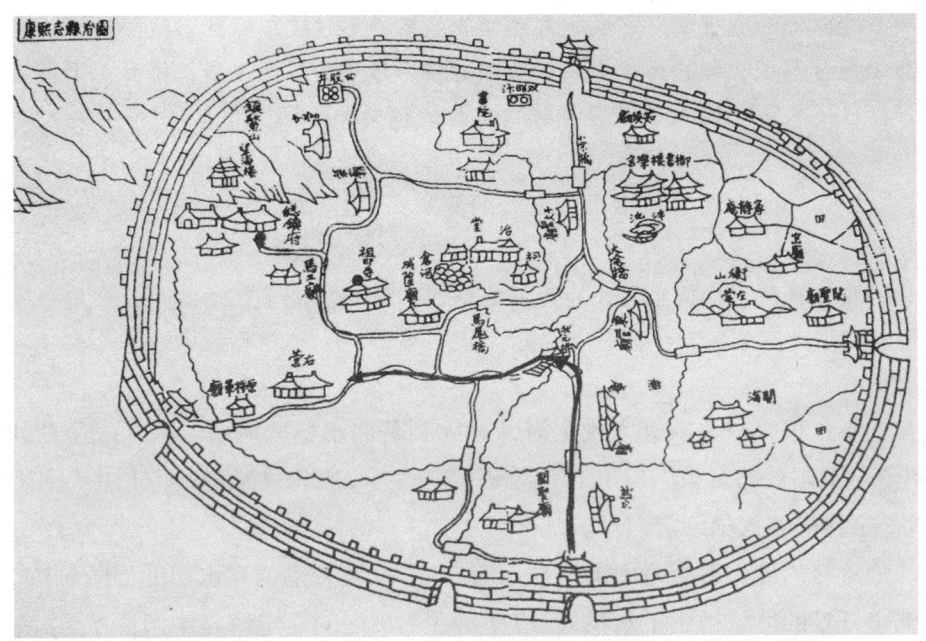

英使团进城线路

门还是在舟山,马戛尔尼都把和地方官吏接触的任务交给了他的副手乔治·斯当东。马瑀在总兵府接待英国客人。宴席上还表演了戏剧。

马戛尔尼访华的舟山之行,最大的一件事是使团进定海城。在总兵府参加宴会后,斯当东等人用这一天剩余的时间游览了定海县城。当时的定海城已很繁华:

> 由于人太拥挤,天又出奇的热,我们只走了一条街就庆幸有一座庙可以歇息……陪同的官员劝我们回程时坐轿。我们听从了。可是轿夫也被人群堵得几乎寸步难行,因为人人都想把头伸到轿窗前来满足一下好奇心,咧着嘴笑嘻嘻地咕咕喊一声:红毛。即英国人,其字面意义是红头发。[1]

城内沟渠纵横,河上架有一座座弓形小桥,街道都十分狭窄,路面铺的是平板石,定海在英国人的眼里便是"东方的威尼斯"。斯当东在《英使谒见乾隆纪实》中说:

---

[1] [英]巴罗著,李国庆、欧阳少春译:《我看乾隆盛世》,北京图书馆出版社2007年版,第43页。

在欧洲的城市中，定海非常近似威尼斯，不过较小一点。城外运河（濠河，宽25英尺）环绕，城内沟渠纵横。架在这些河道上的桥梁很陡，桥面上下俱用台阶，好似利阿尔图（Rialto，威尼斯城内有名的桥梁）。[1]

不过斯当东接着就指出了定海的简陋：

街道很狭，好像小巷，地面铺的是四方石块。房子很矮，大部分是平房，这点同威尼斯大不相同。[2]

不仅仅是一个欧洲人说定海像意大利著名水城威尼斯。鸦片战争期间，定海沦陷，英国侵略者被"花园般"的定海城迷住了，在寄往欧洲的家信中纷纷用"威尼斯"字样向家人描绘定海城。

定海的港口名叫舟山港。在入海口处，安装着潮门和水闸的堤防长达2英里，整个开垦的区域种满了水稻，河道交错在稻田之间。定海是中国最东边的城市，因此人们认为有必要在此加强防御以对抗"海匪"。出于这个目的，定海建造了三座兵工厂、两个弹药库和其他一些军事防御设备。这里还有几家公共机构，官员宅邸，政府的票号，许多戏院和佛寺，有些佛寺被公认为是中国最壮观、最富有的。加上舟山港，定海总共有30000人。

随马戛尔尼同行的画家亚历山大在定海的几天里，画有一幅《舟山港的南门》，对18世纪末的定海城门有过细致的描绘。"画家原画说明"写道：

中国政府以前是允许英国人在舟山停留的，18世纪中期，东印度公司曾一度在

亚历山大自画像

---

[1] [英]斯当东著，叶笃义译：《英使谒见乾隆纪实》，上海书店出版社2005年版，第195页。
[2] [英]斯当东著，叶笃义译：《英使谒见乾隆纪实》，上海书店出版社2005年版，第195页。

那里设有机构。舟山位于北纬30°2′的latitutude,大约是从广州到北京海岸的一半处。城墙高约30英尺,可把单层的房屋完全遮蔽起来,在城外只能看到高于城墙的塔和公共建筑。中国的砖石蓝色或暗灰色的,英国的砖则通常是红的或橘红色的。这可能因他们用不同的土和不同的烧造方法制成。在城墙顶部的墙垛处没有安设大炮,但仍为射手留了小射孔。城墙上和城门旁有防卫营房,是为驻留的士兵们住宿的。夜里要锁城门,那就没人能有借口进城了。

这里房屋的房檐都延伸出很长一段,并且呈向上弯曲状,可能是由于中国建筑的设计源自帐篷:它与用四根绳子拉起的帐篷的形式很相似。房脊和门楼的房檐,都用动物的造型等作装饰。建筑物的墙和房梁被漆成各种颜色。拱门上的黄色木板上写有中文字,可能表明的是城市的名字和等级。车马货物进城,一般都是脚夫这个阶层的人经营的。

另外他们用轿子。由于中国的马车不装弹簧,这些车就只比欧洲农夫用的而非军人用的车略强一点点。一般中国人搬运东西的方法是挑担子,比如运蔬菜和水果。[1]

舟山港的南门

英国人的记录中,有两点如今读来颇有意思。一是他们首先想到的,是他们曾经在这里设立过东印度公司的商业贸易事务所,那应该是在1700年,虽说时间已

---

[1] 刘潞著,[英]吴芳思编译:《帝国掠影——英国访华使团画笔下的清代中国》,中国人民大学出版社2006年版,第105页。

过去近一个世纪,但他们对这段短暂的贸易繁华期仍念念不忘,期望能重新回到过去的时光。二是他们对舟山地处北纬30°的地理位置感兴趣。古代舟山人不可能有纬度概念,而在1793年,英国人就已关注到舟山同样处于北纬30°,当时这块封闭了一个多世纪的蓝土地,对他们来说同样是神秘莫测的。

清朝一代,建于康熙年间的定海城池,曾在1813年(嘉庆十八年)、1847年(道光二十七年)、1871年(同治十年)和光绪年间有过几次修葺,其中1847年那一次,是因原城墙被兵燹战火所毁,几乎是重建。因此,"舟山港的南门"应该是康熙年间的定海城门。对照康熙《定海县志》上的记载,"东南西北四门,门上飞楼四座,窝铺三十八座",也与此画所绘相吻合。

亚历山大对当时的舟山宗教建筑有过描绘。这幅画描绘的是定海城中的一个佛塔,画名《定海塔》。原画作出版时对《定海塔》有这样一段说明:

> 中国人注重遵从道德和宗教的职守。这个国度里到处是各种各样的寺庙。每遇大事,人们必定要去祭祀。除寺庙而外,几乎每家每户甚至每条船上,都要供奉自家的小神龛。

定海塔

中国的宗教意识和罗马教堂有相似之处：都有偶像，中国人的偶像被称为观音，她与圣母和圣子的特征十分类似，都是妇女和婴儿形象的雕像，也都是头顶后的背光四射，前面也日夜燃着蜡烛。

相当多的中国人信佛，相信转世轮回，此生行善则来世极乐。他们认为没有信仰的灵魂会受到折磨，并影响到阴间忍受苦难的程度。

图中身穿宽松长袍的是和尚，在寺庙工作。背景是定海城。[1]

这座定海塔，三层高，每层有八角飞檐，檐角悬有风铃随风作声，应该是奎星阁。民国《定海县志》卷首"列图"中有奎星阁的照片，与英国人所绘的"定海塔"极为相似。奎星阁在鳌山墩，一个高仅十余米的小山丘上。"奎星"有"奎主文昌"和"高明定邑"之意，维系着一城文脉。历来认为，奎星阁系1836年（清道光十六年）定海县知县王丕显发起兴建，王还撰有《奎星阁记》，1871年（同治十年）廪生林保贤等发起重修，翌年春季落成。但英国人《定海塔》的发现，使这段历史记载令人生疑，或许在1836年之前定海已有奎星阁，奎星阁的历史可能至少要上推近半个世纪。

六、对舟山风俗作详细的记载

在舟山会客厅等待总兵到来的时候，英国人趁此观察厅里的一切，他们对其中的任何事物都充满了好奇和新鲜感，即使是一件普通的中国摆设也具有无与伦比的吸引力。

巴罗

宽敞的宴会厅四周是红柱长廊。饰有各色流苏的挂灯把宴会厅照得通明：有的挂灯是用绣花薄纱做的，有的则是用角质薄片做的，十分透亮以致误认为是玻璃罩子。斯当东指出："把羊角放在滚烫的开水里泡软，然后展平、刮净、拉长。这种制作方法虽然简单，但除中国以后，在别国都未曾见过。"[2]

---

[1] 刘潞著，[英]吴芳思编译：《帝国掠影——英国访华使团画笔下的清代中国》，中国人民大学出版社2006年版，第106页。
[2] [法]佩雷菲特著，王国卿等译：《停滞的帝国——两个世界的撞击》，生活·读书·新知三联书店1993年版，第66页。

中国传统悠久的园艺文化也是入华英国人感兴趣的东西。在定海总兵府里，斯当东发现另外一件怪事。

许多桌子上都摆着矮树盆。有松树、橡树、结满果实的橘子树。所有这些灌木都不超过二尺高，然而看上去都显得非常苍老。盆里的土上点缀了几堆小石头，同这些矮树相比，可以称为岩石了。[1]

在这之前，斯当东可能没见过盆景。

巴罗在"克拉伦斯"号驶往定海的途中，因为尝吃了在他看来类似果冰的"俗称海鲸脂的东西"（应该是新鲜海蜇），引起严重不适，而且延续了好几天。使团医生都留在"狮子"号船上，他只得向舟山官员求助，舟山官员立即请了一名中医为他治疗，结果巴罗"服其药一剂而愈"。

巴罗在《中国旅行记》记叙此事时甚至写道：中国医生挟有神术，非西方医生可比。他还把中医"牵线搭脉"的传闻写进了书中。尽管在斯当东的日记中，对巴罗的这次诊疗持一定的怀疑，但也仅仅是似信似疑，不像后来的西方人认为中医的搭脉、草药偏方都是一些"江湖骗术"。那时英国人对中国的印象整体上还是正面的，与整个欧洲崇拜中国的风气相符。

在英国人眼里，一切都是令人惊异的。这里新奇的东西目不暇接，英国人真不知道先看什么好。"这里的房子都只有二层。曲线优美的屋顶上，彩瓦犹似兽皮。屋脊顶端上有一些怪兽塑像"。这些西方理性主义者能想象得到屋脊上的怪兽是用来驱赶邪魔的吗？商店里摆满了衣服、食品、器皿，甚至油漆得很漂亮的棺材。摊位上摆着活的家禽，水缸里放着各种鱼和鳝鱼，市场上还可买到供食用的狗。供寺庙里焚烧用的香则到处可见。这是中国集市上常见的景象。

英国人对舟山的赞美还在继续：

这里距赤道只有三十度。整个城市充满了活泼生动的气氛。为了生存的需要，人人必须做工。事实上人人都在劳动，无人过着寄生的生活。我们看到男人们忙碌地走在街上，女人们在商店里购货。[2]

---

[1] [英] 斯当东著，叶笃义译：《英使谒见乾隆纪实》，上海书店出版社2005年版，第199页。
[2] [英] 斯当东著，叶笃义译：《英使谒见乾隆纪实》，上海书店出版社2005年版，第195页。

使臣们多次提到,中国江苏、浙江的民众,要比北方人勤劳得多。这里很少像北方的运河沿线城市,有很多空闲和失业的流民。江南和浙江行省的人口密度更高,但是由于人人勤勉工作,反而没有饥荒发生。注意到舟山地区的民情风俗和人文环境,英国人觉得这里是能够做成生意的城市。巴罗在《中国旅行记》中曾说,舟山是"中国最好也是最繁忙的地方"。

"那里天气炽热,处处都是令人吃惊的忙碌景象。每个人都似乎必须努力工作,大家都像是忙得不可开交"。于是便有这么一种说法:"中国无闲人。街上也看不见有闲逛的人,因为人们没有时间闲逛。"无论是过去还是现在,这种蚂蚁般的忙碌景象使外来游客惊叹不已。由此,英国人称舟山的百姓为"忙碌的蚁群"。

英国人叙述和描绘的见闻充满着新鲜感和好奇感,对他们来说,舟山虽然只是一座海岛小城,仍可令当时的英国人感受到中国的富庶。亚历山大对当时的舟山老百姓的生活状态进行了描绘,如有一幅《定海郊外》。这幅画描绘的是定海城郊一支送嫁妆的队伍,前面是两个人在鸣锣开道,画面里有牌坊、小桥、小船、河水、青山、稻田、庙宇和周围观望的百姓,非常生动细致地反映了舟山老百姓的生活场景。

在定海城,他们注意到了舟山人的穿着打扮,斯当东在《英使谒见乾隆纪实》里这样描述:

定海郊外

男女都穿松宽的衣裤,就是男人头戴草或藤制的帽子。男人除一绺长头发外,前额的头发随时修剪。女人的头发整个盘成一个髻在脑后门,在有些古代妇女铸像上还可以看到这种装束。[1]

斯当东笔下的舟山妇女是一群有着东方特色的女性。她们成为这些英国人观察舟山及中国的一个角度,她们身上凝聚了东方女性独有的神秘气息,因为封建伦理道德的束缚,她们不能像男性一样自由地与外人交流,来华的英国人无法与她们直接接触。但英国人留下了对中国妇女的观察和记录,他们尤其注意妇女的裹脚现象,这在清朝是普遍现象:

绝大部分妇女的脚,即使是中下层的家庭妇女,都是裹得很小的。看上去好像她们的脚的前半段被切断,只剩下后半残部,将残肢裹绑起来。裹脚是一件很痛苦的事情,这种风气主要来自上层社会的妇女。她们从小就裹起,大脚趾不动,把其

中国妇女发型与缠足

余四个脚趾硬弯到脚面下,逐渐使骨头折断,藏在下面不能分开。[2]

---

[1] [英]斯当东著,叶笃义译:《英使谒见乾隆纪实》,上海书店出版社2005年版,第195页。
[2] 刘潞,[英]吴芳思编译:《帝国掠影——英国访华使团画笔下的清代中国》,中国人民

英国人对中国女性比较好奇的是她们的小脚,她们在很小的时候就开始裹脚,并认为这是一种美的象征。小脚是中国女性一种特有的文化,虽然在当时富有审美意味,然而裹脚却严重牵制了古代妇女的身心健康和行动自由,也成为最让英国人诧异的妇女文化。在斯当东的书中,还对妇女裹脚作了一番长长的评论、抨击。中国女性的小脚,是英国使团成员都关注过的现象。画家亚历山大也不例外,他有一幅中国妇女发型与缠足的素描画。

马戛尔尼使团在访华期间,对当时舟山经济、社会、政治、文化等各方面作了细致的考察,多名使团成员详细记录了在舟山的所见所闻。这种记录不仅能够让我们从与中国史料不同的角度来观察当时的舟山,更能让我们体味到舟山在清朝前期就在世人面前具有何等重要的地位。

七、发现舟山繁荣表象背后的积弱

当然,英国人在舟山也同样看到了当时中国落后的一面。这时的中国,仍是世界经济发达的国家,中国的GDP仍占世界经济总量的32.4%,居世界的第一位。但繁荣表象背后的积弱已显而易见。英国人从登陆中国第一站舟山起,就感受到了与他们来之前想象中截然不同的中国,之后在北上的行程中又不断加深这种印象。而他们记录的有关这方面的所见所闻,使欧洲人对中国印象的变化,起到了很大的作用。

一座城市的防御设施和军事防卫力量是他们必须要关注和观察的。因此,在《英使谒见乾隆纪实》中保留了关于定海城墙与防卫的真实记录:

城墙高30英尺,高过城内所有房子,整个城好像一所大的监狱。城墙上每400码距离即有一方形石头碉楼。胸墙上有枪口,雉堞上有箭眼,除了城门口有几个破旧的熟铁炮以外,全城没有其他火力武器。城门是双层的,城门以内有一岗哨房,里面住着一些军队,四壁挂着弓箭、长矛和火绳枪,这就是他们使用的武器。[1]

由此可见,当时定海城的防御力量是非常薄弱的,虽然定海城有坚固的城墙,但是在英国人眼里护城的军事装备已经十分落后了。

大学出版社2006年版,第145页。
[1][英]斯当东著,叶笃义译:《英使谒见乾隆纪实》,上海书店出版社2005年版,第195页。

随团画家亚历山大通过对舟山军人、军服、武器的细致观察,用画笔将 18 世纪末舟山军备的落后传递给了英国。以下是根据亚历山大原稿所绘的《舟山的士兵》及其说明:

人们猜想中国人在很久以前就知道使用火枪火药了。但自从这个国家被鞑靼[1]统治后,火药却主要被用来做礼炮礼花。他们在对烟花精巧的设计中表现了杰出的技能。

现在的中国军队在训练上相当差,军队的力量仅仅存在于数量上。由于对军事序列的无知,军队在战斗中不可能得到补偿,仅寄希望于士兵个人的勇气。普通的军装是像被子般填了絮料的镶边衣服,相当累赘,对南方诸省的士兵来说,这几乎会使他们窒息。

图上画的这个士兵右手持火枪,左手握一柄刀尖向前的腰刀。他手中的火枪是最差劲的,枪筒上还安有叉子。但我们必须特别认识到,当中国人的智慧能使他们生产出与欧洲产的同样好的武器时,中国政府仍会让军队继续使用这种武器。

这幅画的背景是个兵站,守卫它的是有限的一些士兵,他们正在接受城墙上一名打锣的官员的命令——他正在用锣声通知这些士兵,一个有权接受军礼的达官贵人快要到了。[2]

舟山的士兵

---

[1]鞑靼:18 世纪时欧洲人对蒙古族、满族的统称。
[2]刘潞著,[英]吴芳思编译:《帝国掠影——英国访华使团画笔下的清代中国》,中国人民大学出版社 2006 年版,第 3 页。

中国武器的落后，通过这幅《舟山的士兵》已暴露无遗。画中的士兵，手持枪筒上安有叉子的火枪。这是古旧的葡萄牙式火绳枪，在射击时需用叉子将枪筒支起才能射中目标，这种火绳枪早在明朝嘉靖年间就在中国出现了。到了1793年，欧洲各国军队早已装备杀伤力更强的滑膛枪。显然，乘坐着拥有六十四门火炮的战舰"狮子"号而来的英国使者，对于舟山军队的武器落后感到非常意外。

当时欧洲的舆论，一直认为这个很久以前就知道使用火枪火药的国家，军事力量肯定是强大的。以至于当英国使团回国后，安德逊、斯当东、马戛尔尼等记述这趟中国之行的著作出版之后，许多英国人还似信非信。一直到了鸦片战争前夕，英国人才普遍认为中国在军事上很虚弱。至于当时陶醉在所谓乾隆盛世中的中国人，更是不会意识到甚至承认这一点。

在定海，中英有过一系列和睦交往，但也为引航员一事发生了争执。英使船上有18世纪初英国人绘制的广州至舟山的航海地图，但他们并没到过舟山以北的海域，必须有领航人才能航行到天津，停靠舟山的目的之一就是寻找两名引航员。起初定海官员强调引航只能是逐个口岸交接，"他说引航员随时都能走，并会将船队沿岸引到邻省，那儿又有人会把船再引到下一个口岸"。这一交涉持续了两天，到了第二天，"总兵身边多了一位文官，……这位文官对我们滔滔不绝地宣讲了一遍，态度十分严肃，试图让我们相信，从很早很早以前开始，中国人都是这样从一个港口驶向下一个港口的。"[1]

而英国人则觉得每到一处要寻找新的引航员太不方便了，希望找到能够一直引航至最后一个口岸的引航员。尽管这一纠纷最后以定海官员妥协告终，但开航不久，英国人发现找来的引航员毫无用处。由此他们觉得：

我们大约可以有把握地得出这样一个结论，即长途航行在中国是能免则免，所以黄海贸易都是从一个港口到另一个港口依次而行的。贩运之物要有厚利可图，在到达遥远的消费者手中之前就必须层层加码。这大概就是该国的许多物品在京城价格极高的缘故吧。同样，从亚洲到欧洲陆运的货物也由于通过商队，一站站地转运而变得十分昂贵。运输网起点的商人和运输网终点的商人之间没有任何联系。[2]

---

[1][英]巴罗著，李国庆、欧阳少春译：《我看乾隆盛世》，北京图书馆出版社2007年版，第43页。
[2][英]巴罗著，李国庆、欧阳少春译：《我看乾隆盛世》，北京图书馆出版社2007年版，第30页。

对于中国人的航海术,约翰·巴罗在《中国旅行记》中这样写道:

中国人的航海术跟他们的造船术一样落后。他们既不记录海上的航迹,也不会借助设定某一地点的位置,虚拟在地球表面的路线。换句话说,他们毫无办法确定任何地方的经纬度,不管是从驶过的距离还是借仪器观测天体来估计。可是他们却自夸说,他们有许多祖先曾多次远航,借助的航线图有的是画在纸上的,有的是画在大葫芦或南瓜的凸面上的。[1]

清代水师双桅船

在马戛尔尼使团看来,"中国人首次看见欧洲船只至今已有二百五十年,他们毫不掩饰对我们航海技术的赞赏。然而,他们从未模仿我们的造船工艺和航海技术。他们顽固地沿用他们无知祖先的笨拙方法。由于世界上没有一个国家比中国更需要航海技术,因而中国人的这种惰性就更加令人难以置信。"[2]难以置信的原因是马戛尔尼不了解中国明清有过两次长期的海禁,1793年时虽不算海禁,但也只允许广州一地为开放城市,接纳外国的贡船。外国人是不能在中国经商的,所有来经商的外国船都被视作来向天朝进贡。这怎么会需要造船工艺和航海技术的进步呢。

其实,中国航海技术的落后在这次英国使团舟山之行中已暴露无遗。安德逊看了两个世纪前的图画后发现,"帆船没有任何变化"。巴罗也惊奇地写道:中国的帆船很不结实,好像只要一阵风就可使船只倾覆,航行技术是落后的,没有任何手段来确定经纬度。[3]不仅是英国人为这些像蚂蚁一样的船只感到惊奇,海岛

---

[1] [英]巴罗著,李国庆、欧阳少春译:《我看乾隆盛世》,北京图书馆出版社2007年版,第30页。

[2] [法]佩雷菲特著,王国卿等译:《停滞的帝国——两个世界的撞击》,生活·读书·新知三联书店1993年版,第72—77页。

[3] [法]佩雷菲特著,王国卿等译:《停滞的帝国——两个世界的撞击》,生活·读书·新知三联书店1993年版,第72页。

上的居民同样对如庞然大物的英国帆船感到不可思议。特别是"狮子"号停在舟山六横岛时,引来不少居民围观。英船航速之快,且又是在中国人所不熟悉的海面上高速航行,这使朝廷大为吃惊。一位中国官员在报告里表示不明白为什么英国船能有如此水平。

1405 年至 1433 年的中国航海船队和技术,与二百多年后英国使团船队不相上下。只可惜,这样的船队和航海技术,自明成祖之后弃之如敝屣。为什么航海业经过宋、元和明初的盛世之后到了清朝便变得衰败了呢?英中双方的交错见证突出了双重文化差距,中国航海业停滞不前已有 3 个世纪。从 16 世纪起,英国选择了海洋,而中国则选择了陆地。1793 年,中国杜绝与西方先进文明交流,杜绝接受工业革命成果,不是因为国情不适合,人民文明素质低,而是皇帝和朝廷对此不屑一顾。

八、两次来华使团对开放舟山的要求

马戛尔尼使团的船队在舟山停留 7 天后,北上去了登州、白河、大沽、天津、通州、京城、古北口、热河。这一年的 9 月 14 日,双方在觐见礼节上发生了冲突。清政府要求英国使臣像其他藩属国一样行三跪九叩之礼,而英国使臣认为行单膝跪地礼是英国最高的礼节,拒绝行三跪九叩礼。最终,双方在礼节问题上各退半步后,

马戛尔尼晋见乾隆

马戛尔尼终于在热河行宫里的万树园觐见了乾隆帝，呈送了乔治三世给乾隆的书信。接见完毕后，乾隆认为英使祝寿的使命已完成，应即刻返回英国。但是，在将英使呈递的国书译出后，乾隆才认识到英国人祝寿的背后有着更多的企图。于是乾隆以赐英吉利国王敕书的形式，毫无通融地回绝了乔治三世提出的通商和互派使节的要求。

现在有些学者据此认为，乾隆杜绝开放舟山等口岸是对的。但实际上，那时候的英国确实只想和中国通商。马戛尔尼使团来华前，英国东印度公司伦敦总部秘书处的詹姆斯·科布曾起草了一份《关于中国和过去赴华使团的简况》，在那篇文稿的结尾处，指出武力征服中国是不可行的。

> 没有任何政府会如此可笑地想象经过漫长的海途劳顿的士兵会在受到如此众多的人民保卫下的国家冒险进行征服活动，不管这个民族可能被设想得如何缺乏英勇，而它还从未试其力量反对欧洲人。[1]

当时英国主流舆论认为英国还不能向中国发动侵略战争，只能通过外交手段达到目的。而整个欧洲也对中国有着良好的印象。中国的瓷器、丝绸、漆橱、茶叶，中国风格的壁纸、刺绣、中式亭台园林，是整个欧洲人所津津乐道的。欧洲早期启蒙主义大师都是孔子的崇拜者。孔子的格言成了他们的座右铭。法国国王、奥地利皇帝纷纷仿效中国皇帝每年在天坛进行的亲耕祭天仪式。

马戛尔尼在收到乾隆敕谕的当天上午，用文书形式向清政府提出了六项要求。其中有两项与舟山有关。事隔二百多年，这两项要求，在不同的书籍中，有不同的版本。马士著、区宗华译《东印度公司对华贸易编年史》是这样写的：

> 1. 要求准许英吉利商人在舟山、宁波和天津贸易。
>   ....
> 3. 准许他们把舟山附近一个独立的非军事区的小岛作为仓库，堆放未售出的货物，并当作是他们的居留地来管理。[2]

---

[1] 张芝联、成崇德主编：《中英通使二百周年学术讨论会论文集》，中国社会科学出版社1996年版，第274页。

[2] [美]马士著，区宗华译：《东印度公司对华贸易编年史（1635—1834年）》第一、二卷，中山大学出版社1991年版，第542页。

但马士的编年史还有另外一种译本:

一、增开舟山、宁波、天津为通商口岸。
……
三、将舟山群岛的一个岛拨给英国,以便英人居住和存放货物。[1]

在《停滞的帝国——两个世界的撞击》中,我们看到了更为详细的记录:

1. 英国商人在舟山或宁波港,以及在天津,像在广州一样经商;他们必须服从中国的法律和习俗,并安分守规矩;
……
3. 英国商人可以在舟山附近拥有一个小岛或一小块空地,以保存他们未能卖掉的商品;在那里他们将尽可能与中国人分开以避免任何争端或纠纷;英国人不要求设立任何像澳门那样的防御工事,也不要求派驻军队,而只是一块对他们自身及其财产安全可靠的地方;[2]

对照不同版本,要求增开舟山为通商口岸是一致的,但要求获得一岛或一小块空地,究竟是不是侵占领土的非分之想,历来存在争议。特别是联系到距1793年半个多世纪后的鸦片战争中,英军曾武装占领了定海,因此有些学者认为在1793年时英国人就有了侵占定海的打算。但根据史书记载:在马戛尔尼出访大清帝国之前,接奉了英国政府的训令,训令强调指出,使团必须向中国政府说明英国对中国绝无领土野心,只有扩大通商互惠,为此要求中国政府划出片地或岛屿以作英商储货及居留之用。如果中国方面要求英国不得由印度进口鸦片,则应立即承允,切勿因此影响其他重大利益。[3] 至于重大利益,"最重要的目标,即获取在广州之北各埠贸易之特许"[4]。可见,在当时,英国人的最大利益诉求是通商。

至于马戛尔尼挑选舟山作为通商口岸,是因为舟山曾经就是通商口岸,岛上还

---

[1] 炎明主编:《浙江鸦片战争史料》上册,宁波出版社1997年版,第17页。
[2] [法]佩雷菲特著,王国卿等译:《停滞的帝国——两个世界的撞击》,生活·读书·新知三联书店1993年版,第335页。
[3] 转引自萨本仁,潘兴明:《20世纪的中英关系》,上海人民出版社1996年版,第13页。
[4] 朱杰勤译:《中外关系史译丛》,海洋出版社1984年版,第198页。

曾住有英国商人和商船的船员，堆存过他们运来的货物。因此，在马戛尔尼看来，一切只是恢复原样，他们只是想获得曾经有过的好处。但在乾隆王朝的观念中，是没有国与国之间互惠交易之说的，而且，"天朝物产丰盈，无所不有，原不藉外夷货物以通有无。"[1] 于是，清政府将英国的六项要求无一例外全部斥为"非分要求"。

1793年8月4日，英使船队抵达天津海口后，主要成员上了岸，走陆路赶往北京，使团要求船队回舟山锚泊。这事乾隆批准了。船队5艘船只从天津返回舟山。10月，"狮子"号等4艘船只驶往澳门，"印度斯坦"号船继续留在舟山，直至11月下旬才离开。马戛尔尼要求浙江地方官员"指给空地一块，俾伊等支立账房。将船内患病之人送至岸上，暂行栖息。"[2] 并请求购买丝茶等土产，俱获乾隆皇帝的允准。

马戛尔尼使团无功而返后，英国于1795年又备国书、礼物由商船送到广州，要广东地方官转呈乾隆皇帝。1800年，斯当东在给马戛尔尼的信中，认为中国新皇帝鼓励变革，若出使中国也许会取得成效。至少，在当时英国人还没放弃同中国有关通商的外交努力。

阿美士德

1816年（嘉庆二十一年），英国政府向清朝又派遣访问团，访问团的负责人是阿美士德。又一次从舟山经过，进而到达大沽口以及进京，这明显带有与马戛尔尼一样的熟悉"中国东北海岸的地理"目的。在出使之前，英国外交大臣罗加士里指示阿美士德向清政府提出：要求开放包括舟山在内的广州以北港口。[3]

由于清嘉庆皇帝多次听闻近年来英国人在华的许多不法活动，因此一开始就对阿美士德使团的访问非常抵触，他给直隶总督训示：

---

[1]《清实录·高宗实录》卷一四三五，中华书局1986年影印版，第185页。
[2][法]佩雷菲特著，王国卿等译：《停滞的帝国——两个世界的撞击》，生活·读书·新知三联书店1993年版，第192页。
[3] 郭卫东：《1840年代：英国与舟山》，载《杭州师范学院学报》（社会科学版）2006年第4期，第33页。

一闻贡船抵津之信,即行驰往照料,如该贡使向该督言及有恳请赏给口岸贸易,如上次请于宁波互市等事,该督即先行正词驳斥,以天朝法度森严,不敢冒昧陈奏,绝其妄念。[1]

4艘来华贡船在舟山的五奎山洋面停泊好几个月,再次要求清政府开放舟山。后来由于礼仪之争,英国使团拒绝行三跪九叩之礼。嘉庆皇帝十分恼怒,没有接见英国使团。阿美士德这次来华连皇帝的面也没见到,就被遣送回国。

英国两次来华使团开放舟山为通商口岸的要求都以失败而告终。英国原本希望通过外交谈判的方式取得在华的贸易特权,然而,他们提出的"非分要求"不但没起到改善两国关系的作用,反而增加了彼此之间的误会,使清朝统治者加深了对英国人的抵制情绪和戒备心态。在英国方面,则随着阿美士德出使中国的失败,舆论开始"妖魔化"中国,那些来华使团成员不断出书诉说在华期间的观察和评价,也加剧了这种趋势,而英国政府也逐渐改变了对华政策,放弃了外交谈判的方式,而逐步形成了用军事手段侵占舟山的决策。

九、小结

从清朝初年到中英鸦片战争前,英国一直试图打开中国国门,与中国进行通商贸易,英国人眼里最理想的商埠是舟山。为达到这一目的所选择的方式,主要还是通过和平谈判,两次派使节团访华便是出于这种策略。为此他们甚至不惜采用一些并非出自本意但又不失尊严的变通手段,比如马戛尔尼使团以给乾隆祝寿的名义来华,两次来华前英政府给使团的训令中留下了有周旋余地的退让条款等等。总之,那时英国人的最大目的就是求得中英之间正常化和经常性的相互贸易。其中,获得在舟山的中英贸易特许是他们首选的目标。这样,整个清朝前期特别是1793年,舟山成为中英两国特别是英国的关注焦点。

然而,与英国政府一心想求得中国对外开放贸易的愿望相反,清朝政府那时对外政策却是从相对开放逐步走向完全封闭。而且,那时清朝统治者仍沉浸在天朝大国的美梦中,整个国家自给自足的小农经济状况也无法产生对外贸易的强烈

---

[1] 复旦大学历史系中国近代史教研组编:《中国近代对外关系史资料选辑(1840—1949)》上卷,第一分册,上海人民出版社1979年版,第47页。

冲动,外交关系上仍视中国之外的其他国家为必须臣服于中国的藩属或蛮夷之邦。这样,中英之间的矛盾其实也就是两种文明的冲突。这种冲突从一开始就存在,到了1793年马戛尔尼使团访问中国时有了一次强烈的冲撞。这种冲撞从马戛尔尼使团访华首站登陆舟山时就开始了。

与清政府及其官员对英国人小心翼翼地提防有所不同,那时的中国民众对英国人还是比较友善的,至少没有视作敌对目标。当然相互之间也有隔阂,但这种隔阂更多反映在由不理解而产生的嘲讽。有无数个细节能够反映这一点。比如,在定海,当"黑发人"发现了"红毛人",就会将"红毛人"团团围住,"他们看见我们涂有发蜡、撒有香粉的头发不禁哈哈大笑。"他们是在定海首次听到人们的哄笑声,他们后来在中国走到哪里都引起这种哄笑。这种嘲讽很难看出有什么恶意。

海盗与商人一身而二任,是西方殖民者的本来面目。当几次外交努力均告失败,英国便发动了以武力侵略求得中国门户开放的机器。这当然是种强盗逻辑。但这同样不能否认,清朝前期特别是1793年,对于中国而言有着一次融入世界自由贸易的机会,有着比后来被迫开放门户更好的选择。假如清朝统治者在稍稍开放与更加封闭之间选择前者,之后的中国历史或许改写,舟山也有可能在那时起就成为世界著名的自由贸易港。

第五章
舟山：英国侵占的第一个中国岛屿

第五章 舟山：英国侵占的第一个中国岛屿

英国人在明朝末年来到中国，揭开了中英关系的序幕，同时也开始了英国人对舟山长达两个世纪的觊觎。鸦片战争以前，清朝政府规定与外国通商口岸只限于广州一处，英国为了扩大它在中国的商品市场，曾经一再向清政府提出多开口岸的要求，并于1793年、1816年分别派遣专使马戛尔尼和阿美士德来华，与清政府进行直接交涉。当时的清统治者鉴于扩大中外贸易，会间接动摇它的统治地位，产生不利的影响，对英国的要求，一律予以拒绝，并以更坚决的态度，实行闭关的政策。这样多年来英国要求多辟通商口岸的希望，也就一直不能实现。

随着中国国力衰微，英国自身实力的增强，英国政府最后通过军事手段占领舟山，把舟山变成侵略中国的前沿阵地。当时的清政府，由于考虑到舟山在中国战略地位的重要性，最终以割让香港给英国做殖民地来换取舟山。

本章通过对国内外最新研究成果及新发现的涉及舟山档案文献资料的解读，以英国对舟山的认知与政策转变为中心，梳理鸦片战争前后英国图谋侵占舟山的这段历史，并揭示舟山在鸦片战争及中英早期关系史中的重要地位。

一、英船"阿美士德"号对舟山的军事侦察

英国侵略者是绝不会放弃其扩大对华贸易的企图的，早在阿美士德交涉失败以后不久，它已准备用武力来改变清政府的态度了。但由于它对中国沿海地形和军备实况太缺乏了解，以及其他方面的原因，使它不敢轻率地贸然发动侵略战争。在这样的情势下，英国侵略者首先对中国沿海一带军事、政治、经济各方面进行侦查。

1832年（道光十二年），东印度公司派遣广州口岸英国商馆高级职员林德赛（化名胡夏米 Hoo-Hea-Mee）与德籍传教士"中国通"郭士立等，乘"阿美士德"号船到中国沿海岸线进行详细侦察，此次航行的目的假装是从印度孟买开出前往日

本贸易，实则是为了解中国沿海重要港口的情况，发展东印度公司的业务。侦察活动分工明确，船长礼士专门测量河道和海湾，绘制航海图，郭士立在沿海口岸传教并兼任翻译和医生，林德赛主持调查侦察活动并分发一些英国宣传材料。

自1832年2月底从澳门出发以来，"阿美士德"号先后途经粤闽边境的南澳岛、厦门，并沿闽江上溯到达福州。5月17日"阿美士德"号离开福州北上，于5月24日进入舟山群岛的洋面上，经镇海沿甬江而上到达宁波。它所经过的航道，后来被东印度公司命名为"阿美士德航道"。6月13日，"阿美士德"号离开甬江后，来到舟山金塘岛。

林德赛在其航行报告中写道：就在"阿美士德"号刚刚离开后不久，一艘名为"登斯堡格"号的鸦片走私船也来到金塘岛附近。此船在金塘岛一带逗留了近三周，出售鸦片等货物。"很多军舰驶来，停靠在这艘船旁边，但他们之间的对话非常友好，军舰的指挥官不但自己买鸦片，而且还帮助把鸦片出售给其他人。"[1]

郭士立对这个岛屿的印象非常好：山上树木葱葱，肥沃的山谷小溪潺潺，庄稼茁壮，"欧洲南部所生长的大多数水果，都在这里茂盛地生长着"。他们在金塘岛逗留了四天，除了出售货物外，还向民众分发各种小册子，医治病人，测量周边的海域与岛屿，绘制地图。

作为一名传教士，郭士立不仅像林德赛那样掌握了许多关于中国的情报，而且还激发起了到浙江传教的强烈愿望。他在浙江沿海最后一天所写的日记中这样描述自己的梦想：

这是令人快乐的一天。毫无疑问，金塘岛本地的一些智者们将会认真地阅读上帝的语言，当我今后再次造访该岛时，

穿福建服装的郭士立

---

[1] 龚缨晏：《德国传教士郭士立在宁波沿海的活动》，载《鄞州文史》2009年第七辑，第339页。

这里一定会有人已经知道了耶稣基督降临世上拯救罪人。这个振奋人心的希望,会使我在任何失望中依然充满活力。仰望万能的救世主,我将克服重重困难。[1]

6月16日,"阿美士德"号离开浙江沿海,前往上海。在上海停留了10多天后,又进入山东沿海,接着驶往朝鲜,然后经琉球返回广东。9月5日,"阿美士德"号回到澳门。就在"阿美士德"号在中国沿海大肆侦察的同时,另外又有三艘船也被派遣到中国沿海一带"访问"。

虽然清政府明令不准外国船靠近海岸航行,不准抛锚停留,更不准进行贸易。但林德赛和郭士立不顾禁令和限制,沿途采取恐吓、贿赂等手段,要求准许与其通商贸易。"阿美士德"号在中国沿海横冲直撞,肆无忌惮地进行窥探活动,竟然没有受到惩罚。如到达厦门时,当地官府几次想要驱逐"阿美士德"号,然而中国战船太小,又不及英船的坚船利炮,因此不敢正面冲突,他们能做的就是阻止厦门的商人到英船上去交易,而且面对当地官吏严禁他们登岸的命令,郭士立等人依然肆无忌惮,每天登岸查访厦门各地,当地官员没有办法,只能派兵跟随监督;到达宁波时,宁波官府调来一些战船,想要阻止英国商船入港,但他们的阻拦丝毫没有效果,"阿美士德"号大摇大摆地开进宁波;在上海时,郭士立一行访问了一处当地兵营,还参观了驻守吴淞口的500多名清军的检阅,讽刺的是中国军官对他们还十分客气,允许他们参观武器装备。

在长达6个月的侦察活动中,英国人查明这些地区的海防情况,试探当地政府的态度,获取了许多有价值的信息。林德赛直言不讳地写道,他们为今后英国军队入侵中国搜集到了可靠的情报:

我们不仅收集到了关于中国沿海的情报,而且更加重要的是,还了解到了中国地方官员的软弱无能和绝顶愚蠢,以及当地民众的友好态度。当我们回到澳门后,如果将来英国海军司令率领着他的舰队造访中国,那么,所有我们所搜集到的这些情报都将是十分有用的。[2]

郭士立在其著作《中国简史》上这样说:

---

[1] 龚缨晏:《德国传教士郭士立在宁波沿海的活动》,载《鄞州文史》2009年第七辑,第340页。
[2] 转引自石青芳著:《西方人眼中的浙江》,海洋出版社2009年版,第128页。

这次航行的结果,使我产生这种信念:只要英国政府坚持要求,与中国东北部的贸易是可以开放的。

我的微小的愿望是英国政府将会替英国商人获得这样大的贸易的。但是不恐吓那个衰弱和可鄙的政府,而采取商议的办法,将会得不到任何结果。由大小不同的一千艘船只组成的整个中国舰队,都抵御不了一艘战舰。[1]

此次航行搜集到的关于中国沿海地区的情报为第一次鸦片战争期间英军的作战提供了参考,中国军队防备虚弱、军力非常分散,根本无法阻止敌人接近,这些信息对于英军而言不啻是一个好消息。

巴麦尊

1835年7月24日,在林德赛致英国外交大臣巴麦尊的信件中,他对英国舰队的调动及行动方案做了构想。林德赛信中所说种种,在1839年又成为伦敦印度中国协会的方案依据提交巴麦尊,实际上第一次鸦片战争中英军的作战计划,有许多就是根据这里所说的原则拟订的。鸦片战争时英军进攻的主要地点,如厦门、舟山、上海,都是此次航行所经历的地方,战后《南京条约》中所规定增辟的厦门、福州、宁波、上海等4个口岸,又正是他们当时着重调查和后来力主开放的港口。我们如果把这些事实联系起来考察,就更可以明了这次航行的真正意义,及其所引起的严重后果了。

从以上所述可以看出,"阿美士德"号的航行是英国人有组织、有计划的一次侦察活动,并取得了相当大的"成功"。这次行动不仅完成了福州、厦门、宁波、舟山、上海港口航道测量、地形勘探和地图绘制等工作,并且获取了这些地区大量政治、经济、军事等方面的情报,使英国人对于表面繁荣的中华帝国的内在有了进一步的认识,政治的腐败、军备的废弛让他们更加坚定了用武力侵略中国、占领舟山的野心。

---

[1] 转引自列岛编:《鸦片战争史论文专集》,生活·读书·新知三联书店1958年版,第111页。

二、英国将舟山作为进攻的首要目标

19世纪30年代以后,随着中英关系的日渐恶化,武力占领舟山群岛的问题被英国政府提到议事日程上来。1830年12月,47名主要与鸦片贸易有关的英国商人共同向英国议会上书:"要求政府能采取一项和国家地位相称的决定,取得临近中国沿海的一处岛屿,使世界上这个僻远地区的英国商业不再受虐待和压迫。"[1]英国政府接受了这项建议,但在具体的侵占目标上出现了较大分歧,锁定范围大致有香港、舟山、福州、厦门、台湾等。

海军部次长巴罗认为:台湾简直"大得不像一个岛",远非英国的现有兵力所能长久攻占;而要封锁包括海南岛在内的中国海岸,则需动用英格兰舰队的一半兵力,这是不可能的。[2]巴罗的意见得到鸦片贩子查顿等人的支持,这批人长期在华活动,对中国的情形颇为了解,也感到台湾等岛屿太大,对这些岛屿的永久性占领必须获得岛上居民的支持,而这是没有把握的。

1839年10月,查顿还提出另一个方案,占领香港,因为"香港拥有非常安全广阔的停泊湾,给水充足,易于防守"[3]。查顿的方案并没有引起政府的注意,仍为荒僻小岛的香港暂不在英国执政者的视野内。

不仅香港,就是广州的交涉地位,也遭到英方某些重要人物的否定,1840年3月18日,曼彻斯特商会主席莫克维卡致函巴麦尊,认定"广州是进行谈判的最坏地点,这不仅因为广州遥距中央政府,而且因为广州地方当局会做出各色阻挠和欺骗行动"。他表示"要是我们有权选择地点的话,我喜欢厦门、福州和舟山"。巴麦尊也对厦门表示出浓厚的兴趣。然而英印总督奥克兰等人则认为福州、厦门等地区同样处在太偏南的位置,距离中国首都遥远,威慑力量不够。[4]

在选择中,舟山的地位与优势凸现。曾任广州英国商馆负责人的厄姆斯顿、传

---

[1] [英]格林堡著,康成译:《鸦片战争前中英通商史》,商务印书馆1961年版,第178页。
[2] 严中平辑译:《英国鸦片贩子策划鸦片战争的幕后活动》,载《近代史资料》1958年第4期,第61页。
[3] 严中平辑译:《英国鸦片贩子策划鸦片战争的幕后活动》,载《近代史资料》1958年第4期,第39页、第44页。
[4] 中国第一历史档案馆等编:《鸦片战争在舟山史料选编》,浙江人民出版社1992年版,第480页。

义律

教士郭士立等人都极力鼓吹或者上书英国外交部,建议占领舟山。[1]"东印度与中国协会"上书巴麦尊,要求中国开放更多的口岸对英通商,如果这一要求不能得到满足,则应在东海岸占据一岛,在岛上建立商馆并执行英国法律。[2]

1837年11月9日,义律寄给巴麦尊一份备忘录,建议英国派出武装部队"不是在广州,而是在舟山和舟山以北建立根据地"。1839年4月3日,当中英关系趋于紧张之际,义律又以"最最忠诚的心情献议陛下政府,立刻用武力占领舟山岛",并断言英国"将从此获取最最适意的满足"。1840年2月21日,义律在澳门致海军少将梅特兰信中说道:

舟山群岛良港众多,靠近也许是世上最富裕的地区,当然还拥有一条最宏伟的河流和最广阔的内陆航行网。在大不列颠军队的保护下,又有这样的地理条件,贸易不久必将兴旺发达,不仅与这个帝国的中心地区进行贸易,而且很快就能开拓与日本的贸易,因为中日贸易的中心乍浦靠近舟山群岛。

…………

如果英国占领舟山群岛中的某个岛屿,而且皇帝也允许其人民可以在那里与我们贸易,我确信女王陛下政府定会感到欣慰,大不列颠将会得到巨大的利益,该政府的第一步措施无疑将是宣布它是各国船只进出的自由港和建立适中而自由的关税。我相信,在这样一个基地上必定可以获得这样的权利,这个基地不久便会成为亚洲最早的贸易基地,也许是世界上最早的商业基地之一。我这样说决不会太过分。

如果说扬子江、大运河以及舟山群岛对面那些最富裕地区的内陆航运贸易集于全欧洲贸易的三分之一,那也决非言过其实。……确实,江南各省和浙江省及其西面各省份的贸易,尤其在兴盛之时,其巨大的贸易额简直无法估量,据可靠报告,仅杭州府就有居民100万,宁波至少有50万。在扬子江两岸,上至南京,密布着繁华的大城

---

[1] 刘存宽:《香港、舟山与第一次鸦片战争中英国的对华战略》,载《中国边疆史地研究》1998年第2期,第74页。
[2] 王和平:《英国侵占舟山与香港的缘由》,载《中国边疆史地研究》1997年第4期,第68页。

市。如果在200英里的范围内,拥有这些城市、河流和运河,在安全的军事基地上建立一个大不列颠商业中心,其价值确是不可估量的。[1]

义律的建议得到英国各方的普遍认同。英印总督奥克兰对义律的建议予以政治和战略方面的补充,认为厦门、澎湖等地在"贸易战"中均有价值,但要给清政府以"较深印象",则需"占领较北面"的舟山。

要给予首都一个较深印象,主要目标应该是占领较北面的某个岛,例如舟山。这样更能提供大运河与大海之间的交通控制权,以及可能大得多的政治影响。

……

我们希望我们的陆军主力有可能占领舟山岛,因为它可以避开敌方的进攻,还可以作为远征军所需的一切物资的军需库,最终也有可能成为与中国的邻近省份进行贸易的地方。[2]

奥克兰

1839年10月18日,巴麦尊在给义律的密信中提出初步的行动方案,命令他立刻率军队占领舟山群岛中的一个岛,作为侵华英军的供应中心与行动基地,并且将来也可作为英国商务的安全根据地。巴麦尊还特别指出:

陛下政府意图保有舟山群岛,一直等到中国政府对各事都有满意的解决的时候为止;从舟山撤退的一个条件可能是这样:在那些岛屿中,许给不列颠人以某种像澳门似的居留地,并以条约保证允许不列颠人到中国东部沿海所有港口或某些主要港口去进行贸易。[3]

---

[1] 中国第一历史档案馆等编:《鸦片战争在舟山史料选编》,浙江人民出版社1992年版,第476—479页。
[2] 中国第一历史档案馆等编:《鸦片战争在舟山史料选编》,浙江人民出版社1992年版,第480页。
[3] 严中平辑译:《英国鸦片贩子策划鸦片战争的幕后活动》,载《近代史资料》1958年第4期,第57页。

1840年2月20日,巴麦尊在给义律的最后训令中,除全面安排了英军的行动步骤外,再次重申了在舟山建立殖民地的意图,但巴麦尊此时已不满足于获得像葡萄牙在澳门那样的居留地,而是公然要求割让领土。但是与此同时,巴麦尊也认为,割占岛屿并不是对华战争的唯一目的,并不是在任何情况下都必须坚持不变的"赔偿"要求。

如果中国政府表示不愿意作这类岛屿的割让,而愿意以条约的方式给女王陛下的侨华臣民以安全和商业自由,英国政府将不反对这样一种措施,并将在这情况下,放弃中国沿海任何岛屿的永久占有。[1]

但即使放弃对中国沿海任何岛屿的永久占有,英军也将继续占领舟山,以使中国政府履行和实施其所"应承担"的各项义务。

1840年2月底,英国政府正式下达作战部署,首先封锁珠江口,然后全力攻占舟山并作为军事大本营,再向天津白河口发展。

英国政府将舟山作为占据的第一个目标,他们看中的首先就是舟山的战略位置和优越的自然环境。1840年6月27日,《澳门新闻纸》(也称《澳门月报》)上的一篇文章对英军为什么要首先占领舟山做了解释,它指出:

因见此岛(指舟山)乃系在中国之中,邻近之处皆系富厚省份。又与产茶叶、丝绸之省份相近。即在其内地之港口,亦系甚好。可为外国贸易之大市镇。我等若由中国人手内夺得此岛,即定必令此岛比广东省城更为紧要。其路程虽系略远,而经过台湾之港口,大半年虽系有暴风之险,惟舟山之天气甚好,土地肥美,而居民亦甚稠密。在此岛上有定海城,即在如今亦系大贸易之处。此岛之样子,正与新加坡相同,大抵比新加坡更宽大。[2]

《澳门新闻纸》代表西方各国在中国贸易的商人们的观点。他们平时都是在华贸易的竞争者,常常为贸易利益相互摩擦。现在都围聚在英国军队的旗下,盼望英国舰队能北上,能够一举攻克中国的这座理想中的城池,用作通商贸易。

---

[1] [美]马士著,张汇文等译:《中华帝国对外关系史》第1卷,上海书店出版社2000年版,第712页。
[2] [英]阿罗姆绘画,李天纲编著:《大清帝国城市印象——19世纪英国铜版画》,上海古籍出版社和上海科技文献出版社2002年版,第96页。

三、英军第一次攻占定海

鸦片战争前夕,舟山的价值被英国官方人士普遍看重。1840年2月,英国政府制定了对华条约草案,要点是:五口通商,割让岛屿,赔款等。其中以割让岛屿为最关键内容,设想如中国不同意,则以片面最惠国待遇、领事裁判权等项特权来作替换。[1]不难看出,侵占中国领土是英国侵华目标中最重要的部分,只要能实现这一点,英国不惜放弃其他重要特权。

1840年2月,英国政府任命乔治·懿律与查理·义律为正副全权代表,懿律为侵华远征军总司令。2月20日,在一份巴麦尊给懿律的"决定性"训令中,他就英军进军中国的计划作了详细指示:

远征军要执行的第一步行动应该是封锁珠江,把给中国大臣的信函副本及其中译本一并呈交给两广总督并转送北京。

第二件事是占领舟山群岛,封锁舟山群岛对面的河口,扬子江口和黄河口,从其中某个港口上岸,呈递给中国大臣另一份副本及其译文由其转送北京。

最后一件事是去渤海湾,到达白河口,呈递第三份副本及其译文。[2]

4月7日,英国下议院开始讨论对华战争军费案和广州英商损失赔偿案。经过三天的辩论,会议以271对262的微弱多数通过了内阁的侵华决定。与此同时,英国军舰陆续在中国南海岸集结。6月21日,英国远征军海军司令伯麦率由印度开来的舰队到达虎门外洋面,22日他先行率部启程北上舟山,28日懿律也到达中国,30日他与义律率军向舟山进发。英军除留下4艘军舰和一艘武装轮船封锁珠江口外,主力舰队共计42艘先后离粤北上。

1840年6月30日,英军第一批舰队在伯麦的率领下出现在舟山群岛南端的南韭山岛(现属象山县治),7月2日,第一批17艘舰船驶入定海港道头外。这其中包括战舰5艘(其总计炮位达到158门),武装轮船2艘及运输船10艘,载有陆军第18团、26团及49团各一部共3000名官兵。与此相对,清军投入战斗准备的士兵计1540余名,火炮190余位。

---

[1] 胡滨译:《英国档案有关鸦片战争资料选译》下册,中华书局1993年版,第547—553页。
[2] 胡滨译:《英国档案有关鸦片战争资料选译》下册,中华书局1993年版,第530—531页。

7月4日,伯麦照会定海知县姚怀祥,胁令定海守军在"半个时辰"内投降。姚怀祥与几名官员一同登上英国战舰"威厘士厘"号与伯麦会面,严词拒绝了伯麦的要求。

据光绪《定海直隶厅志》记载:"英船数十艘驶入五奎山。怀祥曰:'我当示无畏。'毅然驾小船径登火轮船,问英人曰:'何故涉吾土?'英人曰:'得红毛码头通商耳。'怀祥曰:'当奉天朝谕旨。'"[1]英方相关记载则言:"中国官员承认他们不能与如此强大的力量抗衡,但他们强调说,他们的职责和对朝廷的忠诚不允许他们不作全力抵抗而交出海岛。"[2]

舟山谈判图

7月5日下午2时半,英军炮舰开始轰击清军战船及定海县城外围的土城,总兵张朝发率军应战,中弹落水,中军游击罗建功等临阵脱逃,守军溃散。英陆军十八团和海军特遣队在炮击停止后登陆,迅速占领东岳山,并开始建筑工事。

7月6日清晨,英军自定海东门进攻,并未遭遇抵抗,因定海守军夜间已弃城溃逃,知县姚怀祥投普慈寺梵宫池殉职。就如英军首领所言,尽管中国守军很快败退,但"在舟山战役中也不能给他们任何指摘,在那里我们的实力是占绝对优势的,他们的防御是极其幼稚的。……中国人所缺少的是训练,而不是勇气。"[3]

---

[1]中国第一历史档案馆等:《鸦片战争在舟山史料选编》,浙江人民出版社1992年版,第583页。
[2]中国第一历史档案馆等:《鸦片战争在舟山史料选编》,浙江人民出版社1992年版,第554页。
[3]炎明主编:《浙江鸦片战争史料》上册,宁波出版社1997年版,第169页。

第五章　舟山：英国侵占的第一个中国岛屿 | *141*

定海战役场景

这幅由格林·史密斯创作的油画描绘的是，在第一次鸦片战争中的夺取舟山之战中，英国士兵缴获了清朝军队的一面龙旗。

这是第一次鸦片战争时期中英双方军队首次大规模交战。据《舟山市志·大事记》记载：

清道光二十年（1840年）
六月四日（7月2日），英国侵略军海军司令伯麦率兵舰入侵定海港。次日，定海镇总兵张朝发率军应战，左腿受伤，退回城内。六日，定海城陷。知县姚怀祥投梵宫池殉职。[1]

而在英国，伦敦《泰晤士报》即时以兴奋语调发布消息：

英国国旗第一次在中华帝国的一部分土地上飘扬！舟山于7月5日星期天落入英国人手中，英国政府在远东又增加了一块殖民地。[2]

对英国占领舟山于中国方面的影响，台湾知名外交家蒋廷黻这样评说：

---

[1]舟山市地方志编纂委员会编：《舟山市志》，浙江人民出版社1992年版，第12页。
[2][美]张馨保著，徐梅芬等译：《林钦差与鸦片战争》，福建人民出版社1989年版，第204页。

英政府派了新代表及军队来华,但不与林(则徐)战,反先占定海。中国全国因定海的失守就惊动了,道光皇帝对林文忠(林则徐)的信任也就丧失了。所以,定海的失守,就是林文忠终身大事业的致命伤。[1]

可见,舟山对中英两国都不是一个无足轻重的地方。至此,舟山成为鸦片战争时期中英争夺最重要的地区之一;战后,又一度成为中英两国外交的症结。

经过定海之役,英军占领了定海。英国远征军军事秘书乔斯林描述了当时毁于战火、一片狼藉的定海城。

次日清晨,英军从定海城周围的高地上发现,该城已被中国军队遗弃。山谷中有无数的人在四下逃命,各自携带他们最珍贵的物品。由于过护城河的大桥已被摧毁,英军被迫略作停留。城门已经关闭,在城墙上还不断地向英军发动抵抗,但英军很快攀上了城墙,英国国旗很快就在定海城上空飘扬了。城墙上到处堆着长矛、火铳和一种带箭矢的火箭,还有准备向攻城者抛撒的石灰粉。英军司令部的几员将领在一名翻译的陪同下,进城安民,其余军队则驻扎在护城河的彼岸。定海城的主要街道已经几乎荒无人烟了,有几个被吓昏了的平民百姓向英军叩头。当英军进入寺院后,发现男女老少都在佛像面前焚香祈祷,其他的人通过小巷而逃往农村。[2]

《澳门新闻报》7月11日"舟山来信"也报道,本来是美丽富庶的舟山岛"现在已经荒芜,于我等初到时所见之打鱼船数万只,今已一只皆不见。"[3]

7月7日,乔治·懿律与第二批舰队抵达定海后,发布占领舟山的布告,主要内容有:

1. 设立政府;
2. 保护合法财产、交税;
3. 以英国法律为审判依据(拥有审判、处罚、驱逐的权利)[4]。

---

[1] 蒋廷黻编著:《近代中国外交史资料辑要》上卷,湖南教育出版社2008年版,第53页。
[2] 转引自耿昇:《西方人视野中的宁波地区》,载阎纯德主编:《汉学研究》第十集,学苑出版社2007年版,第302页。
[3] 炎明主编:《浙江鸦片战争史料》上册,宁波出版社1997年版,第153页。
[4] 《懿律将军的布告》(1840年7月8日),载炎明主编:《浙江鸦片战争史料》上册,宁波出版社1997年版,第163—164页。

同时还发出通商公告,招徕客商,定于14日开市。在岛上实行占领区统治,英国陆军司令布尔利上校被任命为定海的军事长官,管理定海军务。成立殖民当局——巡理府,宣布岛上的所有民政、财政和司法管理均由英方执行,岛上居民需向英国殖民者纳税,接受英国法律管辖,英国官员有权"驱逐任何人员",并开始把定海规划成国际自由贸易港。在传教士郭士立担任"舟山行政长官"期间,还在岛上擅行抽税设立复书院、育婴堂、苦老院、养济院等宗教机构。

四、浙江休战,舟山第一次收复

英国官兵登陆后,对舟山居民大肆烧杀抢掠。侵华英军"詹逊"号船长宾汉在《英军在华作战记》中说:

军队登岸了,英国旗就展开。从这一分钟起,可怕的抢劫光景就呈现在眼前,暴力地闯进每一幢房子。劫掠每一只箱箧,街道上堆满了图画、椅子、桌子、用具、谷粒……一切这些都被收拾去。除了死尸以及被我们无情的大炮弄残废了的受伤者,有的丢了一只脚躺着,有的两只脚都没有,许多人被可怕地割裂、被霰弹射穿,只有当已经没有什么东西可拿的时候,才停止抢劫。……[1]

美国律师艾蒙在1841年写的《中英战争的起源及其发展》也说:

水手抢劫靠近海滨的城(指定海),须臾之间,他们把这个小城沦为荒墟。凡不能带走的东西,一概很荒唐地击毁。每一屋宇都不分皂白地打开破坏,每一箱箧都抢掠精光……[2]

英军的暴行激起舟山民众的愤怒,他们自发地利用各种形式开展反对英军的斗争。首先是坚壁清野,断绝供应。宾汉在《英军在华作战记》哀叹定海"街上难得看见一个中国人,没有可能得到新鲜食物。城的附近看不见公鸡和母鸡,就是听得一只鸟叫,也难得再叫了。……就连蔬菜的可怜的供给都停止了。"[3]第二种形式是

---

[1] 炎明主编:《浙江鸦片战争史料》下册,宁波出版社1997年版,第287页。
[2] 炎明主编:《浙江鸦片战争史料》下册,宁波出版社1997年版,第287—288页。
[3] [英]宾汉:《英军在华作战记》,载炎明主编:《浙江鸦片战争史料》下册,宁波出版社1997年版,第309页。

捕捉汉奸。这时英军只有利用汉奸、买办来帮助。宾汉写道:"捕捉买办一事,是一个最严重的打击。我可以说,还引起了军队的后来的全部苦痛。"[1]第三是自发、分散的游击战斗。9月16日,乡民包祖才及其兄包振兴等活捉英军上尉安突德是最有影响的一例。在此前后押赴宁波的英国人达到29名。

这时定海英军中又开始流行严重的病疫。资料表明,从1840年7月13日至12月31日,英军住院为5329人,死亡448人。就死亡的人数说,英军在舟山病死的人数是其两年多战争中战死人数的5倍,以1841年1月舟山驻军数量1762人的话,那么平均每人住院3次以上。

驻舟山的英军,在疫病和民众的打击之下,处境困难。懿律、义律又要带兵赴粤谈判,便多次找新任赴浙查办事件的钦差大臣伊里布谈判浙江停战、释俘和交还舟山问题。10月23日,懿律照会伊里布,提出停战的条件:

1. 清方不得阻碍舟山与大陆之间的贸易;
2. 舟山在英军占领期间,应视为是属于英国女王的;
3. 停止向舟山派遣军队或密探,停止煽动民众反抗。[2]

他还声称,伊里布若同意这些条件,须发布"告示"。

11月6日,双方达成一个停战协议,这是伊里布私订的,懿律发布"两国谈判期间,钦差大臣及其与本人之间业已订立停战协定"的通告,就此宣布浙江停战。

1840年11月12日,懿律与义律等率三千士兵乘舰船离开舟山前往澳门,与即将到达那里的琦善会晤并进行谈判。同月,懿律以身体不适为由回国,义律作为唯一的全权代表与清政府交涉。1841年1月7日,英军突然向广东沙角进攻,在沙角得手后以香港的码头和海岸调换为条件,答应从定海撤军。琦善不顾自己的身份和权限擅自做主,以英军归还舟山为条件,作出重大让步:

1. "代为恳奏""予给口外外洋寄居一所";

---

[1] [英]宾汉:《英军在华作战记》,载炎明主编:《浙江鸦片战争史料》下册,宁波出版社1997年版,第309页。
[2] 中国第一历史档案馆等编:《鸦片战争在舟山史料选编》,浙江人民出版社1992年版,第498—499页。

《穿鼻草约》的签订

2. "代奏恳恩"广州开港恢复贸易,条件是英军归还舟山。[1]

很可能在其心目中,用虎门口外的不毛之地换取舟山,外加英军从沙角、大角两处撤退,还算是有利的生意。

义律明明知道琦善照会上所允的一切,只不过是"代奏",算不上是正式同意,尚须得到圣旨的批准。1月20日,义律单方面宣布已与琦善达成四项初步协定:

1. 割让香港;
2. 鸦片赔款600万元;
3. 中英平等外交;
4. 1841年2月2日恢复中英广州贸易。[2]

这就是所谓的《穿鼻草约》,实际上,琦善并未在草约上签字,清政府也没有批准这个条约。

---

[1] 茅海建著:《天朝的崩溃:鸦片战争再研究》,生活·读书·新知三联书店1995年版,第212页。

[2] 茅海建著:《天朝的崩溃:鸦片战争再研究》,生活·读书·新知三联书店1995年版,第212页。

至此，坚持割让舟山的要求，显然已不现实，英方退还舟山已成必然之势和必要的行动。1月23日，义律、伯麦下达从舟山撤退的命令。1月26日，派兵强行占领了香港。2月25日，英军撤离舟山。

定海镇总兵葛云飞、处州镇总兵郑国鸿与外省调援的安徽寿春镇总兵王锡朋等收复定海后，立即配合地方官安定社会秩序，号召居民回里，恢复生业；一面修复城垣。根据定海地形：东青垒山，西晓峰岭，北镇鳌山、双髻峰，三面重山环抱，可为屏障；唯南面临海，平旷难守的特点，他们决定并由葛云飞发动和亲督定海军民，修成一条东起青垒头、经过东岳山，西至晓峰岭伸向海岸的道头竹山门的土城。定海土城全长1400余丈（约4500多米），高1丈（约3米多），厚约2米。沿着土城选择重要位置设立炮台，安置火炮，在东岳山建成周长131丈（约420米）的镇（震）远城，和朝南炮台1座。

舟山土城：定海清军炮台及炮位

英国海军上尉奥塞隆尼在《对华战争记》这样记载"定海土城"：

定海岛东海岸的防备最强，与八个月前离开时的情景完全不同。英国人对这些中国人为获得他们的利益，为保护他们的财产而在修筑工事上表现的坚韧不拔的毅力和对那些傲慢自大、偏执的统治者在耗资上的支持惊叹不已。1840年由英国人开始修建的东岳山上的要塞，位于定海的入口处的一侧，并通向郊区。这个要塞得到相当的加强和扩大，装上了防毛瑟枪的坚门，整个要塞围有一道挖有枪洞的胸墙。朝海的一边，一个配有十八门炮的炮台修筑得非常好(这个炮台是在我们占领时开始修建的),唯一不变的是根据他们的通常习惯,炮眼的前方不向两侧扩大,其炮眼开口处的宽度只能使炮的射击线往左右移动5度。从这个炮台开始,沿着原来的码头,通过整个定海的入口处,直到对面的小山,修筑了一条很长的土城,布置了150—200门炮,以封锁内港中每一艘船只可能停泊的水面和对付来自船上的火力。在这条防线的右侧驻有一支强大的军队,并筑有一些工事。[1]

1841年3月,道光帝任命两江总督裕谦为钦差大臣,代替伊里布主持浙江军事。裕谦受命后"锐意立功",亲到舟山视察,留下王锡朋、郑国鸿两镇总兵同守定海。5月,裕谦又认为定海地位重要,奏升定海为定海直隶厅,擢升鄞县知事舒恭受为厅同知(行政最高长官)。

在修筑防御工事的同时,裕谦又添兵雇募。伊里布原派接收定海的清军共计3000人,裕谦再加派2600名,使该地守兵达到5600名,为鸦片战争中浙江守军最多的地方。

五、英军撤出舟山占据香港的缘由

早在东印度公司成立之初,英国殖民者便对舟山情有独钟,但何以在鸦片战争进行到1841年2月以后便发生了转变,将目标转向了广州相邻的香港呢?其原因是复杂的,多方面的。

其一,传染病给英军继续占领舟山造成了巨大的麻烦。"英军放弃舟山,对于军队健康方面的考虑恐怕是比较重要的原因。中国本土病原微生物和印度霍乱菌使英军在战争中遭到重创,如同一只看不见的手,不自觉地影响了战争的整个进程。"[2]1840年下半年,在定海的英军中开始流行严重的病疫。"在一支不超过4000人的军队里,兵员住医院疗病就有5329人次;死亡有448人"。[3]

宾汉在《英军在华作战记》中也写道:

---

[1] 中国第一历史档案馆等编:《鸦片战争在舟山史料选编》,浙江人民出版社1992年版,第558—559页。
[2] 齐敬霞著:《鸦片战争期间英军传染病》,复旦大学硕士论文,第48页。
[3] [美]马士著,张汇文等译:《中华帝国对外关系史》第一卷,上海书店出版社2006年版,第301页。

苏格兰来福枪联队完全消瘦到皮包骨头,……无疑,这种现象当归根于缺乏新鲜而有益的食物,以致使士兵的体质容易染受这里所流行的疟疾和发热症,因为我们发觉军官中间病情较轻,而他们的食物是比较丰富的。[1]

与此同时,舟山民众在英军占领期间进行了不屈不挠的斗争,他们在水源下毒,拒绝提供新鲜食物,还有乡民组织袭扰英军,这些都让驻守在定海的英国军队胆战心惊。

停靠在定海港的英军"威厘士厘"号战舰

其二,清政府对于割让舟山的坚决反对。1840年8月30日,琦善在与义律的谈判中强调"皇上不可能割让一个岛屿"给英国。在谈判最初阶段只同意赔偿烟价500万元,分十年偿清,拒绝其他要求,他表示如果英方继续占领舟山,则双方没有和平的商业交往可言。

12月11日,琦善的照会针对定海问题特别指出:

---

[1] [英]宾汉:《英军在华作战记》,载炎明主编:《浙江鸦片战争史料》下册,宁波出版社1997年版,第306页。

定海土地面积有限，人民贫穷，……但是只要贵国继续占有那个地方，便不能有恭顺之称，而且不可能奏请皇上恢复通商。对贵国来说，占领该地有什么好处或利益？[1]

清政府甚至还没能弄清楚英国发动鸦片战争出于何种目的，但对于其领土的要求仍是予以拒绝，并以中断双方贸易为要挟。12月15日，琦善在同意在500万元的基础上再增加100万元，但坚持"割让领土是天朝迄今从来未有之事——这一情况是无论如何行不通的"。

他进而提出"可以代为请求再增加开放一个口岸，并释放在舟山被俘的英人，以此交换定海"。随后，义律与琦善之间的照会纠缠于增开商埠的问题上，并都以归还舟山与否作为必要条件。可以说，清廷在舟山问题上的坚持迫使义律退而求其次，将谈判要点转移至增加开放除广州以外的北方口岸。

其三，割让岛屿并非英国的唯一目标，争取开放贸易才是最终目标。1840年2月20日，在巴麦尊的最终训令中，他提出如果中国政府允许英国建立商馆并为双方贸易做出永久安排而不愿意割让岛屿的话，那么在草拟的同中国订立条约中关于割让岛屿一条可以忽略，而作为弥补相应增加五条关于商务方面的条款，其内容不外保护英商在口岸的自由商业活动，核准关税等等。而被占领地最大的作用则在于此，即如果双方达成有关协议，那么在临时条约中以"女王陛下的军队将继续占有舟山群岛或可能已被占领的其他地方，以示威胁，直到中国政府完全履行其一切条款为止"[2]。也就是说，以舟山作为监督中国履行条约的一个"质押"。

8月30日，义律与琦善第一次会谈在天津大沽进行，鉴于琦善对英军占领舟山的特别反对态度，义律表示舟山只是作为来华英军的临时基地，"占领舟山是为部队行动方便和需要，这是因中国官员的暴行而引起的"，而且"女王经常占领别国岛屿和领土，也常常归还。如果能作出合适的处置，归还舟山也不是做不到的"[3]。这无疑是对永久占领舟山立场的重要修正，而且双方讨论的焦点并不在领土，领土（舟山）在义律的表述中并没有被强调为必要条件。

其四，英国政府赋予其中国远征军司令的自由权限。战前，英国政府对首要目

---

[1] 胡滨译：《英国档案有关鸦片战争资料选译》下册，中华书局1993年版，第801页。
[2] 中国第一历史档案馆等编：《鸦片战争在舟山史料选编》，浙江人民出版社1992年版，第473页。
[3] 炎明主编：《浙江鸦片战争史料》上册，宁波出版社1997年版，第164—165页。

1840年7月的舟山港湾

标是占领舟山意见一致,但对占领后的处置则说法不一。1839年10月18日,巴麦尊指示义律占领舟山,除了战时军用外,"并且将来还可以作为大不列颠商务之牢固基地",明确表示"意欲永久占据"的愿望。此前,英国内阁就中国局势召开专门会议,巴氏的意见不能说只代表他个人。但几天以后,巴的说辞就有所改变,他11月4日发出的命令是:只要"中国政府对一切事情作出令人满意的解决",就可以考虑撤出舟山,舟山又具有了勒索筹码的意味。巴麦尊还提出另一个设想,将舟山变成类似澳门的租借地[1]。

巴麦尊的设想遭到奥克兰的反对,他认为建立澳门那样受制于中国的"混合政府","会破坏我们指望在这样一块殖民地上得到的全部利益",他建议还是应该把舟山建成"完全独立于中国干扰"之外的英国的殖民地[2]。由此可见,英国最高当局对舟山等于是提出了殖民地、租借地、临时占领地三种方案。1840年2月,英国政府又赋予驻华代表对任何中国岛屿实施占领、撤军和强逼割让的决定权。这样一来,义律等的在华行动一方面享有很大的自主权,另一方面又处于莫衷一是的境地。因此,舍舟山而取香港,义律的因素占有很重的分量。

从以上分析中我们可以看到,关于舟山问题,清政府一直是坚决的,只以开放港

---

[1]胡滨译:《英国档案有关鸦片战争资料选译》下册,中华书局1993年版,第525页。
[2]中国第一历史档案馆等编:《鸦片战争在舟山史料选编》,浙江人民出版社1992年版,第483页。

口和释放战俘作为交换条件,但英国方面却以舟山为要挟步步紧逼,不断抬高要价,在明知无法获得一寸领土的情况下,以最为强硬和卑劣的手段占领沙角,试图通过武力威胁广州达到目的,更趁势提出以香港交换沙角,完成了从舟山到香港的转换。

舟山的收回是以香港为代价的,是广东方面琦善的妥协和英国武力威胁下的产物,英国人之所以退出舟山,不仅是因为手中有了一个可以替代的香港。而且是在当时情况下英国策略适时而变的调整,是一种退而求其次的无奈之举。

六、英军第二次攻占定海

正如前述,英国政府对舟山处置的指令具有多样性的特点,其中作为谈判筹码也是方案之一,从这个角度看,义律等对舟山的放弃不能算是违反了政府命令。但政府指令又明确要求在中国接受了英国的全部条件并偿付了所有赔款后才能退还舟山。义律所为明显与此有差距。

对义律的这个举动,在当时驻在澳门等处的英商看来是"不得人心"的,就是在侵华的英军中也颇有微词。士官宾汉接到从舟山撤退的命令时就很不情愿,他认为:

舟山一岛资源蕴藏丰富,假如有一个好政府,抽适当的商税,很快就能支付本岛一切费用而尚有余。该岛位于中国海岸线中部的外边,成为南北间的商业枢纽,又因此地近扬子江和黄河,如要设立一支军队,迫使中国遵守最后所可能订立的条约条款,这里是最合适的地点。因为只凭信用是再也不能做到的。更因该岛位于中央,也能成为一个商业中心市场,不久以后,就会与亚洲的任何一个(海港城市)抗衡。[1]

英军占领香港而撤离舟山的消息传到伦敦,巴麦尊更是暴跳如雷。他在11月14日禀告女王说:

义律大佐似乎已经把寄给他的训令完全置之度外,甚至在舰队的行动已经获得完全的胜利,他可以自由规定条款的时候,他好像还是同意了极其不够的条件。……曾经特别通知他们要保留到全部赔款付清为止的舟山岛已经是匆遽地并且是莫名其妙地撤

---

[1] [英]宾汉:《英军在华作战记》,载炎明主编:《浙江鸦片战争史料》上册,宁波出版社1997年版,第21—22页。

璞鼎查

出了。甚至香港的割让还结合着一项有关缴纳捐税的条款,这样就使那个岛屿变成一个并不是英王的属地,只是像澳门一样,在大清皇帝的国土上经许可才保持着的居留地。[1]

他在给义律的 4 月 20 日私函中,对其交涉的方法及结果表示不满,认为义律撤出舟山是对中国方面取决权的屈从。在巴麦尊的要求下,内阁会议决议:舟山必须重新占领;召回义律,派璞鼎查前往接替。

1841 年 5 月 3 日,巴麦尊连续发出三项公文:一是命令侵华军重占舟山;二是咨文海军部,为确保攻占舟山的兵力,可以从香港撤出任何部队,表明为舟山不惜放弃香港;三是照会中国,宣布否决义律撤出舟山的决定,英军将"再占舟山"。

8 月,英国新任驻华全权公使璞鼎查和海军司令巴尔克少将、陆军司令卧乌古少将一行率军舰 26 艘、陆军 3500 人北犯,进一步扩大侵华战争。

9 月 18 日,英军主力舰队陆续集结舟山洋面。自三总兵收复定海后,其防御体系进行了大规模的修整,同时加派了驻防官兵。而清军工事在英方看来"完全忽视了从背后保卫两侧和封锁每一个军队可能登陆的地点的必要性,以及军队从一个使中国人惊畏的炮兵和炮台完全不能发挥作用的方向袭击的可能性"[2]。英军采取正面牵制,侧面迂回包抄的战术,并占据震远炮台东南的大五奎山岛,建立了炮兵阵地。

10 月 1 日,英舰队炮击定海土城。英军以定海西侧的晓峰岭作为主攻方向,第一批登陆的英军第 55 团绕过竹山防御,攻占晓峰岭,王锡朋战死。后续的炮兵团自晓峰岭炮击定海县城。第二批登陆的第 18 团向竹山进攻,郑国鸿战死。继而又向东攻击土城东面,侧面失去掩护的葛云飞部无力抵抗,葛云飞战死。由大五奎山方向登陆的英军和第 18 团东西包夹,定海外围防御失守。第 55 团从定海城西

---

[1] [美]马士著,张汇文等译:《中华帝国对外关系史》第一卷,上海书店出版社 2006 年版,第 299 页。
[2] [英]奥塞隆尼:《对华作战记》,载炎明主编:《浙江鸦片战争史料》上册,宁波出版社 1997 年版,第 590 页。

门占领县城，18团自南门配合进攻，定海失守。英军再次在定海城内升起它的国旗，仅付出死亡2人、伤20余人的代价。

克里·爱德华·霍奇斯在其日记中，详细地记述1841年10月第二次定海之战最惨烈的一天。

10月1日 星期五

昨天晚上舰队司令发来信号：军队做好准备，上午8时登陆。

上午8时，所有船只保持强盛的火力，向中国军队、山头和炮台发起进攻。他们也向我们发起猛烈还击。时间接近上午11时，在我们的55军团登陆山头之前，这个山头被"喝醉酒"的军队的火绳枪和Gingans的火力严密控制着，同时还有环绕山头的排炮从那里向下射击。55军团迅速登陆在海滩上，一边射击一边前进。但是，敌人（清军）的火力控制得很好，只有当我们用刺刀顶着他们前进的时候，他们才慢慢向山顶退去。

在榴弹炮的掩护下，所有的军队都登陆了。榴弹炮架设在Trumblk岛（竹山附近一无名小岛），向有庙宇的那个山头射击，那里构筑了坚固的工事。那些士兵挤满了山顶，他们不停地从小松树丛中出击。但是我们的人逐渐把他们逼了回去，十来个军官恶意地挥舞着红蓝相间的旗帜。他们中的一个很快就被打中了，一束子弹打在另一个人前面的泥土中，泥土盖满了他一身，但他只是摇晃着，继续挥舞着他的旗帜，直到一发炮弹飞来，落在他们中间爆炸，把这些该死的家伙炸得血肉横飞。

我们的战士沿着山顶把敌人赶进信号塔，这是他们的另一个据点，他们从三个信号塔里不停地出击，直到我们的人牢牢地占领那里，把他们从里面赶出来。这时他们冒着零落的枪声，一个跟着一个逃下山来，极尽艰难地向城里逃去，丢下很多死伤的人在田野里。

同时，爱尔兰皇家18团包围了山脚，缴获了侧翼的长长的岸炮。"喝醉酒"的士兵先前用这些岸炮进行防卫，多次对我们发动攻击，直到他们看到他们的人被55团的人驱赶，从山上跑下来。这时他们也逃了。18团冲上去占领了有庙宇的那个山头的要塞，发现已经被设置在Trumblk岛上和船上的炮弹摧毁了。

当我们的人登陆后，从环射和排炮、拉绳炮、Gingans发出的子弹变得密集起来，在我们的周围，一些人受了伤。可怜的Ensige Dull被子弹击毙。而很多人在向山顶冲锋的时候受了重伤。18团有三人沿着炮台进攻的时候很快被打死了，我把他们带到了停在近处的船上照料他们，过一会儿，另外一些伤员被带了回来。我把所能找到的小床都找来了，放在主甲板上，好大一所医院啊。

18团此时向南城门挺进，中国人正在那儿设置防御工事，但是皇家陆军的前进速度对于这些身处天堂的居民来说太神速了。55团攻取了北城门，在那里发生了一场战斗，但是没有持续多久。[1]

据《舟山市志·大事记》记载：

八月十二日（1841年9月26日）起，英军复攻定海城，葛云飞、王锡朋、郑国鸿率部英勇反击，激战六昼夜，三总兵及大部兵卒阵亡。定海再次沦陷。[2]

而作为对立面的英国人则如此记载：

从没有见过任何一支军队，比我们攻克定海要塞的士兵们那样勇敢和成功的了。两个原因导致了这个结果：一是科学的原则和严格的纪律，以及大不列颠的精神；另一就是中国方面的无知，他们对现代战争的杀伤力一无所知。[3]

英军于1841年10月1日再次占领定海，设立军政府，发布告示称："斯地或许连年久为据守，不归（中国）皇帝权下。"[4]与此同时，英军在城内祖印寺及城外道头一带建造新屋，作长住久驻的打算。

英军第二次进攻舟山

---

[1]《英国军医笔下的定海保卫战》，载《舟山晚报》2005年12月1日。
[2] 舟山市地方志编纂委员会编：《舟山市志》，浙江人民出版社1992年版，第12页。
[3] [英]阿罗姆绘画，李天纲编著：《大清帝国城市印象——19世纪英国铜版画》，上海古籍出版社和上海科技文献出版社2002年版，第94页。
[4] 中国第一历史档案馆等编：《鸦片战争在舟山史料选编》，浙江人民出版社1992年版，第530页。

七、英国宣布定海为自由贸易港

恰在此时,英国国内政局出现引人注目的变动。1841年9月,阿伯丁入主外交部,在外交上开始了一个调整时代,对华政策"作一些重要修改",其中最重要的修改内容是以通商贸易政策取代占领领土政策,即注重在中国东部地区开放四至五个口岸而放弃对中国领土的"永久征服"。关于舟山,阿伯丁出于高昂的占领费用、影响中英长期贸易或可能卷入中国政局等因素的考虑,不主张长期占领,而主张只作为逼迫中国人让步的"手段"和监督中方执行不平等条约的"担保"。

1842年2月16日,璞鼎查公然宣布:

照得粤之香港,浙之定海等处,地属海港,为洋船来往之区,应准各船在彼任便贸易。缘此示仰诸人知悉,凡各国船只,俱得出入买卖。迨奉君主降命之先,所有船钞货税,及一律规费等项,不论何国之船,俱可毋庸输纳。[1]

美国历史学家马士将它翻译为:

香港与定海将要作为自由港,对于任何国家的任何船只,不收任何种的关税、港口税和其他捐税。[2]

依据新内阁的既定方针,1842年8月,中英《南京条约》谈判时,英国向中国政府提出了巨款赔偿,要中方将厦门的鼓浪屿、舟山、镇海的招宝山这几处被英国占领的地区作为抵押。中国政府认为,两国既然已经停战签约,就要以信任为基础,不能进行担保,如果担保说明两方还不够信任,这会影响到双方今后的有利合作。英方则认为,赔款也如同还债一样,不管是否相互信任,都要立下字据并且交付抵押物,这样才算合适,两国间的约定更要如此。在中方力争下,英方同意减去招宝山,但断然拒绝中方提出的"舟山只与开埠联系,不与赔款联系,俟五口开放,即将舟山交还"的意见。

---

[1] 中国第一历史档案馆等编:《鸦片战争在舟山史料选编》,浙江人民出版社1992年版,第535页。

[2] [美]马士著,张汇文等译:《中华帝国对外关系史》第一卷,上海书店出版社2006年版,第329页。

《南京条约》的签订

唯有定海县之舟山海岛、厦门厅之鼓浪屿小岛,仍归英兵暂为驻守;迨及所议洋银(指中国对英赔款 2100 万银圆)全数交清,而前议各海口均已开辟,俾英人通商后,即将驻守二处军士退出,不复占据。[1]

当时清政府处于被动境地,若是英国提出割占一个更为可取的地方,中国实际上也无力反对。

英国人为什么对舟山情有独钟、要坚持赖在舟山不走呢?《南京条约》关于英军继续占领舟山之条款,并非一时心血来潮,而是贯彻了英国殖民政府的长期战略目标和既定方针。香港虽早在 1841 年 1 月被英国占领,并得到《南京条约》的确认,却是地方狭小,僻处一隅,未能对清朝政府产生重大影响。原先,义律与琦善在"穿鼻谈判"中,英方只提出租借香港、赔款和开放广州、厦门、定海三处港口。由于战争的胜利,其侵略野心更加膨胀,胃口愈来愈大,不但要求割让香港,增加赔款,而且把开放通商口岸增加为广州、福州、厦门、宁波、上海五处,重点从珠江口转移到长江口,瞄准中国最富庶地区江苏、浙江两省及内陆广阔腹地,并可威胁天津和北京。而舟山正是其实施这一东进和北上战略最理想的地点,在军事上具有威慑力,在经济上具有建成"自由港"的最好条件。

英国既然已把对华贸易的重点转移到长江中下游地区,就必须选一个像舟山那样的理想岛屿建立军事与商业基地,与香港遥相呼应,从东南两侧加强对中国沿海的压力。

---

[1]参见《南京条约》,龚鹏程主编:《改变中国历史的文献》下册,中国工人出版社 2010 年版,第 698—700 页。

奥克兰认为：

（3）要求在中国东部海岸割让一个岛给大英帝国，或以此作为交换条件，即宣布英国臣民在上述提到的中国大陆的港口有自由通商的特权。

....

（22）在此我特别注意到这一点，因为下一步要涉及的是在中国北部海岸重新占领一个岛的问题。我领会到女王陛下政府十分重视占领这样的一个岛，即使结束敌对行动，这一计划也决不会马上放弃。[1]

清政府既已战败，便不能不承认舟山被占领的事实。英军原先已在舟山建立军政府，此时披上了"合法"外衣。璞鼎查从南京返回即发布告示：

只缘定海县邑城中城外一岛地方概为我军暂守扎营之地，如遽设汉官同驻，恐必多生不便，是以公议咨请制省大宪，特调大清正印官员在于大榭邻岛暂居，以便近地主治。但凡定邑士民人等倘有冤事欲诉者，均听前往大榭，直赴该处所居官令禀报。[2]

其时，清政府已任命定海厅同知，驻舟山岛之干𥕥乡，由于英方强行干预，不久即被迫迁往大榭岛。从此，定海事实上存在两个政权：一为英国军政府，驻舟山岛；一为清朝地方政府，驻大榭岛。并且实行两种法律：对英人用英国法律，为英人做事的汉奸也享有豁免权；对一般华人则用大清律例，如在英人治下滋事，即遭兵丁押送大榭厅衙审判。而英人与华人争论，则由英方通知清朝地方官府派员协同会审，仍用两种不同法律。英国的这套做法，不仅开了领事裁判权的先例，而且在当地官府头上建立了"太上政府"的殖民地模式，把"以华制华"运用到家了。

《南京条约》规定的"五口通商"，属英人特惠，中国与其他国家的贸易仍限在广州一处。英人为了扩大通商的范围和影响，达到长期占领之目的，未经清政府同意，准许各国商船到舟山停泊与贸易。一时间，定海道头港一带，飘扬外国的旗帜，商船云集，货栈堆积，灯火通明，人声鼎沸，出现前所未有的贸易盛况。美、法、荷兰、

---

[1] 中国第一历史档案馆等编：《鸦片战争在舟山史料选编》，浙江人民出版社1992年版，第509页。
[2] 中国第一历史档案馆等编：《鸦片战争在舟山史料选编》，浙江人民出版社1992年版，第372页。

丹麦等国也乐于援引英国特惠待遇，要求利益均沾，一视同仁。他们把舟山看作是最好的货物堆栈与商品中转基地，与英国人既勾结，又争夺。

据清朝当地官府的奏报：

探闻定海厅洋泊有英吉利、美利坚等国夷船十余只，又在道头、东港浦、司湾庙、天后宫等处，各起造屋数间，堆贮货物。

....

查定海厅洋面所泊夷船，每自六七只至十一二只不等，时有去来。截至三月十五日，旧泊英夷船六只，开去小火轮船一只，又新到四只。其原泊美利坚船一只，于十三日开往南洋。

....

三月二十六日驶来法兰西三号夷船一只，寄碇竹山门外，与英夷不时往来。

六月初五晚，探有丹麦国即向来通商之黄旗国夷船一只，驶至定海停泊。[1]

驻扎在定海镇鳌山下的英军营地

---

[1] 中国第一历史档案馆等编：《鸦片战争在舟山史料选编》，浙江人民出版社1992年版，第412—446页。

各国商船有的从香港转道，有的直接来自欧美、新加坡或印度，从中国苏杭一带收购茶叶、丝绸和药材，也有古玩文物；又向中国倾销玻璃、洋布、机械制品，包括鸦片。其往来大都在舟山锚泊装卸货物，补充淡水、食品。由于上海、宁波的开埠进度缓慢，舟山正好填补这一空缺。

1844年（道光二十四年），宁波港虽已开埠，因"货船稀少"，英国驻宁波领事仍在定海赁屋暂住，未抵宁波住所。比起宁波等城市，英国人似乎对舟山更感兴趣。一则舟山为其军事占领区，可以得到有效庇护，不必理睬清政府禁令；二则上海、宁波及杭嘉湖地区均有海道通航，商品贸易多在海上进行，不少是以货易货，无须过海关查验，更不用纳税，舟山自然是最理想的交易地点。

随着上海、宁波的开埠，中国对外贸易重点也开始由南东移，上海很快取代了广州的地位。上海、宁波、舟山这一黄金三角成为外洋商船往来最稠密的地区，舟山则处于联络东南各通商口岸的中枢地位。而其"国中之国"的军事占领方式，对于移民与商贸具有十分明显的好处。

八、舟山成为英国的第一块"势力范围"

1843年6月，中英在香港互换《南京条约》文本，英国部分人士对香港的态度又动摇起来。随着战事的结束，军队的撤离，五口的开放，1844年香港经济开始不景气，1846—1847年降至谷底，香港的前途又变得黯淡。"无论是英国的政治家还是商人都无法把香港这个不令人喜欢的地方与位于较北部的富庶诱人、有丰沛的人力资源且已经进行了很好开发的舟山相比"[1]。

前特派委员会主席、日后当上东印度公司董事会主席的厄姆斯顿，依然力主占领舟山，抱怨香港"已经被称赞和吹捧到了极其不可思议的程度……从贸易角度看，在目前的状况和条件下，这个岛屿不但对我们毫无用处，也很难设想或指望它有朝一日能变成一个商业中心"[2]。

1845年8月，清政府已如约开放了广州、福州、厦门、宁波、上海等五处通商口岸，2100万银圆的对英赔款亦将全部交清，英国再无继续盘踞舟山的理由了。此

---

[1] 转引自郭卫东著：《转折——以早期中英关系和〈南京条约〉为考察中心》，河北人民出版社2003年版，第289页。
[2] [英] 韦尔什著，王皖强、黄亚红译：《香港史》，中央编译出版社2007年版，第151页。

时的一部分英国人,却对舟山特殊的地理位置、丰富的特产资源及其可能带来的巨大商业利益垂涎欲滴。其中以香港财政局局长蒙哥马利·马丁最为著名,他始终主张放弃香港而保有舟山。1845年秋卸任后,他曾专程从香港经印度赴英国,沿途游说,"他此行的目的在于劝使女王陛下政府把香港交还中国,而接受现在被认为更适宜于贸易用处、更合乎卫生和无疑地更有出息的舟山作为代替。香港只是一大堆不毛的岩石;与此相反,舟山的米粮生产却足以供给很多人的需要"[1]。一时间,用香港换取舟山的问题在英国本土、在印度、在香港和在中国的英国人中间引起广泛讨论。

舟山岛上英军阵亡将士墓地入口处的牌坊

1845年9月18日,英印报纸《印度之友》发表专论,列出了把舟山建成殖民地的诸多"便利条件":"良好的气候,广阔的港口,靠近中华帝国财富最丰厚、人口最稠密的地理优势。"预言"舟山不久将成为世界上最大的商业中心之一",占据它即能"制止中国政府的仇外行为",并能保持英国在同其他列强争夺在华利益时的优势地位。该报的看法得到《香港公报》《孟买信使报》《中国之友》等报刊的支持。

---

[1] 广东省文史研究馆译:《鸦片战争史料选译》,中华书局1983年版,第303页。

这些舆论工具鼓噪"无论是通过谈判或购买,如果必要的话,以香港相交换,已成为一件刻不容缓的摆在内阁面前要求加以考虑的事情了"。《香港公报》写道:"对于舟山的重要性和它对于一个伟大的海军和商业国家的价值决不能视而不见。"上列报刊一致认为,即使放弃已经进行了大量投资的香港"也是合算的",呼吁尽"一切努力,把舟山夺取过来"。[1]

但是,也有部分英国人认为,舟山岛的所谓气候条件、商业利益等等,皆被人为地"大大地夸大了"。因为单纯从商业观点来看,舟山并不能为英国带来过多"特殊的裨益",上海的开埠使舟山的贸易地位大为降低;如作为一个军事基地,其费用将大大"超过议会愿意支付的费用"。况且,中国政府"没有表示出他们要破坏与英国签订的条约的欲望",所以英国政府"应该从更高的水平去考虑"舟山及整个中国的问题。他们认为违约拒交舟山将会带来难以预料的后果,势必造成中国政府的强烈对抗。使英国"背上背信弃义的污名",影响其在国际社会的"形象",乃至引起法、美等国的异动。因此,英国政府认定"严守条约和处事公平的名誉比任何区区策略上的便利有价值得多"。[2]

这时,英方对担保方案略作调整,提出不待全部赔款偿付即可提前交还鼓浪屿。英方作此议是因为该岛需一个联队的兵力驻守,费用不菲,担保有舟山即可。但此举却大出清政府意外,深虑英方是在欲擒故纵,先还鼓浪屿以破坏成约,为长期占领战略地位远更重要的舟山预作铺垫。后来的事实表明,清政府并非多虑。1845年10月,中方建议开始舟山交还谈判,英方推诿距原定的1846年交还期限还有两个月,为时过早。中方申明,即便英方同意马上交还,中方要辗转派人接收,也要时日。英方勉强同意开谈。

1846年1月22日,中方按约提前4天结清赔款,英方却横生枝节,拒绝从舟山撤军,双方互换交涉照会40余次,英方除了将舟山与赔款相连外,又衍生出许多问题。第一,关于善后。英方要求中方派出合适的接收官员,保护英人在舟山的坟地,不得惩罚与英人有往来的中国人,保留英人在岛上的商业活动。第二,关于不得割让舟山给第三国。英国担心法国趁机"通过购买和谈判把这个良好的海岛据为己有",于是警告中方不得转让舟山,还提出若他国侵夺舟山,英国将"帮同中国

---

[1] 转引自郭卫东著:《转折——以早期中英关系和〈南京条约〉为考察中心》,河北人民出版社2003年版,第290页。
[2] 广东省文史研究馆译:《鸦片战争史料选译》,中华书局1983年版,第302—312页。

防御"。第三,关于广州入城,是这次交涉中最费周折的问题。英方坚决要求归还舟山要与入城问题一起解决,英国人进入广州城的目的没有达到,舟山不能归还。在此,英国显然认为自己与舟山有着较其他国家更为重要的关系和特殊的利益,视舟山为其保护领地或势力范围。

最初,耆英认为舟山虽系孤悬海外的一个小岛,但英国既已将其交还与中国,中国"断不至给与他国",且现在并无任何国家有要求占据舟山之事,英国人何以会提出这一要求呢?在其给道光皇帝的奏折中只是似是而非,雾里看花般地进行了一番揣度。认为为防止法国以后侵占舟山,才提出此要求,中国可以借此"用以夷攻夷之策"。经过数月的交涉,耆英等对英国人提出交还舟山附加条件的原因,似乎又有了新的认识,并向道光皇帝表示了自己对英国人要求的种种忧虑。

尽管如此,耆英等人仍表现出谨慎的乐观,认为清政府接受英国人提出的交还舟山的条件,"于中国总属有益无损"。因为将英国人的上述两条要求载入条约后,"未必实有其事,亦不必果借其力"。而法国人得知这一规定后,"无端越数万里重洋,称兵构怨,争此弹丸黑子之地,既得罪于天朝,复结恨于邻英……一举两失。法夷稍知利害,计不出此"。道光皇帝遂谕耆英等人:"所有议定条约,着即照所议办理。"[1]

1846年4月29日,英国代表戴维斯在虎门与清朝代表耆英会晤,双方签订了《虎门寨特约》(又称《英军退还舟山条约》)。《虎门寨特约》由戴维斯单方拟订,内容共五条,其中第三、四条分别规定:

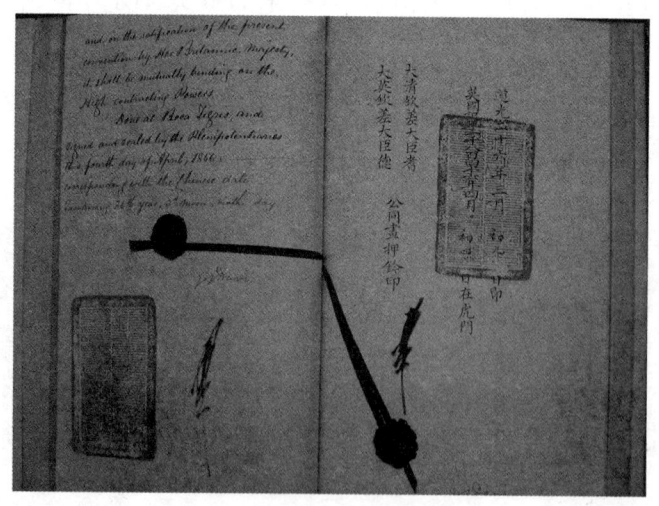

《英军退还舟山条约》签约文本

---

[1] 文庆等纂:《筹办夷务始末·道光朝》第六册,中华书局1964年版,第2978—2979页。

英军退还舟山后,大皇帝永不以舟山等岛给与他国。

舟山等岛若受他国侵伐,英国应为保护无虞,仍归中国据守。此系两国友睦之谊,天庸中国给与兵费。[1]

7月23日,英军在延误半年之后终于从舟山全部撤出,结束了该地区两度被占长达5年半的历史,英国在舟山与香港之间的选择最后定局。

在此,英国不仅开西方列强在华提出势力范围要求之先河,甚至是西方列强关于划分势力范围要求的最初表述。英国通过这一条约,强行把舟山视为它的势力范围,置于它的保护地地位,使清政府在收回舟山的同时又使舟山成为中国近代史上英国的第一块"势力范围"。

九、小结

英国图谋侵占舟山、把它规划成自由港的愿望由来已久。自1637年英王查理一世派遣威得尔去中国,就已经将舟山作为占据的目标。此后近200年间,占领舟山这个贸易良港一直是英国梦寐以求的计划,他们也试图用多种手段来得到舟山。为了达到打开中国市场的目的,在两次来华使命都失败后,英国人已经感到只用外交谈判是不够的,要动用武力才能打开中国大门。在第一次鸦片战争中,英国要夺取的主要战略目标是舟山而不是香港。但在占领舟山后陷入困境,才不得不退出舟山而强占香港。鸦片战争爆发及其后的日子里,英军占领定海达5年零6个月,舟山实际上成了自由贸易港。在《南京条约》签订之后,英国又重新考虑用香港交换舟山,不过,英国政府最终未采取这种极端措施,也未能诱使中国政府将其开辟为通商口岸,而是在名义上将舟山群岛交还中国,实质上仍置于其保护之下。

"海上之王"英国凭借强大制海权,在向东方扩张的过程中不断占领具有战略意义的别国岛屿和半岛作为军事基地或通商据点,因此当年的英国被称为"海岛和半岛收藏家"。鸦片战争前后英国图谋侵占舟山这段历史,从某种角度来看,是西方自由贸易体系与中国朝贡贸易体系不断撞击的历史,舟山也因此成为东西方两个世界碰撞、两种文明冲突的前沿岛屿。在两种体系激烈碰撞的过程中,我们可以发现,英

---

[1] 中国第一历史档案馆等编:《鸦片战争在舟山史料选编》,浙江人民出版社1992年版,第437页。

国人为了达到侵占舟山的目的,始终是处于主动,处于攻势,而清政府虽然也采取了一系列应对和防范措施,但都是为了维持现状的被动之举,最终难免遭到失败。

近代几百年的历史证明,一个国家如果没有强大的海上军事力量,就不可能成为强国。在近代海洋作为国家联系的主要渠道这样一个时代背景下,一个国家如果海防力量薄弱,海防建设和海疆管理落后,其主权就难以得到保障。清代中国政府长期实行消极的海洋政策,造船和火炮技术难以得到发展,海防工事长期不受重视,海防部署上存在认识偏差和失误,以至于鸦片战争时清政府在舟山、广州等沿海地区和英军的战斗中始终以失败而告终。通过对鸦片战争前后英国图谋侵占舟山历史的系统考察,联系当代中国的海洋政策,我们深刻感受到,中国的海上力量和海防建设仍需不断加强,更为重要的是人们的海洋意识、海防观念需要进一步提高,全民族应深刻认识中国海疆管理的历史和现状,居安思危,前事不忘,后事之师。

第六章

来华新教传教士笔下的舟山

第六章 来华新教传教士笔下的舟山

鸦片战争后,宁波被迫辟为"五口通商"口岸之一,一时成了西方传教士云集之地。舟山作为宁波的外港,也就成了与西方文化接触的最前沿。许多传教士把舟山群岛作为进入中国内陆的跳板和中转站,往来穿梭于舟山和宁波、上海、香港等地之间。

传教士们在舟山游历和传教期间,对舟山当地的经济形态和民众的生产活动给予了不少关注,并撰写了大量游记、回忆录和信件,翔实生动地记录了近代舟山的自然人文概貌。他们遗留下来的文著除了介绍了舟山的自然人文景观,还进一步对当时舟山的政治制度、社会经济、文化宗教、风俗人情等进行渲染和描画。他们一方面向西方社会传达了舟山和中国的形象;另一方面也为我们保留了当时舟山的宝贵资料。

本章通过分析新教传教士从不同的视角对舟山各方面的观察和记述,说明舟山群岛作为近代东西方文明碰撞的前沿,在中西文化交流史上占有重要的地位。

一、麦都思《中国:现状与展望》中的舟山

麦都思,英国传教士。1816 年被英国伦敦会派往马六甲传教,除了发表各种中文和马来文的传教册子之外,还专心研究中国的历史和文化。1835 年曾受美商奥立芬的委托,与另一名美国传教士司梯文思乘货船到中国沿海考察商业状况,并沿途分发《圣经》和福音书,在此期间到过舟山。鸦片战争英军占领定海后,麦都思被派到舟山,在英军司令部里任翻译。并与人合伙在定海创办医院。

麦都思是一位多产作家、翻译家、编辑。著有《外国人在远东》《神学总论》《汉英字典》《英汉字典》等著作。1838 年麦都思在伦敦发表他的研究成果,一部将近 600 页的书《中国:现状与展望》,向欧洲人深入地介绍中国的历史和文明,其中就

有不少有关舟山的内容。其封面采用定海魁星阁的照片,可见当时定海在英国人心目中的地位,他们首先是通过舟山看中国的,舟山是留给他们的"中国第一印象"。

麦都思主要到达了普陀山、沈家门和金塘等地,散发传教手册,调查当地的民俗风情。麦都思到达普陀山的时候,对这个"海中佛国"的秀丽风景大为赞赏:

麦都思和华人信徒

> 我们开始登上充满浪漫情趣的高山,山上壮观的庙宇和美丽的树林仿佛给这些高山戴上了皇冠,就像前人在游记中描述的那样闪闪发光。很快,我们就找到一条宽敞结实的大道,一直通到其中一座山的山顶。在每一个峭壁上,我们都能看到一座庙宇或者一个岩室,看到一座雕像或者一幅图画。小花园到处都是,我们走在芳香的灌木丛中,芬芳的气味弥漫在空气中。……在远处的山谷中,壮观的庙宇顶上覆盖着黄色的瓦片,象征着皇家的身份,照耀着中午的阳光。[1]

麦都思详细介绍了岛上佛教"偶像崇拜"的情况。

> 这些中间建筑中的第一间庙堂里面供奉着四尊巨大的塑像,看上去是用来保卫这些建筑的。在这个庙堂的后面是一个大殿,供奉着三尊非常大的佛像,被18个罗汉团团围住。尽管是坐像,每一个也有8英尺高。第三个大殿里面供奉着观音(Kwan-yin),佛祖的母亲与仁慈的女神。第四个庙堂里面供奉着三个有胡须的野蛮人的画像,仿佛来源于埃及。[2]

---

[1] 转引自俞强著:《鸦片战争前传教士眼中的中国》,山东大学出版社2010年版,第119页。
[2] 转引自俞强著:《鸦片战争前传教士眼中的中国》,山东大学出版社2010年版,第120—121页。

他还考察了寺庙的食堂。

在另一座大庙宇里,我们还参观了食堂。这里提供给这些僧人日常的食物。尽管他们是吃素食的,但是他们也不会拒绝其他各种各样的食物。[1]

作为一名传教士,麦都思对普陀山的庙宇和僧侣的情况,以及佛教的教义也做了深入的描述,并且表示出鄙夷的态度。

全岛有上百所庙宇和六千多名僧侣沐浴在启示和永恒之光中。这里显示出对财产的毫无用处的浪费,对时间毫无效果的占用,以及对错误的修饰,腐败包围着人们,我们要让他们从佛教的崇拜中转化,使他们相信唯一的真神。……这里的人没有其他的工作,除了整天毫无用处的祈祷。从那些傻乎乎的僧人口中听到的唯一语言就是"阿弥陀佛"。[2]

关于舟山的风俗习惯,传教士们发现中国人对丧葬极为重视。他们在舟山的旅行和考察途中,经常能看到这样的景象:

在附近的一个小村庄里,我们发现一个山脚下杂乱不堪地堆放着许多棺材。有的是新的,有的已经腐烂,摔得粉碎。我们询问当地人为什么不把这些死者下葬。他们说,他们没有足够的钱购买墓地。有的人就是把自己的亲属和朋友的遗体放置在山脚下,等到他们生意成功或者获得丰收,攒够钱再给这些死者尽最后的义务。[3]

《中国:现状与展望》扉页

---

[1] 转引自俞强著:《鸦片战争前传教士眼中的中国》,山东大学出版社2010年版,第120页。
[2] 转引自俞强著:《鸦片战争前传教士眼中的中国》,山东大学出版社2010年版,第119—120页。
[3] 转引自俞强著:《鸦片战争前传教士眼中的中国》,山东大学出版社2010年版,第119页。

麦都思还描述了一个躺在路边、濒临死亡的小男孩，反映出了当地中国人的一个习俗，就是不愿意让人死在屋子里，以免污染了其他居住者。

在城外，我们看见了一个可怜的男孩躺在路边，已经严重浮肿，眼看就要死去。可惜我们没有带上药品，也没有办法来拯救他。他躺在冷冷的地面上，四面来风，夜露也冻人，这些恶劣环境足以让他快快死去。这个可怜的男孩可能是被赶出家门，任其死在路边的，这在中国应该是很普遍的。因为中国人是不愿意有人死在屋子里的，他们认为会给其他人带来污染。[1]

麦都思在浙江沿海的航行，也不可避免地要受到当地官员的阻挠。在他的游记中，麦都思也详细记载了他们是怎样遇到麻烦，以及与当地官员交涉的情况。

（在前往金塘岛的途中）有六艘战船靠拢过来，指挥官们看上去还很有礼貌。我们给船员散发了书籍，还和官员们谈了一段时间。其中一个官员看上去是个聪明人，很关注我们的谈话，并且同意我们的教义。大约持续了一个小时之后，他们检查了甲板，看到了一个信号就突然撤退了。他们在我们的船尾抛锚停下，开始点燃空的火药筒，是在向他们的指挥官致敬，还是在吓唬那些野蛮人，我们就不得而知了。[2]

麦都思到达沈家门之后，仍然受到战船的跟踪。

在他们的双桅船附近就停靠着 11 艘战船。但是他们没有阻挠我们的行动，也没有去阻止那些来拿书的人。而且，我们还发现在村子里面贴着由宁波的官员发布的命令，禁止与外国商人进行商业贸易。但是，这个命令看上去已经过时了，而且我们也不是来做贸易的，我们认为这个命令不是针对我们的，因此，后来我们也就不再介意这个命令了。[3]

二、郭士立《中国沿海三次航行记》中的舟山地理

郭士立，又译郭实腊，德国新教传教士。1828 年由新加坡到泰国。1831 年到

---

[1] 转引自俞强著：《鸦片战争前传教士眼中的中国》，山东大学出版社2010年版，第118页。
[2] 转引自俞强著：《鸦片战争前传教士眼中的中国》，山东大学出版社2010年版，第116页。
[3] 转引自俞强著：《鸦片战争前传教士眼中的中国》，山东大学出版社2010年版，第116页。

澳门任英国东印度公司翻译，曾七次航行中国沿海口岸，在上海等地贩卖鸦片并在"阿美士德"号间谍船上活动，同时散发宗教书刊。1833—1837年主编《东西洋考每月统记传》（月刊），该刊除传教文字外，还刊载政治、科学和商业方面的文章。鸦片战争期间，随英军到定海、宁波、上海、镇江等地进行侵略活动，一度任英军占领下的定海"知县"，1842年8月参与签订《南京条约》，是英方三位翻译之一。1844年在香港设立汉会，又名福汉会，意为汉人信道得福。他是德国教会传入华南的开创人。在华曾参与圣经汉译工作。1851年死于香港。

郭士立

他一生著述多至80多种，语种、内容纷杂，关于中国的就有61种，如《中国简史》《开放的中国》，从横向、纵向介绍中国历史。1831、1832、1833年三次沿中国海岸的航行及其《中国沿海三次航行记》一书，是郭士立最重要的行动和著作，他因此声名鹊起。这三次航海是西方新教传教士最早做出的打开中国大门的试探，在西方引起了巨大轰动。三次航海的活动范围从广东沿海到山东半岛、辽东半岛，郭士立沿路讲道、诊病，分发宗教宣传册、书籍、药物等，直接目的是宣传西方文化，改变中国人对西方的印象。但又更进一步，他详细记录下了所到之处的海防、军事、军备状况，为他盼望中的用枪炮轰开中国大门做积极准备。

舟山群岛是中国沿海最大的群岛，位于长江口以南、杭州湾以东的浙江省北部海域。近代新教来华传教士初到舟山，他们最先了解和介绍的就是舟山的地形和海道交通情况了。尤其是郭士立，他在三次浙江沿海之行中，身兼传教士、翻译、间谍等多种身份，对舟山群岛中的岛屿和舟山城的地理和航道做了详细的勘察和记录。

1831年，他第一次到达舟山的时候，就大致记录了舟山的位置。

当一看见舟山群岛（Chu-san Islands）的时候，我们的船又因为没有海风而停止航行了。舟山群岛的位置大约在北纬29度22分……

舟山城（The City of Chu-san）坐落在北纬30度26分。[1]

这一次郭士立在浙江沿海停留时间短暂，出于安全考虑也没有登岛，所以对舟山的地理环境和城市记录非常简单粗略。

在第二次浙江沿海之行中，郭士立受雇于英国东印度公司，在武力的支持下，进一步详细探查了舟山的地理和航道。1832年5月25日，郭士立一行乘坐"阿美士德"号船，驶入舟山海道。郭士立记述了这条海道的情况：

我们继续在这条非常特别的海道中摸索前行。它看上去就像一条宽宽的河道，但是波涛汹涌，一些地方漩涡横流，让这条海道变得非常危险。由于海水太深，超出了我们缆绳的长度，我们没有办法找到抛锚停泊的地方。经过很长时间的认真探查，终于找到一处水深25英寻的地方停泊过夜。[2]

《中国沿海三次航行记》封面

5月13日，郭士立一行到达金塘岛。

（1832年）5月13日，我们起航驶向水深4~5英寻的三角区域，这个深度足够让任何船只出入自如。就在同一天，我们到达了一个美丽浪漫的岛屿——金塘岛。它就在宁波的附近，位于北纬29度55分，东经121度54分。[3]

1833年，郭士立在第三次浙江沿海之行中，到达普陀岛。

（1833年）2月4日，我们到达了普陀岛。这个岛位于北纬30度3分，东经121度。
接着，我们又访问了舟山群岛的其他一些岛屿。……除了在沿海绕了一圈，我们还访问了沈家门（Sin-kea-mun），一个小渔村，也是一个避风良港。[4]

---

[1]转引自俞强著：《鸦片战争前传教士眼中的中国》，山东大学出版社2010年版，第84页。
[2]转引自俞强著：《鸦片战争前传教士眼中的中国》，山东大学出版社2010年版，第87页。
[3]转引自俞强著：《鸦片战争前传教士眼中的中国》，山东大学出版社2010年版，第89页。
[4]转引自俞强著：《鸦片战争前传教士眼中的中国》，山东大学出版社2010年版，第91—92页。

郭士立是最为详细地描述舟山的地理和航道情况的传教士之一,他充分认识到舟山作为中国东海门户的重要地理价值,试图把舟山作为他们来华传教的跳板和基地。

传教士们在舟山游历和考察对舟山当地的经济形态和民众的生产活动给予了不少关注。舟山的通商贸易、农业生产、手工制造等经济现象,穿梭来往的船只、渔民捕鱼、晒制海盐等无不映入他们的眼帘,拼就一幅舟山地方社会经济生活的历史画卷。由于清政府的闭关锁国政策,舟山虽然拥有良港和海外贸易传统,但是通商贸易还是急剧衰落。郭士立在其《中国沿海三次航行记》中不无遗憾地写道:

自从(清政府)禁止欧洲的商船访问舟山,它已经陷入衰落,破败不堪。昔日的繁忙的海港也变成了一些本地渔船的集中停泊地。[1]

舟山的农业生产也较发达。金塘岛历史上是舟山的产粮区,是舟山附近岛屿中第一个粮食自给岛。郭士立在登上金塘岛的时候,不禁被岛上的农业生产和人民的生活富足所震惊。他在航行记中记述道:

我们在这个美丽的小岛上翻越山头,穿越山谷,有时在一些庙宇和人家休息。肥沃的山谷朝着一个方向延伸,被一条条小溪分割成块,到处是一片丰收的景象。山上覆盖着郁郁葱葱的植被,点缀着用来作为燃料的灌木和参天大树。大部分在欧洲南部出产的水果在这里也生长得很好。而且,只要当地居民认真劳作,任何一种蔬菜都可以在这里栽培。我们爬上了最高的顶峰,从这里我们可以俯视这个岛的大部分地区。一幅美丽的大自然景观展现在我们面前。到处都是忙碌的人民。他们享受着劳动成果,尽管他们要缴纳各种赋税,但是这里肥沃土地的产出,让他们可以轻松地缴纳赋税,并过上富足的生活。[2]

郭士立对舟山百姓日常经济生产与生活场景的叙述,展示出舟山人民勤劳的品质和富足的生活,有助于我们加深对舟山人民基本的、常态的生产生活的认识和了解。

---

[1] 转引自俞强著:《鸦片战争前传教士眼中的中国》,山东大学出版社2010年版,第85页。
[2] 转引自俞强著:《鸦片战争前传教士眼中的中国》,山东大学出版社2010年版,第105—106页。

三、郭士立《中国沿海三次航行记》中的舟山风俗

郭士立在他三次浙江沿海之行中,还施展医术,进行医疗传道。

（1832年6月10日）今天我很高兴,派发了一些传教书籍,而且给一些生病的人看病。（在金塘岛上）有许多人来寻求我们的医疗帮助,只要我们给他们派发书籍,他们都很热切地阅读。这是多么令人振奋的日子,上帝的福音毫无疑问将在金塘岛上这些聪明的人群中传播。而且,当我们再次访问这个岛屿的时候,这里肯定会有人了解耶稣基督将降临这个世上来拯救我们的罪恶。[1]

金塘岛山村

他对医疗传教抱有很大的希望。

在第三次浙江沿海航行中,当他再次来到金塘岛时,发现当地居民卫生状况不好,容易患病,就觉得医疗传教将在中国发挥巨大的作用。

中国人的生活习惯通常比较肮脏。保暖的衣服和不卫生导致了很多皮肤病,但是中国人积习难改。如果一个传教士要进入这个地区,随身携带大量的硫和水银药膏,对他传教是有帮助的。……只要条件允许,我就迫不及待地给予他们医疗上的帮助。

---

[1]转引自俞强著:《鸦片战争前传教士眼中的中国》,山东大学出版社2010年版,第97页。

但是，患病的人太多，我只能帮助其中很小一部分人。我将会推荐那些熟悉治疗眼疾的传教士进入中国。这里眼疾的泛滥比其他任何地区都严重。这种眼疾发自一种奇特的、弧形的眼部结构，一般很小，通常在反转的眼睑处发炎。一般来说，可以使用眼药水来治疗。我希望能在这个帝国的中央建立一所医院，不管是从海上还是陆地上，都可以容易到医院来治疗。我知道，已经有一个聪明的医生在这个遥远的国度从事这项服务，并向跟随他的人传播幸福和上帝的福音。[1]

在舟山的时候，郭士立还对中国的教育情况作了一番了解。

一路上，一些聪明的男孩跟我们做伴同行。我很羡慕这些孩子们完全展示出来的对声音的理解能力。虽然我们无法评价他们所接受的与我们不同的教育，但是我很遗憾这里没有建立更好的教育机构来开发他们的智力，仅仅是在学校学习阅读和写作。当他们能够书写正确的时候，就离开学校了。如果他们要想取得更高的学历，就要漫长地等待并学习他们国家的文学和法律。但是，毕竟他们的所学是非常有限的，一般知识也是他们可望而不可即的。因此，在中国帮助这些孩子得到更好的教育，是一件多么大的造福人类的事业啊！[2]

在金塘岛的时候，郭士立还参观了当地的一所学校。

在回去的路上，我们参观了一所学校。我们和一位老师聊天。告诉他，用他们古典经籍中的关于好的政府的教条来教育幼小的孩子是不恰当的。但是，他用不能对习俗表示怀疑的态度来回应我们。我极力劝说他，要把知识传授给他的学生，而不是仅仅教他们识字而已。但是，他很有礼貌地拒绝这样去做。[3]

对于中国的宗教，新教传教士发现中国人的宗教信仰非常庞杂，有佛教、道教、还有许多民间信仰，但是他们都被归结为中国人的"迷信"和"偶像崇拜"。在郭士立第一次中国沿海之行中，当船只行驶到舟山群岛沿海海域的时候，郭士立就看到了一场海上渔民为了求得好天气而进行的迷信活动。

---

[1] 转引自俞强著：《鸦片战争前传教士眼中的中国》，山东大学出版社2010年版，第97—98页。
[2] 转引自俞强著：《鸦片战争前传教士眼中的中国》，山东大学出版社2010年版，第106页。
[3] 转引自俞强著：《鸦片战争前传教士眼中的中国》，山东大学出版社2010年版，第106页。

当一看见舟山群岛（Chu-san Islands）的时候，我们的船又因为没有海风而停止了航行。……船上的水手们急切地想继续航行下去，于是他们收集了一些镀上金粉的纸，折成一艘纸帆船，在敲锣打鼓游行之后，把这艘纸帆船投入了大海。但是，天气并没有因这场迷信的仪式而发生改变，甚至比以前变得更加让人无法忍受了。[1]

舟山佛教的历史源远流长，尤其是普陀山岛上庙宇林立，信徒众多，号称"海中佛国"。传教士们把佛教看作他们传播福音的主要竞争对手，将其作为"他者"的形象纳入到"自我"的文化观照体系中。他们关注佛教在舟山的流行，并对佛教的义理和宗教仪式、教徒的日常行为生活方面做了描述，不时流露出基督教和西方思维的文化比较心态。

郭士立到达普陀岛的时候，上岸参观了庙宇，还与庙中的僧人关于宗教信仰进行了交流。

普陀山寺庙

我们刚上岸，就看见一帮丑陋的僧人，穿着普通的长衫，口中念着经，朝我们赶过来。当我们把一些传教书籍给他们的时候，他们高呼"菩萨保佑"，并且迫切地要从我们手中拿走每一本书。我们爬上一个掩映在树丛和竹林中的寺庙。穿过精美壮观的大门，我们进入一个大堂。大堂周围被一长排建筑包围。那是庙中僧人的住所。走

---

[1]转引自俞强著：《鸦片战争前传教士眼中的中国》，山东大学出版社2010年版，第85页。

进大堂，巨大的佛祖像和他的护法，观音——慈善的女菩萨，以及其他的偶像，宽敞而装饰精美的厅堂呈现在我们这些外国人面前。作为一个传教士，看到这个伟大的国度被这个偶像崇拜的异教控制，心中不禁腾起一丝怜悯。走到这里，我不禁想起雅典的保罗，当他走过他们的寺庙，看到一个祭坛在供奉"未知的神"。……一些僧人迫切地阅读着我们的传教书籍。他们感兴趣的是张、远两人之间的对话，一个是基督徒，一个是无知的异教徒。这本书是米怜牧师所著，书中的观点和论述适合中国读者。[1]

中国的政治制度和沿海军事防御情况，也是近代传教士们密切关注的对象。传教士们在同清政府官员交涉的过程中，清政府盲目排外和外强中干表现无遗。尤其是郭士立在第二次中国沿海之行中，受英国东印度公司的委托，参与对中国沿海各口岸的调查和窥探，更加深知清政府的羸弱和无知。郭士立对清政府的排外政策作了非常深刻的论述：

很奇怪的是，不管我们采取什么步骤，都被强烈谴责为对"天朝"（Celestial Empire）法律的肆意破坏。但是对那些不了解清政府排外法律和条规的人来说，这肯定是无法解释清楚的。"不准进入我们的国家"是全面的禁止，如果能带来安全，这个禁令有可能会用武力来强制执行。鉴于对自身实力衰弱的清醒认识，认为这些不合理法律根本不切实际性，那些保卫海岸的海军官员一般不会去执行禁令，或者只是不断强调"天条"（Inviolable Laws）的禁令。但是，一旦船只进入港口，这两种方法都毫无用处。[2]

郭士立在舟山和宁波也曾就这个问题质问过清政府官员。

我们向这些官员解释，我们也无意去违背帝国的法律，但是我们决不相信这种强迫性的阻止人类互相交往的法律。为什么不给老百姓机会看到我们的脸，作为随员为什么不允许访问他们的住所？对于我们的质问，他们回答道，你们的理由是好的，但是我们的法律就是禁止你们交流。[3]

对天朝王国的这种排外思想，郭士立进行了猛烈的抨击。

---

[1] 转引自俞强著：《鸦片战争前传教士眼中的中国》，山东大学出版社2010年版，第96页。
[2] 转引自俞强著：《鸦片战争前传教士眼中的中国》，山东大学出版社2010年版，第140页。
[3] 转引自俞强著：《鸦片战争前传教士眼中的中国》，山东大学出版社2010年版，第141页。

他把中华帝国当作天下法律的制定者,以为一个人就可以拥有所有的权力来制定适用于天下的公理。这些理论对外国人来说是何等的荒唐,然而他们始终认为这是中国人与外国建立联系的重要基础。在他们的外交文件中到处充满了这种傲慢和对正义的滥用。这些都是夸大其词,但是无论何时运用了这些理论,都会造成严重的、有害的后果。[1]

郭士立在浙江沿海的活动中也根本不把清政府的禁令放在眼里,也不顾清政府官员的多方阻挠。郭士立登陆勘察的时候,当地清政府官员阻止他们前往宁波递交通商的请愿书。

那些官员一看见我们,就立刻派遣船只追赶我们。士兵们从船上跳到岸上,命令我们停止前进。他们一定很吃惊我们没有遵守命令;但是我们牢记,我们此行的目的就是要向宁波的最高官员递交我们的通商请愿书。当地的官员很不喜欢我们去会见更高级的官员。但是他们的阻挠失败了,除了唆使一些光着身子的男孩向我们投掷石块之外,别无他法。[2]

郭士立的记述充分折射出了当时清政府官僚体系的腐败以及沿海官员在办理同夷人交涉事务方面的无能、无知,依旧把外国人当作尚未开化的蛮夷对待,各地官员关心的是他们所安身立命的功名富贵,完全置国家的安全和利益于不顾。

四、雒魏林《在华行医传教二十年》中的舟山

雒魏林,英国伦敦会传教士、医生。1839年,他来到广州传教。第一次鸦片战争时,他就随英国远征军到达浙江定海。1840年至1843年间,他在定海开设了一家医院,该医院是浙江省的第一所近代西式医院。1843年12月抵达上海传教,将原来设在定海的诊所迁往上海。

舟山群岛在鸦片战争中曾两度被英军占领,第二次占领一直持续到1846年。在此期间,有不少新教传教士访问过舟山。雒魏林是这一时期在舟山活动时间最

---

[1] 转引自俞强著:《鸦片战争前传教士眼中的中国》,山东大学出版社2010年版,第141页。
[2] 转引自俞强著:《鸦片战争前传教士眼中的中国》,山东大学出版社2010年版,第99页。

长的传教士。英文著作有《上海仁济医院年度报告》《伦敦会北京医院年度报告》《在华行医传教二十年》等。

近代西方传教士来到舟山,传播基督教福音,除了采用沿途巡回传教和派发圣经和传教手册之外,还积极探寻教育传道和医疗传道等方式,建立教会学校和教会医院。所以,传教士们也密切关注舟山当地的教育和医疗情况。雒魏林对中国的教育评价较高。

雒魏林

中国是个有教养的民族,他们很看重学习知识。……在中国的城市,晚上可以看到许多工人、小业主,甚至门房都坐在门口看书。虽然他们并不是很理解书的内容,但在试图弄懂意思。他们每个人都希望自己的孩子能够接受教育,只要条件允许,就会送他们去学校。[1]

他还介绍了中国的科举制度,看到中国人对于学业和科举考试的重视,也承认这种选拔制度有一定的合理性。他认为中国有自己的文明,但中国传统教育的成果并未完全达到培养人才的目标。他认为中国学者虽然读书很多,但知识面很狭窄,应该在不改变中国教育传统的同时,还要从西方引进新的教育成果来改变一些错误的思想。

近代舟山与中国其他地方一样,民众对教育非常重视,教育系统也较完善。但是在传教士眼中,中国传统的教育模式和科举考试制度存在着一些缺陷和弊端。他们注意到中国传统的启蒙教育只重视识字,而忽视了对知识的传播,而且科举制度只重视文学(儒家经典),而忽略了更为实用的数学、科技等其他学科,这是他们后来在中国引入西式教育的原因之一。

作为一名传教医生,雒魏林非常关注中国的医疗状况,并积极开展医疗传教活动。在鸦片战争爆发之后,雒魏林就奉命跟随英国军队前往舟山定海开设医院。

---

[1]转引自俞强:《近代来华新教传教士笔下的舟山》,载卢敦基主编:《浙江历史文化研究》第五卷,浙江大学出版社2014年版,第128—129页。

1840年9月，他在定海开设了一个诊所。开始时，当地人不信任西方人开的诊所，很少有人前来就诊。雒魏林就主动在大街上进行宣传，向行人散发传单，逐渐吸引了一些病人。由于水土不服，传染病在英军中流行，因此他还负责给驻扎该地的英军治病。到次年2月，英国侵略军从舟山撤退。他害怕没有保护，把刚开了四个多月的诊所关掉，跟随英国兵船又回到澳门。

在舟山期间他诊断了不少病人，据他估计不少于3500人，病人得的主要是感冒和其他疾病。

大量的人来到诊所，不仅来自舟山的偏远地区，而且来自内陆的各个地区。居民像信任一些长期建立起来的医院一样信任外国医生，我在那里已经和居民建立起了良好的关系。[1]

1843年6月13日，雒魏林奉伦敦传教会之命带着他的妻子，以中国医务传道会的名义再次到舟山开设诊所。几个月时间内，他又医治了几百名病人。中国医务传道会在年度报告中高度评价了他开办舟山医院的情况。

当病人一旦摆脱了中国官吏的监督和限制，就会为分发宗教书籍和自由布道提供宽松的环境。圣经中合适的章节和宗教小册子都自由地分发到住院病人的手中。他们很大程度上谨慎地阅读这些书籍。当向他们解释圣经的神圣教义时，他们至少是带着专注和敬仰的神情。[2]

当时舟山最为普遍的疾病是疟疾、象皮病。雒魏林对这些疾病都做了认真的调查，并提出治疗方案。

疟疾这种病在此地非常的普遍。通过调查和询问当地的医生和中国人就能知道这种病是多么的流行。我的病人中，只要服用了奎宁都能很快康复。但是我所带的奎宁数量有限，无法大量供应给病人，所以有时候我也给一些病人用一些其他的药，也很有效果。一些中医知道奎宁的药效，也过来求药。他们所用的虎骨、生姜等中药很难

---

[1]转引自俞强：《近代来华新教传教士笔下的舟山》，载卢敦基主编：《浙江历史文化研究》第五卷，浙江大学出版社2014年版，第129页。

[2]转引自周岩厦著：《国门洞开前后西学传播之路径探索》，浙江大学出版社2011年版，第166页。

《在华行医传教二十年》内页插图

有这样的效果。……象皮病在舟山也极为流行,许多病人饱受折磨。这种疾病在广州并不多见,发病原因也不明。对于一些早期患者来说,用热水擦拭肢体,再涂抹一些刺激性的药水,能缓解症状。但是对于长期患者,就别无良方了。[1]

对于舟山的医疗卫生状况,多为传教士们诟病。他们认为当地的许多疾病都是生活环境不卫生导致的,而且中医也缺乏科学的治疗手段。传教士们在舟山开展医疗传教活动,主观目的是要传播基督福音,但是从客观效果上来说,也让舟山民众较早地接触和接受了西方的医疗技术。

传教士们提到的最多的中国人道德败坏的行为之一就是吸食鸦片。几乎每一个来华的传教士都在自己的文章中提及中国人吸食鸦片的陋习。雒魏林分析了中国人吸鸦片的原因,认为:

中国人吸鸦片最通常的原因是他们不知道怎样消磨业余时间。当做完一天的事情之后,没有什么特别的活动能吸引他们,家里人也不能使他们待在家里。他们晚上无事可做,四处闲逛,很容易走进烟馆。在那里,他们会经常遇到熟人请他们吸鸦片。[2]

---

[1]转引自俞强:《近代来华新教传教士笔下的舟山》,载卢敦基主编:《浙江历史文化研究》第五卷,浙江大学出版社2014年版,第129—130页。
[2]转引自俞强:《近代来华新教传教士笔下的舟山》,载卢敦基主编:《浙江历史文化研究》第五卷,浙江大学出版社2014年版,第132—133页。

他认为鸦片会妨碍传教：

> 无法相信一个烟鬼会有什么信仰，除非他丢掉这个恶习。传教士有必要确认他们没有这个恶习，才能允许他们入教。一个吸鸦片上瘾的人很快在其他方面也会变坏，做出许多可耻的事，逐渐走进深渊。[1]

女子缠足也是中国社会的一大弊病，为西方传教士所诟病。雒魏林在医院里，真切地目睹和感受了裹足妇女的痛苦。如脚趾骨扭曲、变形甚至断裂，皮肤溃烂，血脉不畅，小产、难产的高发。为革除裹足陋俗，他严厉批判了缠足问题。他看出缠足的盛行在地域上有区别。

> 来到舟山医院的所有女人以及在岛上见到的其他女人，所有人的脚都不是自然生长的。缠足在舟山是普遍的，而在广东和澳门并不盛行。[2]

他认为缠足是种野蛮的习俗，主张应该废除这种陋俗。他还从生理和健康的角度来抨击缠足，认为缠足破坏了女人身体的平衡，使她们走不快也走不远，容易跌倒摔伤自己。在治疗病人时，就经常遇到一些因缠足产生的疾病。一个老年妇女从楼梯上摔下来导致骨折，经过他的治疗才保住了两条腿。一个女人在干活时不小心摔了，摔断了胫骨。医生需要对她进行接骨，但她的家人不同意，结果她很快就死去了。

在中国社会漫长的发展历程中，夹杂着许多落后陈腐的社会旧习。缠足、溺婴、吸食鸦片等各种陋习在晚清社会不断蔓延。传教士们在舟山的游历中，对于舟山民间的种种陋俗恶习感到震惊。他们普遍认为这是"异教徒"的罪恶行为。这也成为传教士们批判中国人的野蛮，要在中国宣扬福音的理由之一。传教士们对这些陋习的批判和改革，在一定程度上也促进了中国社会的文明进步。

---

[1]转引自俞强：《近代来华新教传教士笔下的舟山》，载卢敦基主编：《浙江历史文化研究》第五卷，浙江大学出版社2014年版，第133页。

[2]转引自俞强：《近代来华新教传教士笔下的舟山》，载卢敦基主编：《浙江历史文化研究》第五卷，浙江大学出版社2014年版，第133页。

五、施美夫《五口通商城市游记》中的舟山

施美夫,英国圣公会来华传教士,香港圣公会首任主教。1844年9月25日,施美夫抵达香港,通过对各通商口岸进行实地考察后,确定宁波为该差会在中国的传教中心。在宁波期间,他经常来舟山考察与传教。由于健康原因,他被迫返回英国,于1847年出版了他在华期间的纪事,即《五口通商城市游记》。此书并非仅仅是一部传教纪事。施美夫对开放的五口通商城市的考察主要目的是"为英国教会其他传教士们铺平道路"。为此,他在《五口通商城市游记》中"收集统计资料,记录综合性观察,提供详尽数据,以便对该国社会、政治及伦理道德各个方面作一正确评估"。[1]

施美夫

《五口通商城市游记》一书共有三十六章,除分别据实记录了鸦片战争以后中国五处通商口岸——广州、上海、宁波、福州、厦门的概况和所见所闻外,还专列了香港和舟山情况介绍。其中第十五、十八、二十章的标题分别为访问舟山、舟山概况、访问普陀圣岛,详细地描绘了舟山的自然地理、风土人情、生产活动宗教信仰和社会制度。

在"舟山概况"一章中,他详细描述了舟山的地理形胜。

舟山为舟山群岛最大的岛屿,位于中国漫长海岸线中段的海上。这组岛屿构成宁波的一个区,名为定海县,县名取自舟山首府之名。

舟山首府位于东经122度5分18秒,北纬30度0分20秒。舟山岛呈不规则形状,西北至西南长75里,平均宽度为30里。岛上主要村庄18个,加上一些较小的村落。那些小村落是规模较大的农场的耕种者,用墙把各自的小屋圈在一起而形成的。[2]

---

[1] [英]施美夫著,温时幸译:《五口通商城市游记》,北京图书馆出版社2007年版,"原序"第1页。
[2] [英]施美夫著,温时幸译:《五口通商城市游记》,北京图书馆出版社2007年版,第208页。

对外国商船开放的舟山港

1845年施美夫前往宁波、舟山考察传教情况,在他的《五口通商城市游记》中也对舟山的田园风光大加赞赏:

(舟山)山岭陡峭,高度300米到700米不等,向四面八方交叉纵横,围成几个肥沃的山谷。山谷里种植大豆、玉米、稻谷和甜薯。由于四周高山挡住寒流,庄稼长得郁郁葱葱,随风起伏,既赏心悦目,又回馈了农夫们辛勤的劳动。

每个山谷都有小溪、小河,顺着青翠的山坡,蜿蜒而下,流入大海。这些山谷伸向海滩。海滩上都筑有宽阔而结实的土坝,防御春季汹涌的潮水。土坝沿岸堆积而成,上面开了几道出口,有些季节用来排泄附近稻田里过多的水。

············

城北3里地,有个玲珑的假山花园,构思奇妙,在小小的空间里,呈现出田园美景。小小的一条溪流上架着两座小桥,两段石阶引着游客旋来转去,通往假山的另一端。一路上,景致千变万化,如此布局得归功于当地艺术家的匠心独运。外国人也常常为之吸引。[1]

---

[1][英]施美夫著,温时幸译:《五口通商城市游记》,北京图书馆出版社2007年版,第208—210页。

施美夫在游记中写道：

> 舟山成了健康、适宜的居住地。……经历过香港不利健康的气候之后，能来到舟山，享受她高爽的气候，令人精力充沛。[1]

近代来华传教士们除了详尽地描述了舟山的地理环境和自然风光之外，还关注舟山的民风和风俗习惯。施美夫就称赞舟山民风淳朴、和善，民众安分守己、乐于助人，对外国人没有敌意，勤劳，易于管理。他说：

> 舟山人的特征与附近大陆相仿，他们对外国人没有狂暴的敌意，而那在广东省则非常的普遍。
> …………
> 舟山人勤奋，易于管理。拦路抢劫不是没有耳闻，但确实极为罕见。[2]

他把舟山百姓的这种友好的态度归结于深深植根于人们情感中的一种家长法则，实际上就是儒家的传统道德。

> 舟山人对外来者态度友好，乐于帮助。外来者可以随时去岛上任何一个偏僻之处访问，不会受到人身攻击或遭人侮辱。社会的种种基本因素似乎主要由家长制法则约束，虽然未正式成文，但却深深地扎根于人们的情感之中。[3]

他还把舟山同香港作了对比，认为舟山比香港的社会更为稳定。

> 舟山民众的社会状况与香港中国居民龙蛇混杂的情况形成鲜明对照。在香港，夜间毁坏财产、殴打人们，实属司空见惯，由来已久。根据最有机会获得实情的不列颠政府官员的证词，舟山居民勤奋、守法、体面。舟山没有香港的那些不利的社会条件。[4]

---

[1][英]施美夫著，温时幸译：《五口通商城市游记》，北京图书馆出版社2007年版，第218页。
[2][英]施美夫著，温时幸译：《五口通商城市游记》，北京图书馆出版社2007年版，第210—211页。
[3][英]施美夫著，温时幸译：《五口通商城市游记》，北京图书馆出版社2007年版，第213页。
[4][英]施美夫著，温时幸译：《五口通商城市游记》，北京图书馆出版社2007年版，第213页。

除了这些之外，施美夫还对中国社会存在的不诚实、贪财和欺骗行为深恶痛绝。在游记中他就记录了这样一件发生在舟山的案件：

> 罪犯有时会在中国法庭上厚颜无耻地搞小动作。最初，在公开审讯中，时而可见被告企图贿赂警察、译员，或是法官，人们已经习惯了钱能通神的制度。有个富裕的当地商人，身上藏有被盗物品而被捕，辩解说自己不是贼，愿意把真正的贼带来。而那个贼随后就到了，坦白是他偷的。后来者被判重刑，包括剪掉辫子。他没有想到受到这种侮辱，恳求免去这一项处罚，还招来目击者，证明现在已经脱罪的商人花了100块大洋收买他，让他顶罪接受处罚。这种收钱顶罪的行为，常常得到中国统治者的默许与容忍，但是不为不列颠法官认可。那个可怜的替罪之人，因为贪财与欺骗，受到完整的惩处。[1]

施美夫甚至认为，因为英军对舟山的占领，将会对舟山人民的社会改进和道德水平的提升带来有益的影响。

> 总的来说，由于我们暂时管辖而换得的永久性利益，将会使道德弊病得到制衡。他们亲眼看到了一个不受贿赂、不敲诈勒索的政府的奇观。不列颠的正直与真实在印度赢得的道德力量，超越我国所有军队单独能起到的作用，也在这里的人们心目中树立起来了。……希望这种公正廉洁的法律，与他们自己官员的贪污受贿形成对照，留在人们的记忆中，给所有阶层的居民心中施加有益的影响。[2]

另外，施美夫还指出了中国官员在舟山的非法鸦片走私中徇私枉法的问题。

> 据说，宁波的中国官员默许走私，按关税提成百分之五，即每箱25至50元大洋。这在宁波和舟山的中国人中是一个公开的丑闻。所有这些钱都被海关的贪官污吏吞没。[3]

晚清时期，政府吏治腐败，官员庸碌无为，腐败受贿，危机重重。

---

[1][英]施美夫著，温时幸译：《五口通商城市游记》，北京图书馆出版社2007年版，第221页。
[2][英]施美夫著，温时幸译：《五口通商城市游记》，北京图书馆出版社2007年版，第222页。
[3][英]施美夫著，温时幸译：《五口通商城市游记》，北京图书馆出版社2007年版，第222页。

六、《娄礼华在华回忆录》中的舟山

娄礼华,美国长老会传教士。1842 年 1 月 19 日,娄礼华乘船离开纽约,经 4 个多月的航行,于 5 月 27 日抵达澳门。1843 年 8 月,娄礼华离开澳门,想在英军占领的舟山一带进行实地考察,由于季风原因未果。1845 年 4 月 1 日他到达舟山后,到 1847 年 8 月被害的两年多时间里,娄礼华主要是在舟山及浙江其他地区度过的。他从舟山向美国的父母及亲友们撰写了大量的信件,非常生动地叙述了两年间在浙东的所见所闻。

娄礼华是鸦片战争时期较早来到中国的美国传教士,也是美国长老会在华传教活动的开创者。

娄礼华

他在华期间,先后在澳门、香港、漳州、舟山、宁波、上海等地活动,对这段时期清朝政府和当时的社会面貌,特别是东南沿海等地人民的信仰、社会风习、行为方式等方面有着全面的了解和认识,并亲自参与侵犯中国主权的活动,在早期来华新教传教士中占有相当的地位。1847 年,娄礼华在浙江乍浦海面遭海盗袭击遇难,这个事件曾引起中美间的交涉,可以看作清廷解除教禁后最早的教案。

娄礼华死后,他父亲对他的大量私人日记和来往书信进行了整理,并编辑出版《娄礼华在华回忆录》一书。该书是入华美国传教士较早的回忆性著作,其中,他对当时舟山的描写是我们了解当时舟山的一份重要历史参考文献。

不少传教士被舟山的优美风光深深吸引,如美国传教士娄礼华到舟山时,就情不自禁地赞叹道:

> 我在定海住了一个星期,我非常喜欢这个地方的风光景色。这一切简直超越了我的想象,我在中国从来没有看见过比这更美丽的风景了。漳州周围的农村和厦门的鼓浪屿也无法和它比拟。[1]

---

[1] 转引自俞强:《近代来华新教传教士笔下的舟山》,载卢敦基主编:《浙江历史文化研究》第五卷,浙江大学出版社 2014 年版,第 119 页。

他在《浙江概况》一节中还提道：

娄氏墓碑式样及文字

舟山群岛的县衙定海县府要比乍浦壮观得多，且贸易亦呈现一派繁荣景象。这里的海港地域广，周围的岛屿文明程度高，勤劳的当地人民进出口贸易额亦大。靠近舟山，便是普陀岛，这里属佛教信徒的圣地，到处可见大大小小的庙宇，周围布满了岩石、洞穴、树林、森林，与来这里的善男信女的缕缕香烛合为一体。亲爱的读者，如果你看到足有2000名和尚信徒，每天只是为求得菩萨的保佑，在泥捏的佛像前跪地磕头，侍弄香火，咏经唱道，不知作何感想？要知道这些佛像只是毫无生命可言的木头或石头啊！这就是普陀——虽然不是什么名望之地，可却是水手们的圣地，他们历经凶险的海上旅程，平安返回后总要去佛像前表达感激之情，同时也要设宴犒劳一下那些和尚信徒们。富于创意的中国人充分发挥自己的想象力，将这个地方搞得情趣盎然。普陀山上但凡有庙宇或供奉佛像的壁龛，均有一些供膜拜的神像。气势磅礴的庙宇上面是黄色的瓦片，太阳一照，发出耀眼的光芒。埋葬和尚信徒们骨灰的陵墓成排成行，十分招眼。小型的金字塔状建筑物内存放着那些极富声望的和尚遗骨，这里可是众生膜拜的圣地呀。和尚们对信徒们进贡的香火钱以及岛上给的用于维持生计的东西显然不满足，纷纷走上化缘之旅，为了装满口袋，即使走到暹罗（Siam）和巴达维亚（Batavia）这么遥远的地方，也不觉得太远。[1]

从娄礼华对舟山群岛的描述中，不难看出舟山是一个美丽的群岛，风光优美，空气清新，适宜于旅游和居住，是一个很好的度假旅游胜地。

娄礼华在去普陀山的途中，提到舟山本岛南岸的采盐规模，让我们见识了一百五十年前的炎炎巨灶，会让多少个青山重新变成"光头"。

舟山沿岸好几英里，连带对岸的岛屿，均用作产盐。这里的地大都低于海平面，被深水覆盖，退潮后，浸满盐水的泥浆被收集到一块。盐水则渗入专门嵌入低地土中

---

[1] 转引自石青芳著：《西方人眼中的浙江》，海洋出版社2009年版，第160—161页。

很大的容器里。滤出的盐水放入几个能盛好几加仑的铁锅熬制。当时看到收集的几堆泥浆足有10到12英尺高,可惜不久雨下个不停,搅了我的好事,使我无法亲眼目睹不同的制盐流程。但从那成堆成堆的泥浆数量来看,估计有好几千工人在此从业。在中国,盐买卖被垄断,有些盐商富可敌国。[1]

由此可见,晒制海盐也是舟山传统的手工业之一。

他在《舟山普陀寺》一节中,详细描述了当时普陀山的情况:

10月21日(周二),今天动身前往普陀,这是中国境内佛徒们最向往的地方了。渡船乘风破浪,轻快地在舟山南岸穿行。沿路大大小小的岛屿一直连绵不断,位于其间的海峡则深不可测。……

普陀位于舟山之东,根据中国历史对此岛的记载,此地距定海有100里(30英里)。由于有大风,我们只能顶风穿过海峡,下午3点才到达那里。从大海处望去,此岛与其他岛一样,没有什么特别吸引人的地方,除了岩石以及人工栽种的树木外,别无他物。抑或比周围的岛屿还要荒凉光秃些。它的诱人之处或许在于它的宗教、艺术魅力。走近些,方可见黄色的瓦片屋顶隐于峡谷间。

最大的码头在岛的最东南端。一上岸,放眼望去,处处都显示着这里乃是"敬神拜佛"之境。在登岛码头附近就有一供奉神灵的小庙;路边的岩石上,随处可见刻在上面的神龛与经文。穿过一道上面缀着瓦砾的红色油漆大门,又看到了一座庙宇。沿着树木掩映的宽阔石路,再走上100码远,便到了白华庵(Pih—hwa—yen)。我进去想找个歇脚的地方,可和尚们好像很不情愿,说是不久刚接待了一位外国人,对他们极不尊重,因此不想见任何外国人。但最终他们还是领我去了楼上一个有三四个卧室的套间,我独自一人进去,吩咐仆人屋外看守并预备饭菜,而我自己则出来寻觅可供参观的好去处。

白华庵已有些年头,地基是在海岬上辟出来的一块地,由于上面大树参天,灌木茂密,几乎不为游人所见。现在这里年久失修,给人一种斑驳古旧的印象。据说庙里和尚大约有40人,可我所见还不到10或12人。庙里的装饰及供奉的佛像看上去又旧又破,引不起游人的兴致。有一个庭院的长廊下,放着十几个硕大的红色牌匾和其他供品,这都是随行的船客为了表示感激之情供奉给神的祭品。到了晚上,一种叫不上名的宗教仪式由寺庙住持及几个和尚主持进行,另外几个年轻的想入佛门的人、几个海员还有我则作为看客。那住持身着红色大袍,头戴顶冠,手拿一炷香,和那些想入佛门的人一起,

---

[1] 转引自石青芳著:《西方人眼中的浙江》,海洋出版社2009年版,第168页。

做了好几场法事。其间,口中念念有词,咏经唱道,其他和尚们也都加入进来。可是除了住持自己外,其他人则看不出来有什么敬仰之情。中间休息时,他们又是喝茶,又是四目张望或聊天。那些想入佛门的人居然拿一个司仪和尚开涮,把球放在他的椅子上,待到其坐下,发现陷阱而发怒时,便引来阵阵笑声。看到这种情形,我给了一位看客一册布道经文,其他的人也都要,后来一个和尚居然也过来索取。我趁机解释这样做,对神是有多么的不敬。这话又引来阵阵笑声,可见他们所敬之神有多么无助呀。接下来我又讲如何敬真神及其子耶稣基督。离开时,想到他们将远离人类的罪责,摆脱毫无意义的宗教仪式,心中很高兴。他们则敲锣打鼓,一直折腾了大半夜。[1]

尽管历史上许多人对普陀山进行了描写,但作为鸦片战争后首位进入舟山的美国传教士,娄礼华以一个基督徒的眼光,用自己特有的方式,选择不同的角度对当时的舟山群岛进行了描述和分析,并以日记和家书的形式保存下来,成为我们今天了解近代舟山的一份珍贵历史档案。

七、《麦嘉缔回忆录》中的舟山

麦嘉缔

麦嘉缔,中文名又叫"培端",美国医疗传教士,美国北长老会最早派往中国的传教士之一。1843年,他受美国长老会的派遣,从纽约出发来华,第二年到达香港。1844年6月20日,麦嘉缔作为中国医务传道会的成员,从香港到达宁波,一度担任美国驻宁波的首任领事(代理)。此后,他除了在宁波行医外,还到过舟山。

19世纪,佛教已经是中国社会中普遍接受的宗教信仰了,而在浙东,佛教之风尤盛。所以,新来的基督教为了争取信徒,必须对佛教进行批判、攻击。在麦嘉缔的著作中,也有这样的内容。他写道:"世人不知真道,如盲人骑瞎马,东走西驰。故欲求得救者,只道念经拜佛,

---

[1] 转引自石青芳著:《西方人眼中的浙江》,海洋出版社2009年版,第167—169页。

便可解脱罪孽。"[1]麦嘉缔还把佛教与基督教进行了对比,以说明基督教之优越。

麦嘉缔一生著述颇多,其中系统谈及对浙江进行记述的,要数由罗伯特·斯皮尔编辑的《远东传教先行者——麦嘉缔回忆录》。以下所涉的内容多是从中选取的。

1844年6月11日,麦嘉缔终于等到一艘前往舟山的美国帆船"老鹰"号。他立刻与摩利臣山上的朋友们告别,带着行李来到船上。"老鹰"号当晚就进入中国海。6月18日夜,该船在"水牛鼻"外停泊,此处离定海已经不远了。细心的麦嘉缔详细记述了当时舟山本岛、普陀山的地理环境和人文景观:

一些大的岛屿由甬江的南部到北部,形成了一条岛链,其中最大的一座岛就是定海(或者叫舟山),该岛被英军占领至1846年。这些岛屿的最东边是普陀岛,一座美丽而富有浪漫色彩的岛屿。在这里,有许多的佛教寺庙,一些寺庙的屋顶上铺盖着颜色各异、美观大方的瓷瓦,有大约500到800左右的和尚住在这些庙里。铺满了大石板的宽阔道路四通八达。

在岛的中央有一座高峰被称为佛顶山……普陀岛有美丽的白色沙滩,在面向大海的绝壁之上刻着几个中国字。我经常站在绝壁之巅俯瞰一望无际的蓝色大海……定海和普陀因为清洁卫生,而在那个年代成为患病的传教士首选的度假胜地。但是由于距离较远、缺少供给、经常性的恶劣天气以及时不时过来骚扰的广东海盗,他们很少会满意。[2]

还有对六横岛的描述:

在当时,外国贩卖鸦片的船不允许进入通商口岸。于是一些鸦片船就停在一个被外国人叫做六横的小岛上。那天,有两艘英国鸦片船停泊在那里。毗邻的岛屿被外国人称为银岛(Silver Island),大小仅次于舟山,是舟山群岛中的一个,离镇海只有10里左右。岛屿上风景如画,还有走上去很舒服的台阶,许多渔民在岛上安居乐业。一些英国军队过去常常会在六横抛锚,大概每次停留1周。夏天,一些传教士及其家人也常常去那里避暑。但是因为他们只能待在小帆船里,一次只待几天。几年后,他们就不受此限制了,一些布道团在山上建造房子,整个夏天都待在那里。[3]

19日上午,"老鹰"号航行到舟山港停泊,麦嘉缔拜访了东印度公司的班菲尔

---

[1] [美]培端著:《真理易知》,哈佛燕京社原藏,中国国家图书馆胶片,第4页。
[2] 转引自俞强:《近代来华新教传教士笔下的舟山》,载卢敦基主编:《浙江历史文化研究》第五卷,浙江大学出版社2014年版,第119页。
[3] 转引自石青芳著:《西方人眼中的浙江》,海洋出版社2009年版,第207—208页。

德上校及其他的一些英军军官，并受到了他们的热情接待。麦嘉缔对当时还在英军占领下的舟山岛的情况也有所记述：

> 舟山是一个富饶的岛屿，定海城就建于此处。舟山有18个人口稠密的村庄。舟山港很大，停泊了好多船和英国帆式军舰。……舟山群岛的景色对我来说是新鲜的，所以我没有着急赶路，而是一路观赏着景色。[1]

很巧合的是，麦嘉缔在此地还遇到了艾迪绥小姐，她是第一个来到中国的女性新教传教士。麦嘉缔是这样回忆他和艾迪绥小姐第一次见面时的情景的：

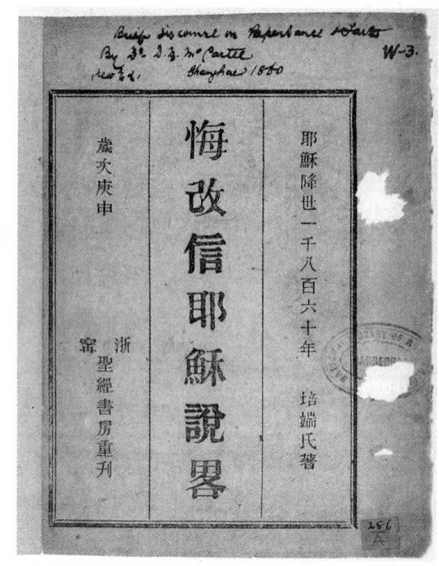

《悔改信耶稣说略》扉页

> 我就拜访了住在训练营中的艾迪绥小姐（Miss Aldersey），她和她的养女的蕾斯克（Miss Leisk），以及两个跟随她从巴达维亚（Batavia）一起来的信奉基督教的印度女孩，一起住在一个中国家庭里。艾迪绥女士很快就带我去看望那些她比较关心的病人。几个月后，她自己出资在宁波建了一个大型女子学校。在宁波，我们差不多共事了有16年。[2]

麦嘉缔和艾迪绥后来都成为早期宁波长老会的重要成员。来到舟山的次日，麦嘉缔坐上中国的帆船，前往他的传教目的地——宁波。

八、丁韪良《花甲忆记》中的舟山

丁韪良，美国传教士、教育家。1850年，丁韪良志愿参加美国北长老会的海外传教使团，并被派往鸦片战争后开通的口岸宁波传教。作为美方的汉语翻译，他亲自参与了1858年《中美天津条约》的签订。此后，他从宁波转到了北京，在那儿传教并开办教会学校。1863年，丁韪良开始着手翻译美国人惠顿的《万国公法》，

---

[1] 转引自石青芳著：《西方人眼中的浙江》，海洋出版社2009年版，第208页。
[2] 转引自石青芳著：《西方人眼中的浙江》，海洋出版社2009年版，第208页。

后由总理衙门拨专款付印出版。1869年，在海关总税务司赫德的大力推荐下，丁韪良出任京师同文馆总教习。1898年起，他担任京师大学堂首任总教习，京师大学堂也就是北京大学的前身。在宁波、舟山传教10年期间，他常与当地官员和民众接触，深入民间散发传教小册子，并进行传教活动；考察当地的地理环境和风土人情，期间还多次去普陀山避暑。

丁韪良

丁韪良在中国生活了62个年头，是当时在华外国人中首屈一指的"中国通"。他著述甚丰，根据并不完全统计，他一生出版了英文著述8部，中文著译42部、并且在各种报纸杂志上至少发表了153篇文章。他的英文著作中有3部主要作品现在已经被译成了中文。它们可以被视作是一个系列的三部曲：《花甲忆记》《汉学菁华》和《中国觉醒》。

他的《花甲忆记》是一部自传体的作品，详实地记录了作者在华生活的头四十七年中的感受和他所观察到的中国社会的方方面面。英文版于1896年在纽约出版，中文初版于2004年，由广西师范大学出版社出版，浙江大学教授沈弘等人翻译，增加副标题为"一位美国传教士眼中的晚清帝国"，其中第8章为：造访舟山群岛。

近代新教来华传教士初到舟山，他们最先了解和介绍的就是舟山的地形和海道交通情况了。在《花甲忆记》一书中，丁韪良提及舟山重要的战略位置：

> 舟山是一个具有重大战略价值的岛屿，因为它俯瞰一大片拥有众多海港和大城市的海岸线。周长共计十五英里，这个岛上有十八个肥沃的山谷，其粮食产量足以维持一个很大的殖民群体。[1]

同许多西方传教士一样，丁韪良也把舟山群岛作为自己的避暑胜地。他用生动的笔触，描述第一次到舟山避暑时的情景与感受：

---

[1] [美]丁韪良著，沈弘等译：《花甲忆记：一位美国传教士眼中的晚清帝国》，广西师范大学出版社2004年版，第23页。

普陀岛上的僧侣

我们的避暑胜地之一是位于舟山群岛的定海,那儿除了能吹到海风之外,还能经常洗海水浴。[1]

他在普陀山度假的时间更多,对其自然景观和人文景观有更多的描述:

在舟山的东面,隔着一条狭窄海峡的对面,就是佛教圣地普陀岛。……

普陀岛的周长约九至十英里,其中最高的佛顶山高达三千英尺。在一个位于小海湾、面对一片海滩的寺庙里,有一座高大的殿堂,殿内的柱子上雕刻着飞翔的巨龙。和尚告诉我们,这些柱子来自南京的九龙宫,是大约五百年前永乐皇帝迁都北京时作为供品送给寺庙的礼物。

…………

白天的时候,我们就去爬山,或是在海滩游泳;到了晚上,我们站在海边一边呼吸着海风,一边欣赏闪烁着磷光的海浪汇集成一长排熊熊燃烧的波涛。正是由于这种在中国东海堪称最佳的自然景观,使得普陀岛享有圣岛的盛誉。……

在普陀山的另一边是陡峭的悬崖,突出于被海浪冲击而成的一个洞穴之上。由于海

---

[1] [美]丁韪良著,沈弘等译:《花甲忆记:一位美国传教士眼中的晚清帝国》,广西师范大学出版社2004年版,第78—81页。

浪呼啸着出入这个洞穴，人们相信它们是在用摩揭陀语言中的一个音节在称颂着佛祖，故而这个洞穴被称作"梵音洞"。[1]

特别是在普陀山期间，毫不避讳基督教与佛教两派之间的不同信仰，相互包容、共同探讨哲学理念。在传教策略上，丁韪良主张"孔子加耶稣"，跟利玛窦合儒、补儒终至超儒的路线一致，在祭祖、拜孔问题上态度开明。不过，与利玛窦不同的是，丁韪良对佛道亦持开放态度，甚至认为佛教是"为基督教做准备"。这相当于今天温和的"包容论"。他对佛教的认识，超出了先前传教士斥之为"偶像崇拜"的水平，而看到其与基督教同为"宗教"的一面，如对于至高者和灵魂不朽的信仰，对于信、望、爱的价值执着。当然，对诸如中国人风水星相一类的迷信，丁韪良也总是忘不了在书中巧妙地予以讽刺。

在该寺庙一处可以俯瞰海景的厢房里我们住了下来，房间里面放置着一个观音菩萨塑像，它是该圣岛的守护神。和尚允许我们在菩萨头上罩一块白布，以便我们的隐私可以受到保护，或者说神龛不至于被世俗化。寺庙里的那些和尚，无论在原则上还是在实践中都非常乐于通融。当一位和尚来看望我时，我为在餐厅里接待他而向他表示歉意，尤其是因为餐桌上的一块肉还没有被撤去。"只有那些意志薄弱的人才会被这样的事情所冒犯，"他睿智地回答说，"事物并非它们的外表所示。我们只知道它们的非本质属性，但却不知其实质。"在回访这位具有哲人气质的和尚时，我无意地对他屋里的一尊镀金佛像表示赞赏，他马上就把它从玻璃基座上拿下来赠送给我，并且接受了我的一元钱作为回报。装佛像的盒子里还有刚烧过的香灰。[2]

就丁韪良的思想而论，他很看重中国的佛教，主张进行对佛教和基督教的比较研究，以便把佛教当作传播基督教的阶梯。他认为，佛教不仅为外族信仰传入中国开了先例，并且提供了可资借鉴之处，而且还为基督教基本信条的传布铺平了道路。因此，丁韪良这在他的著作中曾经有过生动的描写。

渔业是舟山传统的生产方式，丁韪良的记述中提到舟山渔民独特的民风民俗：

---

[1][美]丁韪良著，沈弘等译：《花甲忆记：一位美国传教士眼中的晚清帝国》，广西师范大学出版社2004年版，第79—80页。
[2][美]丁韪良著，沈弘等译：《花甲忆记：一位美国传教士眼中的晚清帝国》，广西师范大学出版社2004年版，第80页。

在那儿度假时,有一次我被窗外不远处的"扑通"一声吓了一跳。抬起头来,我惊恐地看到一个老头正在沉入外面一个池塘,便立即冲出去救人。看到我快要跳下水去时,围观者们哄然大笑,同时高喊:"抠鱼,抠鱼!"("捉鱼,捉鱼!")正在这时,老人从水面探起头来,由于水不是很深,他站起来换了口气,把一条鱼扔进系在腰间的鱼篓以后,他又潜下水去,故意用手和脚把池塘里的水搅浑,然后在浑水中摸鱼。通过这种方法,他总是能够光凭一双手就抓到鱼,因为他既没有渔网,也没有其他的捕鱼装置。[1]

丁韪良还记载了一个古老的渔业生产方式,就是鱼鹰捕鱼的场景。

人们可以看到小船上栖息着半打这种禽鸟,然后它们一个接着一个地潜入水中,而且每次浮出水面时,嘴里准会叼着一条捉到的鱼。它们脖子上套着的一个铜环使得它们咽不下大鱼,于是后者便成了其主人的猎物。另一种奇特的捕鱼方法就是把一艘小船倾斜到(上面钉有一条白色狭长木条的)船舷几乎触到水面的状态。有一种成群结队的银色梭鱼在碰到这块板时,就会跳跃过去,直接跃进船舱。我一直没弄明白,那些鱼儿的致命一跃究竟是出于恐惧,还是为了好玩。[2]

九、立德夫人《舟山群岛游记》中的舟山

立德夫人

阿绮波德·立德是当时英国在华著名商人立德的妻子,习称立德夫人。立德1838年生于英国伦敦,1859年来到中国,在中国生活了近五十年,不仅创办了重庆贸易公司,而且打通了长江上游地区的贸易航线。在由英国剑桥大学出版的《大不列颠名人录》上,至今仍称赞他是"开发中国西部的第一人""很少有人像立德一样熟悉中国""他的许多著作,是了解中国的标准书。"在当时被各国列强推崇备至。

而立德夫人,则是一位热心积极的社会活动家,她于1886年嫁给立德,1887年来到中国,从此陪同丈

---

[1][美]丁韪良著,沈弘等译:《花甲忆记:一位美国传教士眼中的晚清帝国》,广西师范大学出版社2004年版,第78页。

[2][美]丁韪良著,沈弘等译:《花甲忆记:一位美国传教士眼中的晚清帝国》,广西师范大学出版社2004年版,第78—79页。

夫到各地旅游。1910年,他们根据多年的游历经历,写成《中国五十年见闻录》一书。书中收录的文章系作者当时的见闻感受,其中既有对中国美丽景色和传统文化的赞美,也有对当时中国落后、衰败的惋叹。

该书已由南京出版社于2010年出版,共分十三部分,其中第八部分的标题为:舟山群岛游记。该文写于1875年,当时上海某家报纸刊载,详细地记录了她对舟山一些岛屿的观感。作者虽然不是文采斐然,但笔调清新,字里行间洋溢着年轻时充满热情的欢乐情绪。

鸦片战争后,舟山成为近代来华传教士的"海上乐园"和度假胜地。1875年,立德偕夫人一起乘坐"无畏"号游艇游历了舟山群岛。从一开始"我们决定去舟山群岛海域寻找乐园,体会咸水环绕的新鲜感。"后来发现舟山的群岛之美,并遇到海市蜃楼的景色之美,他们被这片美丽的风景深深吸引,情不自禁地称之为"世外桃源"。

从远处看,这些岛屿轮廓粗糙,似乎只有光秃秃的岩石,但现在我们看到陡峭的山坡上长满了松树,一座座小村庄掩映于竹林之中。我们航行经过一处港湾,突兀的山崖上有一座美丽的小庙,……这里有许多岩石,浅灰色背景下一条黑色岩石带非常显眼。经过水蚀之后,岩石层面非常清晰地展现出来。我们爬过这些岩石,到达一处几乎笔直的悬崖。我们用手抓住斜坡上长长的野草和灌木枝,攀爬了数百英尺。岩石海岬上有一片冷杉林,穿过小树林,到达一座主峰,山峰上有很多小菜地,这些小块土地阴凉而肥沃,种植着红薯、花生。此处高出海平面500英尺,我们俯瞰这片隐蔽的世外桃源。在我们对面,也就是北面,一座座陡峭的山峰拔地而起,山峰表面布满了裸露的灰色花岗岩。……

在这片中国海岸,山峰和岛屿非常峻峭,给人第一眼的印象极为深刻。山坡上有的花岗石笔直高耸,有的已风化,突兀挺拔,远远望去,险峻不平,如同一幅美丽的画卷。[1]

立德夫妇对舟山的夜景更是惊叹不已。

这是一幅有趣的情景!……我们的右边突然出现许多小岛,海浪在岛屿四周奔腾咆哮。前面两英里远,在台山岛屿的宽阔港湾上,有一片中国村庄,在海市蜃楼中显现出一座美丽的城市,这座虚幻飘渺的城市让我们想起了澳门。通过望远镜仔细看,这种幻境更为壮观。前面的船只像后面的山丘一样不受幻景的影响,因为海市蜃楼只限于

---

[1] [英]立德著,桂奋权、冯冬译:《中国五十年见闻录》,南京出版社2010年版,第64—65页。

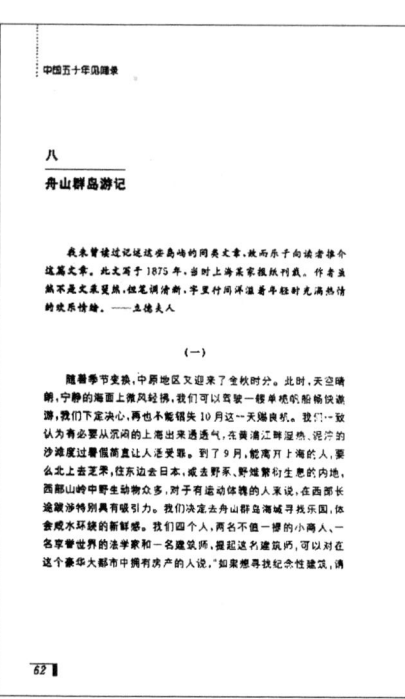

《中国五十年见闻录》内页

水平面上方。我们缓慢地经过海湾某一角,幻境很快消失。幽深的峡谷向我们展示了这些岛屿的无穷魅力。在如同河流般的海峡间,扬起风帆的船只随着汹涌的浪潮起伏颠簸。我们躺在甲板上,仰看美丽多姿的景色不断变换。我们说:"我们乘坐轮船旅行千万英里,都不及今天观赏的景色多。……"

我们从轮船甲板上扫一眼这些岛屿,谁会想到近看竟然会发现如此美丽的自然景观。一个像是褪色的照片,另一个像是工笔的绘画。[1]

由于住在长江三角洲泥淖平地(指上海)上,立德夫人不由自主地对群山环绕、海水之中的贸易港口(指舟山)十分向往:

我们如果生活在海港,站在办公室窗前,观看花园、公园、道路、果园和游艇,该是多么美妙!

……

旁边有一处美丽的海湾,坐落在两座岩石海岬的怀抱中。我们觉得,这就是我们梦寐以求的休养场所。这座岛屿环境十分优越,山清水秀,供应充足,宜于居住。

……

这是我们在这片海岸所见过的景色最美的岛屿,我们觉得就其气候、环境而言,这是我们周围最好的消夏胜地。[2]

立德夫人建议附近的读者也学一学他们。如果有些人仍然住在长江三角洲,希望不要放弃在中国海域旅游的大好时机。

立德夫妇在普陀游玩的时候也到过一些寺庙,接触过一些佛教信徒和僧侣,和他们讨论宗教问题。立德夫人用诗意的语言描绘了普陀山的佛教文化:

---

[1] [英]立德著,桂奋权、冯冬译:《中国五十年见闻录》,南京出版社2010年版,第66页。
[2] [英]立德著,桂奋权、冯冬译:《中国五十年见闻录》,南京出版社2010年版,第67—75页。

整座岛屿充满了浓郁的文化气息,每块奇特的岩石都有一段神奇的传说,每座山谷都长满树林,建有庙宇,在形态各异的山岩间可以寻觅佛陀的踪影。[1]

他们对普陀山更为熟悉,他们对佛教的态度比较公允。

(普陀)山谷中有一座美丽的大寺庙,占地面积较广,一条小路穿过鱼塘,连着桥梁,经过一座拱门和一座佛塔,拱门今已残破。寺庙后面是一条小巷,店铺林立,商人们向香客兜售香珠和点心。此时没有妇女和小孩,这里非常宁静,妇女不能在岛上单独过夜。一条小路两旁栽种大树和灌木,就像乡间小路,沿着这条路可以走到一座绿树环绕的庙宇。这座高大的庙宇依山而筑,巍然耸峙。在山顶,透过层层树荫,可以看到蓝色的海湾,海水在阳光下闪烁着光芒。海浪涛声不断,与庙宇内僧侣的钟磬梵呗之声相合。一条陡峭的山路绵延不绝,直达山顶。

我们走了1/3路程,在一片小树林里休息,树下有几张石桌、石凳,还有一口水井。一位年老隐士飘然现身,他头发蓬松,满脸皱纹,留着长长的山羊胡须,穿着不太政局的、宽松的僧袍,简直是完美的象牙雕塑。这位老者应我们邀请,在石桌旁结跏趺坐,言谈中透露出佛教徒的庄严虔诚。谈话时,常伴以双手合十,口诵"阿弥",我们刚开始还以为是老年痛风患者用这种奇特的方式来缓解疼痛,发出呻吟,但是后来,我们终于明白这是"阿弥陀佛"的简称。

…………

稍作休息之后,我们来到另一座庙宇。这座美丽的庙宇掩映于丛林中,僧侣十分好客、健谈,他请我们喝玫瑰花茶,不停询问外国宗教等问题。……我们再三向他表明外国人对佛教的尊敬,告诉他洋人中大部分人也像佛教徒、基督教徒一样敬神。……当前,中国人的思想正酝酿一场变革,这场变革绝非转而信仰基督教教义,而是充分学习外国实用技术,并且抛弃一切信仰。我们给了一美元香资,起身告辞。[2]

借助立德夫妇的描述,加深了我们对晚清时期佛教在舟山的发展,并植根于舟山社会,成为舟山百姓主要宗教信仰的认识,说明了传统宗教的顽强生命力和在民间兴盛的环境,主要来自普通民众普遍而执着的信仰特质。

---

[1][英]立德著,桂奋权、冯冬译:《中国五十年见闻录》,南京出版社2010年版,第67—68页。
[2][英]立德著,桂奋权、冯冬译:《中国五十年见闻录》,南京出版社2010年版,第68—70页。

十、小结

综上所述,近代来华新教传教士笔下的舟山是一个风景优美,充满着异国情调的地方。在这个地方,也到处充斥着晚清时期中国社会各种弊端,展示出一个"崇拜偶像、热衷迷信、道德败坏、盲目排外,而又外强中干,羸弱不堪的"落后形象。

一方面从传教士的立场来看,基督教文化高于一切异教徒的文化。从上升时期资本主义文明的角度来看,西方文明高于所有非西方的文明,这是近代西方来华传教士理解中西文化问题的两条基本原则。从这种原则出发,他们对中国人民的信仰、社会风习、人们的行为方式等,凡与基督教义或西方文明准则相冲突的东西,都加以否定和嘲笑。他们将中国人一切带有宗教意味的思想和习俗都称为偶像崇拜,将中国人认识世界的方式称为迷信,偶像崇拜与迷信的结合导致了使心灵堕落的可怕后果。这种中国观,明显地带有"欧洲中心论"的基调,以近代西方文明的开化作标准,对其他文明的贬低和蔑视。也反映出西方人在经历过资本主义的发展之后,对其他落后文明的偏见。但是,他们对清政府的闭关政策和盲目排外的心态的刻画也是入木三分的,中国社会经过"闭关锁国",文化发展也明显落后于西方国家,内部也充满了危机,盲目地排外、夜郎自大、政府腐败虚弱,也暴露在这些亲历中国的传教士面前,传教士们对这些落后形象的描绘,也是有其事实依据的,这是我们了解当时中国社会的一面镜子。

另一方面,传教士们的叙述也反射出东西方文化接触、碰撞和交流的时代痕迹,表达了历史的场景与社会集体记忆的传递。传教士记述舟山的文献本身就是重要的历史档案,为后世留存了一份宝贵的文字财富。这种文献的意义在于它对东西方世界分别产生的重要影响。对于中国来说,它是舟山地方史研究中重要的文献补充,对发掘和探寻舟山近代以来的历史面貌和发展轨迹起到重要的作用;对于西方世界而言,它建立了近代西方人了解和认知舟山的重要信息通道,搭建了中西方文化交流的桥梁。

第七章

法、德、美等国对舟山的觊觎

第七章 法、德、美等国对舟山的觊觎

第一次鸦片战争以后,中国开始沦为半殖民地半封建社会,舟山的历史也同国家的命运一起走进了屈辱史,见证着中国与西方列强的不平等地位。台湾历史学家蒋廷黻先生感叹道:"中西关系是特别的。在鸦片战争以前,我们不肯给外国平等待遇;在以后,他们不肯给我们平等待遇。"[1]

在以后的第二次鸦片战争、中法战争中,舟山多次受到西方国家的侵略,成为交锋的重要舞台;法、德、美等国都曾图谋侵占舟山,但由于英国在第一次鸦片战争时签订的《退还舟山条约》中规定:"中国永不以舟山等岛给他国;舟山等岛若受他国侵伐,英国给以保护。"他们慑于英国强大的军事力量,不敢染指舟山。

本章通过对法、德、美等国政治家、军事家关于舟山战略价值的论述,揭秘西方列强为什么对舟山群岛这么感兴趣,他们又是如何图谋舟山的。

一、舟山问题与英法关系

1840年中英鸦片战争正式爆发,之后中英《南京条约》签订。经过一年多的考察和讨论,法国政府于1843年确立它的对华政策,并任命资深外交官拉萼尼执行这一使命。11月9日,法国外长基佐在给拉萼尼下达的训令中,较为全面地阐述了法国的对华政策和拉萼尼使团的具体使命。

在附加的秘密训令中,基佐透露了法国在远东的军事要求,指示拉萼尼为法国海军在中国海域和印度洋海域寻找一个合适的基地,以保护和捍卫法国在那里的政治和商业利益。他指出,法国在远东至今还没有一个可供修理船只、补充燃料和安置病人的基地,法国的舰队只能在葡属殖民地澳门或英属香港、西班牙属吕宋等

---

[1] 蒋廷黻著:《中国近代史》,武汉出版社2012年版,第17页。

拉萼尼

地请求停泊、加油,这对扩大法国在这一地区的势力和影响是极为不利的,尤其是在欧洲国家已在该地区拥有各自的基地的情况下。因此,基佐明确表示,法国的旗帜也要在中国的海域飘扬,"正如英国人在香港所做的那样,我们也应该为我们的海军建立一个军事基地,为我们的贸易建立一个货栈。"[1]

鉴于拉萼尼所负使命重大,法国政府为他的这次出使配备了一支庞大的队伍。法国海军部则派出 6 艘战舰,护送和协助拉萼尼的中国之行。1843 年 12 月 12 日,拉萼尼一行自布雷斯特启程,经过 254 天的航行,于 1844 年 8 月 13 日抵达了中国。

1845 年 10 月 2 日,拉萼尼在使团成员陪同下到达舟山,受到了舟山英国占领军最高指挥官海军上校坎贝尔的热烈欢迎。通过参观舟山,拉萼尼看出英军在舟山的设施全是临时的,而且正在准备撤出。拉萼尼借察访舟山等口岸的机会,还游览了风景秀丽的普陀山。他指出:

> 从政治和军事的角度来看,香港未必丝毫没有比舟山更令人羡慕的地方,所以说,几年之后,英国舆论界无疑会完全支持在这一海域确定英国统治范围的深谋远虑。仅从气候条件是否宜人来看,当然会有人说舟山比香港好。[2]

当时,英国人确实认为他们撤离舟山后,中国会把舟山群岛让与法国人。法国驻广州领事北古指出:"开放广州城的意义并不大。这不过是一个借口。看来英国人早就怀疑法国想占据舟山群岛了。"除此之外,印度的英文报纸还不断散布说:"英国人一旦撤出舟山,法国人就会继续占领"。拉萼尼在呈基佐报告中讲:

> 如果戴维斯爵士确实屡次请求中国政府保证在英国交还舟山之后,绝不把舟山让

---

[1]《秘密训令》(1843 年 11 月 9 日),载《巴黎外交部档案——回忆录及文件》(中国部分)。
[2]《拉萼尼报告》(1845 年 10 月 19 日),载《巴黎外交部档案——回忆录及文件》(中国部分)第九卷,第 198—202 页。

与他国,那么,钦差大臣将无条件地拒绝接受这种提议。不过,这个提议倒也很能说明问题,它进一步证明英国是如何处心积虑地在为拖延执行条约寻找似是而非的论据。[1]

1845年10月6日,巴黎《日报》转载了《纪事晨报》的一篇文章,其中有这样一段话:

无论是美国人还是法国人,他们都想得到部分岛屿。因此,假如我们放弃舟山,他们就会占领。那就太令人遗憾了。

1845年10月28日,这家报纸又发表文章指出:

(英国)报纸叫嚷政府背叛了国家。这话从何说起呢?原来是因为在交出舟山的同时,舟山又将落到法国人的手中。

《日报》发表社论以嘲讽的口气阐述了自己对这个问题的看法:

瞧!可怜的法国,你在这场滑稽表演中都干了些什么!我们太不引人注目了!你想在英国撤出舟山的同时,马上就去占领。在你产生这个念头的同时,你也许觉得英国人应该留在那里不动。法国是个友好的强国,她不应该再扩张了,这是合乎逻辑的。如果有人掠夺中国人的财富,中国人当然要叫嚷……让他们叫去吧。基佐先生在向他的伦敦朋友祝贺他们在这场滑稽表演中取得的成功之后,会高枕无忧地熟睡的。

英国"外交"大臣正式照会法国驻伦敦大使说:"戴维斯爵士有权以武力对付所有企图占据舟山的国家,无须等待特殊命令。"[2]

无论是中国人还是英国人,他们都没有相当充分的理由猜疑和提防法国。他们之所以疑神疑鬼,不过是因为有法国军官在琉球、印度支那、北直隶湾、中国北部沿海及朝鲜海域指挥海上军事演习。总之,尽管这些军事演习与占据舟山没有丝毫的直接关系,但是,中国人或英国人总不免会认为法国企图在中国海域占据一处立足之地,以实现与英国抗衡的目的。

---

[1]《拉萼尼报告》(1846年1月21日),载《巴黎外交部档案——回忆录及文件》(中国部分)第九卷,第356—357页。
[2] 科斯廷著:《1833—1860年间之英国和中国》,第125页。

戴维斯

拉萼尼的秘书加略利曾做过这样一段记述："建议是 1846 年提出来的，路易－腓力普未予采纳。也有人害怕得罪英国。"[1]

这时候，法国正与中国交涉天主教开禁事宜，为博取中国好感，虚伪声称法国国王将派出兵船七八只来华，准备帮助中国收回舟山。法、中之间的联系引起英国注意，担心法国趁机"通过购买和谈判把这个良好的海岛据为己有"，于是警告中方不得转让舟山，还提出若他国侵夺舟山，英国将"帮同中国防御"。法国的在华力量自然不能同英国抗衡。这是中国近代史上英、法之间角逐在华利益的最早的一次小型较量，也是英国在华谋求势力范围的最早举动。

拉萼尼因为不愿插手中英关于退还舟山的谈判，所以，他认为最明智和最慎重的办法，就是在"危机出现之前"离开中国。1846 年 1 月 11 日，拉萼尼携带家眷及使团成员离开了澳门，于 5 月 27 日到达马赛。

拉萼尼动身离华后，戴维斯爵士便发表了一项很重要的声明，指出了法国在舟山问题上的政策。声明中说：

有人说法国政府想派兵进驻或占据舟山，这是毫无根据的谣言。拉萼尼先生已于 1846 年 1 月 11 日离开中国。不久前，拉萼尼先生曾对香港做过一次告别访问，并且带着陛下对他的深情厚谊离开了香港。访问期间，拉萼尼一行受到了各口岸及香港各界人士的热情接待，这是他事先没有想到的。他义正词严地驳斥了报界由于受某些不了解真实情况的人的影响，横加在他头上的罪名。当然，在舟山即将归还中国之前，拉萼尼返回法国，这绝不能说明法国有通过谈判来占据舟山的计划。日前缔结的那项为期 12 年的友好通商条约，是不足以证明有人想以武力夺取舟山的。拉萼尼先生动身回国至今仅几个星期的时间，在基佐先生阐明法国从未有过占领或取得中国沿海一寸领土的企图之后，英国驻巴黎大使考利勋爵就在一份照会中充分地肯定了拉萼尼先生前此一系列声明。[2]

---

[1] 见加略利个人收藏文件资料，第 8 章。
[2] [英] 戴维斯著：《交战时期及媾和以来的中国》第二卷，第 126—127 页。

拉萼尼中国之行的最大收获是，1844年10月24日迫使清两广总督耆英签订中法《黄埔条约》（即中法《五口贸易章程》）。根据这个条约，法国不仅轻易地得到英美的侵略特权，而且还攫取到扩大居留地和中国政府义务保护教堂的特权。但他仍不满足，又抓住天主教弛禁问题，于1846年迫使清政府废除于1724年颁布的在中国查禁天主教的法令。

二、第二次鸦片战争期间的舟山

19世纪50年代，英国政府对于通过鸦片战争和《南京条约》等从中国夺取到的种种权益，越来越感到不能满足，越来越想要进一步扩张其在华特权和利益。1856年10月，英国挑起了第二次鸦片战争。第二年，法国加入侵华战争，与英国组成联合远征军——英法联军。

1860年3月，英法舰队陆续开抵上海。英国舰队占领舟山群岛之前，曾在金塘岛集结。这支舰队共有十三艘，旗舰是"跋扈"号，装载51门炮；"哨兵"号、"珍珠"号，均装载21门炮；通信炮舰"雄狍"号；炮舰"坚毅"号、"负鼠"号；法国护卫舰"杜谢拉"号；法国炮舰"警钟"号、"雪崩"号。还有"格林纳达"号，克灵顿将军和他的参谋部成员都在这艘军舰上；以及四艘运输船"冒险"号、"塔斯马尼亚岛"号、"斗鸡"号、"奥尔马城堡"号。

当年有位英国《泰晤士报》记者4月23日从舟山写道，3月30日那天，"冒险"号、"哨兵"号、"塔斯马尼亚岛"号、"奥尔马城堡"号，还有拖着"屋大维娅"号、"战神"号、"西蒙凤"号战舰，都离开了香港。

> 金塘岛及其附近的岛屿非常肥沃，植被茂盛，山上到处是竹林和灌木丛，有杜鹃花和其他美丽而鲜艳的野花，当地的居民性情和善，他们都拿出自己的农产品来进行交易，仿佛英军是他们的朋友而不是敌人。这真是一种新奇的战争，在这个国家里，某地居民会跟英军进行交易，而在别的情况下，则会寻求保护，甚至会悬赏200大洋要取对方的首级——正如上海道台前一阵子请求普鲁斯爵士保护，以抵御太平军那样。[1]

金塘岛是英军运输船和战舰集结之处。这个岛位于舟山岛的西端和甬江之间，

---

[1]《伦敦新闻画报》，1860年7月21日，第63—64页。

只拥有一个条件优越的小港——大鸥子港。它有七到十英寻（相当于 13 米到 19 米之间）的锚地。大鸥子港应该就是大鹏港，英国人把大鹏理解为大鸥鸟，即沥港与大鹏岛之间的港口。4 月 23 日早上，舰队在笼罩在黄色浓雾中的金塘岛停船抛锚，浓雾警报、铃声、号角和尖锐的九磅炮弹呼啸声，在人们的耳朵中组成了一种"令人忧郁的音乐"。

那位记者继续写道：

我们的炮声终于得到了回应，从四发炮弹的响应和钟声中，我们得知附近就有一艘军舰在场。当浓雾渐渐散去之后，我们看见"奥尔马城堡"号停泊在海峡外围，离我们不到半英里的地方停着一艘来自伦敦、装载着第 67 步兵团部分官兵的"克雷西"号平底大型驳船，而那艘样子威武、甚至有点吓人的黑色"珍珠"号螺旋桨轻型护卫舰从我们面前驶过——这是一艘大胆鲁莽的大英火轮船公司的油轮，我想它正往上海的途中。在这个阳光灿烂的日子里，人们会以为它是在世界上最安全的海峡中航行。金塘岛从未像今天显得美丽动人，它那些形状不规则的山峦，看上去就像一连串的鼹鼠丘，上面种满了茶树，在阳光下显得青翠悦目。有许多整洁的泥墙茅草屋和少数红砖房所组成的小村庄隐匿在山谷中缭绕的袅袅炊烟之中；从陆地上吹来的新鲜芬芳的微风，还传来鸟类的各种婉转啼鸣声，就连单调鼓噪、但欢快高昂的青蛙鸣叫声也给浪迹天涯的游子带来喜忧参半的思乡之情。[1]

英国舰队在金塘岛附近集结

---

[1]《伦敦新闻画报》，1860 年 7 月 21 日，第 63—64 页。

而以上这张插图则是"跛鼍"号旗舰上 H.E. 斯特尔特海军上尉的一张素描,刊登在 1860 年 7 月 21 日的《伦敦新闻画报》上。画面上,五六艘大型的西洋帆船和数艘小型的舟山木帆船停泊在同一海域,海面上风平浪静,从金塘岛绵绵群山的山势来看,应该是位于金塘岛和册子岛之间的桃夭门海域。

4 月 21 日(咸丰十年闰三月初一)上午,英法联军派出的一支有大小舰船 18 艘的舰队(其中英船 13 艘、法船 5 艘),陆续驶至定海道头港停泊。次日,英、法兵五六百名即陆续进城,分别居住寺院。定海官兵未作任何抵抗,舟山不战而陷。

对此,英军翻译斯温霍这样写道:

占领行动于 4 月 21 日实施。军舰和运输船已转移到了舟山港口。同一天的中午时分,格兰特将军的一个代表团和两位海军上将,在一支全副武装的海军卫队的护卫之下进入了定海府。他们未遇任何抵抗,长驱直入中国军事指挥官的官邸。清朝官员发觉抵抗无益,便答应了联军的条件,并参加了当晚在将军乘坐的战船——"格拉纳达"号上举行的会议。占领定海府的方式与当年占领广州差不多。也就是说,部队采取军事行动的同时,外交官则协助清政府官员安抚当地百姓。从舟山岛的中心位置来看,舟山岛整体环境优越,是军队补给站的理想基地。这里临近陆地,很容易获取大量新鲜的出产。征战北方一旦给养不足,这里可以给军需处提供物质保障,没有任何后顾之忧。[1]

值得注意的是,这时的浙江当局,对英法联军软弱屈从,没有一点反抗的表示。其主要原因在于太平天国战争已扩大到浙江,浙北成为主要战场之一,各地当局自顾不暇,更谈不上顾及孤悬海中的舟山一隅了。

到 1860 年下半年,英法联军在定海大约有 3000 至 4000 人,曾闯入定海厅署,向厅知事甘炳索要粮册,甘炳比较坚强,不肯交出粮册。9 月,甘炳调任后,郑寿南接任,英法联军索性将他驱逐,清朝在定海的地方官也不存在了。

接着,英法联军就共同占领舟山岛及定海市,与清政府地方当局签署了协议。协议内含五项条款:

1. 清政府应该本着中立的原则,将大清军队、军事哨所、舟山岛以及定海厅署交予联军管理。

---

[1] [英]斯温霍著,邹文华译:《1860年华北战役纪要》,中西书局2011年版,第4页。

2. 解散所有清军,官兵可以自由选择去处。

3. 任命英国和法国专员各一名,对新政府的全部行为实施监督。

4. 允许中国文官继续行使职权,包括行使定海的行政管理权、司法权以及征税权,但同时必须接受英法两国专员的监督。两国专员接受两国军队驻岛最高指挥官的派遣。

5. 联军组建一支警卫部队并将其纳入部队编制,以便维护岛上和城中的秩序。[1]

1860年10月下旬,英、法两国先后与清政府签订了条约,将九龙割给了英国,并赔偿英法两国白银各800万两。中英《北京条约》第9款规定:"……(清廷批准本条约后)所有英国舟山屯兵立当出境……"中法《北京条约》第8款规定:"……所有法国屯于舟山之军立当出境……"

自1860年12月27日起,定海的英法联军开始撤出,至1861年1月26日,联军全部撤离舟山。至此,英法联军在舟山共驻扎了8个月(1860年4月—1861年1月)。

英法联军舟山扎营

三、舟山成为英法两国矛盾的焦点

英、法在策划和进行这场战争时,在对舟山问题上产生了矛盾。在战火重燃前即1859年秋,英国主张占领舟山岛,"作为联军作战基地";法国则主张占领舟山岛,以便"和英国占有香港一样,把它保留在法国手中"[2]。法国的企图,显然是把

---

[1] [法] 蒙托邦著,王大智、陈娟译:《蒙托邦征战中国回忆录》,中西书局2011年版,第85—86页。

[2] 中国史学会主编:《第二次鸦片战争》(中国近代史资料丛刊本)第六册,上海人民出版社1979年版,第237、239页。

舟山视为自己势力范围的英国所不能容忍的。这个矛盾虽未公开激化，但双方此后为此争执不休。

1860年初，关于侵华总方针，英法双方完成了三项协议，其中第二项为共同占领中国的舟山作为抵押。3月3日，法国远征军在香港进行了一次军事讨论，认为香港离天津太远，选择靠北的上海或舟山作为海军军火库及部队补给中心。虽说这次讨论没有定论，却一致同意远征军先占领舟山。1860年4月18日，英军派出2000人马，从香港启程，由格兰特将军亲自率领前来。法军仅派出200名海军陆战队士兵，由巴热准将带领从广州赶来。4月21日，双方在占领定海时，发生了象征性的旗杆争执事件。

在俯视该城的丘陵山顶有座炮台，竖有两根明显可见的旗杆，而一根比另一根高。法军士兵抢先上去，把三色国旗升到最高的旗杆上！随后英军士兵经过努力，好不容易找到一根更高的木杆勇敢地挂上英国米字国旗。格兰特将军讲述这一故事时指出，这纯系联军之间逗逗乐而已。但法国人却不那么看，他们一直在找更高的旗杆飘扬国旗呢！[1]

法国人占领舟山以后，在东岳山下曾建有法国坟三座，四周建了围墙，还配有守陵人，还造了天主教堂，在梵蒂冈天主教堂备了案。在年终岁首时节，都会有法国兵舰驶来，舰上有官兵上岸为法国坟扫墓。法国人在舟山如此大兴土木修建园陵，是一种长期居住的打算。

1859年，法国皇帝拿破仑三世任命查理·库赞·蒙托邦将军为法国对华远征军总司令。由于舟山地处长江口，锚地舒适，资源丰富，在整个征战期间，蒙托邦将军一直惦记着舟山群岛，曾梦想法国占有这些岛屿，以便与已占据香港的英国竞争。

蒙托邦

---

[1][法]伯纳·布立赛著，高发明、丽泉、李鸿飞译：《1860：圆明园大劫难》，浙江古籍出版社2005年版，第76页。

1860年10月,当英法联军和清政府在北京进行议和谈判时,英、法之间关于舟山问题的矛盾又突出起来。必须从舟山及其港口撤出,使蒙托邦将军极不情愿,他认为,舟山及其港口本来可以用来抵消英国人对香港的占领,同时也可以抗衡俄国和美国的贸易进犯。他一再声言:"假如我负责领导工作的话,那么我就不会放弃舟山!"当议和条约即将签订,占领舟山已经无望之际,蒙托邦还不死心,写信给陆军大臣,表示即使不能占领群岛全部,只占领其中三个岛也好。他在信中说:

群岛由七个岛屿组成,然而为了不要一下子就使得我们的盟友感到疑虑重重,我认为可以和中国政府谈判占领其中三个主要的岛屿,它们的面积最大,最宜筑垒防守且又彼此间有联系,那就是舟山、大榭和金塘。[1]

他因此对法国特使葛罗不满,认为葛罗是为了避免冒犯英军司令官额尔金才在这一问题上做出让步。"我发现我们从这场战争中所获甚少。"他这样抱怨,还补充说这是他与葛罗之间唯一的"阴影"。

葛罗对蒙托邦将军的指责十分恼火,不过他反倒强调他们之间的良好关系。他在信中说:

他无疑尚未理解这一决定的全部意义,但我希望,他将来更成熟,尤其是经验更加丰富的时候,会赞同这一决定。[2]

但他仍然有信心说服蒙托邦撤出舟山群岛,不管出于自愿还是应他的请求。在葛罗看来,保留舟山群岛是不可能的事。舟山从1842年起被英国人占领,后来已经归还给中国人。在他的思想中,舟山群岛"无论对英国还是对法国,都不是一块可以据为己有的土地"。要避免这些土地成为与中国发生冲突的诱因,这是不言而喻的。但更为重要的是,要避免使它成为与英国发生冲突的诱因。

随军的法国翻译官埃利松在他的《翻译官手记》中,提到蒙托邦将军想要得到舟山的坚定态度:

---

[1] 中国史学会主编:《第二次鸦片战争》(中国近代史资料丛刊本)第六册,上海人民出版社1979年版,第333页。
[2] [法]伯纳·布立赛著,高发明、丽泉、李鸿飞译:《1860:圆明园大劫难》,浙江古籍出版社2005年版,第83页。

在本月的最后几天，根据北京条约的章程，军队应撤离舟山。放弃该岛的主张完全是出自额尔金勋爵，葛罗男爵对这一条表示赞同，然法军司令官（指蒙托邦）则运用他的全部影响来加以抵制。[1]

蒙托邦的抵制最终没有成功，法军还是撤出了舟山，他在给陆军大臣的信中因此而感叹不已："我对放弃舟山更感到遗憾。"在回忆录中他写道：

假如给我们军队造成什么麻烦的话，那么我就应该占领舟山，而且我可以托故没有参与立即撤离一事，从而推卸我的责任。

英国人刚刚从恭亲王那里在香港对面的九龙弄到近三十法里的一块相当大的土地，然而却不允许我们得到同样的好处，不允许我们可以保留舟山。在起草条约时，额尔金勋爵在有关我们应撤离这样一个重要地点的条款上，不知施加了多少压力。[2]

蒙托邦在给陆军大臣的信中，破口大骂英国的额尔金勋爵"伪善"：

（额尔金勋爵）的宽宏大量真是伪善透顶……他对我非正式地讲，我们最好能放弃舟山岛……希望看到我们离开舟山，因为我们在那里没有耗费多少资源就站稳了脚跟。[3]

而英法联军中英军司令官额尔金指出，英政府本想霸占舟山群岛，香港曾是英国的累赘；还说：

一个有头脑的人竟会要香港而不要舟山，这似乎是不可思议的。[4]

额尔金

---

[1] [法]埃利松著，应远马译：《翻译官手记》，中西书局2011年版，第104页。
[2] 中国史学会主编：《第二次鸦片战争》（中国近代史资料丛刊本）第六册，上海人民出版社1979年版，第330—331页。
[3] 中国史学会主编：《第二次鸦片战争》（中国近代史资料丛刊本）第六册，上海人民出版社1979年版，第319—331页。
[4] 余绳武、刘存宽主编：《十九世纪的香港》，中华书局1994年版，第271页。

但英国很清楚,占领舟山清政府是不会答应的,不如以撤出舟山作为诱饵,逼迫清政府割让九龙,从而扩大香港的地盘。

最终,法国还是在英国的压力面前屈服了,这主要决定于当时两国的军事力量对比。当时,法国在中国的远东舰队只有一艘大型帆舰、三艘小型帆舰,600名海军陆战队员,舰只和兵员只相当于英国军队零头,法国人没有办法不听英国人的驱使。

四、中法战争期间的舟山

1883年(光绪九年)12月,驻越南的法国联军突然越过中越边境,悍然发动侵华战争。1884年8月,他们依据1860年(咸丰十年)五月第二次鸦片战争时的经验,那时,英法联军突破浙东防线,由此长驱直入,深入中国腹地,直抵京师,迫使清政府屈膝求降。这一次他们也想如法炮制,把主攻目标定在甬江口的镇海关。

据新版《宁波市志·军事篇》载:1884年9月2日,一艘名为"拔多"号的法舰在定海道头港靠泊,舰长入住城里天主教堂,白天乘舢板探视道头港沿岸炮台,并测量水深。这一举动引起官民高度警惕,海防工事的修筑便紧锣密鼓地施行起来。清朝廷谕令浙江防务"必先能守,而后能战",守是第一位。

定海村庄

大战前夜，浙江巡抚刘秉璋认为，保卫浙江海防，"以宁波为重要，镇海为宁波口门，而定海孤悬海上，又为镇海外护"。因此，应把防御重点放在这三处。镇海与舟山一港相隔，唇齿相依。有道是唇亡齿寒，如果舟山失守，镇海也难保，所以在当时，清朝廷在加强镇海海防设施的同时，对舟山的防务也着实下了一番功夫。

早在1884年2月，浙江巡抚刘秉璋便亲自到定海巡视防务。他回去后，派遣台州知府成邦干，会同署定海总兵贝锦泉，率8个营的5000兵防守定海。宁绍台道薛福成也亲临定海，共商守护大计。官方在定海城乡贴出安民告示，说明形势真相，禁止造谣生事，劝告民众不要惊慌，自安生业。同时发出指令，叫在定海的法国教士和商人暂时迁居到宁波江北岸，跟宁波的法国教士与商人住在一起，以防他们与法军有所勾连。成邦干与贝锦泉在定海修筑土城炮台备战，不由得格外思念当年三总兵，为此集资建祠。宁绍台道薛福成撰《新建三忠祠碑记》。舟山军民做好了与法军决一死战的准备。

如何遏制法国对舟山的进犯，薛福成提出，除了加强设防外，还应开展外交方面的努力——即利用中英旧约"以夷制夷"。1846年英军退出舟山后，英国为了获得在舟山的特殊权益，强迫中国签订了一个侵害中国主权的保护舟山条约。其中第三款是中国不把舟山让与外国，第四款是如有别国攻打舟山，英国必为保护。于是，他建议朝廷通知英国公使要遵守旧约，同时自己也反复劝说英国驻宁波领事向英国政府进言。

他写成《英宜遵约保护舟山说》一文，文章对英国朝野晓之以理，即英国必须按照国际公法遵守旧约，同时又强调如果法国占据舟山，香港的贸易必定会受很大影响，"舟山关系通商全局，英宜亟加保护，非为中国，实自为也"。[1]文章被译成英文，寄往伦敦各报馆刊登，引起很大反响。英国朝野上下对舟山问题密切关注，纷纷要求政府履行旧约，不能坐视法国在中国暗损英国"固有之利"。

薛福成在《浙东筹防录》一书中说，英国政府不愿开罪法国，初不欲明言保护舟山。英国驻上海总领事也奉政府之命，与法国驻华公使达成秘密协议：英国不宣布保护舟山以妨害法国行动，但法国也决不进攻舟山。英国一方面害怕法国夺取舟山，确实多次向法方提出过交涉；另一方面，英国不愿公开其立场，宁愿与法

---

[1]中法镇海之役资料选辑编委会编：《中法战争镇海之役史料》，光明日报出版社1988年版，第184—187页。

国作私下交易。而法国尽管了解英国的疑虑,一面对此向英方表态决不主动攻击中国的港口,不影响英国在长江流域的既得利益,一面却又不断进攻。双方这种暗地里的角逐从战前一直延续到战争进入高潮。

法国一直没有放弃占据中国一个海岛以此索取军费的意图。法国进攻台湾受挫以后,远东舰队司令孤拔还在坚持北上计划,并把战火延烧到镇海口。

当新闻传媒纷纷扬言孤拔企图占领普陀以为屯兵之地时。薛福成电请上海英国总领事,请其设法驱逐。英国方面积极地予以了回应,英国驻沪领事特地转电薛福成:"英有保护舟山之约,普陀亦舟山属;如法果往占,英愿助中国驱逐。"[1]明确表达了英国愿意履行条约以"保护舟山"的立场。

后来,法国舰队尽管多次向镇海发动攻击和挑衅,却从来没有染指定海及其下辖的舟山群岛。这样,薛福成就成功地达到了运用国际法和英法矛盾牵制法军进攻定海及保卫舟山安全的目的,从而得以集中精力防御镇海;同时也为中国近代外交史提供了一则极为罕见的成功事例。

金塘岛沥港

1885年2月10日,6艘法舰驶抵定海金塘洋面,浙东告警。3月1日,法国远东舰队司令孤拔率"纽回利"号等4艘舰船开始在镇海口发起进攻。招宝山炮台

---

[1] 中法镇海之役资料选编委员会编:《中法战争镇海之役史料》,光明日报出版社1988年版,第187页。

开炮还击,命中"纽回利"号,击断其头桅,伤及船头船尾。威远炮台守军和南洋舰队泊在三江口的3艘舰船一齐开炮向法舰猛击。2小时之后,法舰力不能支,退泊金塘。翌日再战,法舰受重创,死伤多人,不得不退出战斗。"纽回利"号已无法启动,需由别的舰船将它拖离镇海口。此后十多天,法舰在舟山海域驶来开去,意欲寻衅滋事,因定海布防严密,法舰无空子可钻,下不了手。

中法战争期间,媒体对当年舟山的报道,最多的要数《申报》了。《申报》的创办人是英国人安纳斯托·美查,自1872年4月30日起经营了78年,出版25600期。当时,上海《申报》中有两则是关于法军入侵金塘的报道。法军在中国沿海挑衅,世人瞩目,美查和当时的《申报》主笔钱昕伯抓住这一时机,聘请一个俄国人担任访员,来宁波镇海观察战事,采写了一系列见闻,在《申报》上连续刊登,一时名声大振。

1885年3月23日,《申报》报道了"法人至金塘掠民牛羊"的情况:"近日法人米粮告尽,每至金塘口掠取居民牛羊等物,恶贯已盈,竟有力尽计穷之日,天道真瞆瞆哉。"[1]米粮告罄之时,法军只得上金塘岛抢掠岛民的牛羊。

1885年4月14日,《申报》又报道了"金塘泊有法船"的情况:"近日油山(应指鱼山)、金塘两处泊有法船三艘,船身时时髹漆,忽红忽白忽黑忽青,令人猜疑不定。然彼虽诡计百出,而我军水陆各营早已严为之备,同心戮力,誓扫妖氛,以逸待劳,以静制动。森严壁垒,屹若长城,其将奈我何哉。"[2]

法国军队在陆、海两路战场上都没占到便宜,只好于4月4日与中方谈判,至6月9日,《中法新约》在天津签订,战争结束。

自鸦片战争以来,舟山多次受外国侵略者的荼毒,唯有这一次幸免于难。法国侵略者没有打舟山,也许跟第二次鸦片战争时受的教训有关,那时,英法联军占领舟山,法国人处心积虑想占有舟山,但英国人不答应。法国人慑于英国强大的军事力量,不敢染指舟山,因此,中法战争期间,法国人只把炮口对准镇海,而没有指向舟山。

五、李希霍芬关于舟山的论述

费迪南·冯·李希霍芬是德国地理学家、地质学家、近代早期中国地理学研究

---

[1]舟山市档案馆编:《〈申报〉舟山史料汇编》(内部资料),1990年版,第28页。
[2]舟山市档案馆编:《〈申报〉舟山史料汇编》(内部资料),1990年版,第28页。

李希霍芬

专家。他出生于普鲁士一个贵族家庭,1856年毕业于柏林大学。曾担任柏林国际地理学会会长、柏林大学校长、波恩大学地质学教授、莱比锡大学地理学教授等。在近代地理学领域中,李希霍芬被视为重要的先驱,他在世界各地的地质记录与观察结果、文献都非常详尽,备受学者推崇。

作为一名享誉世界的地理学家,李希霍芬在中国的活动仅仅是他在全世界漫长并且地域广泛的地理考察的一部分。1859年他以地质学家的资格,随艾林波伯爵的使节团出访远东。这次旅行,他没有进入中国大陆,因为搜集的资料遗失,也没能写出专著。但当他经过台湾时,被台湾丰富的物产深深吸引,使他下决心对中国进行全面调查。1868年他接受了普鲁士政府的委派,重访远东。这次访问他不仅负有政府方面的地质调查任务,而且"还有更为隐蔽的政治和商业的使命"。在此后的4年中,他七次旅行中国,贯穿13个省,作了大量的实地调查,时间之长,地点之多,均非他人所能及。

1872年李希霍芬回国后,著有《中国——亲自旅行和根据旅行研究的结果》一书,简称《中国旅行报告》。在书中,他不仅论述了中国的地理和经济资源的分布,为德国政府提供了详细的军事、经济情报;而且向当时的德国首相俾斯麦提出了夺取舟山群岛的建议,从而对60年代初期艾林波使节团(李希霍芬也是其成员之一)夺取台湾的建议进行了修正。李希霍芬可能不是第一位在中国国土上进行资源调查的外国人,但却是成果最大的一位。中国地质学家、中国地质科学事业奠基人之一的翁文灏先生称李希霍芬"对于中国主要地质构造及地文之观念,其伟大之贡献,实无其他地质学家,足与伦比"。[1]

1868年11月至12月,李希霍芬考察舟山时,立刻意识到这个地方最适宜作为德国人在中国的商贸军事据点,是一个既可以做海军基地也可以成为一个重要贸易中心的地点。在军事上,它易于设防,应对紧急事件;在商业上,经济潜力强大,有望成为"德国的香港"。

---

[1] 郭双林、董习:《李希霍芬与〈李希霍芬男爵书信集〉》,载《史学月刊》2009年第11期,第56页。

由于舟山在地理位置上优越于香港,它将成为一个"在外国保护下的自由港",可以"在大部分中国贸易中,起香港和上海的双重作用"。[1]所以他在当年11月21日的日记中写道:"作为一个自由港,在一个像普鲁士的国家手里,舟山可以得到一个世人推崇的地位";"这个口岸是易于设防的,并且由一个舰队可以控制和华北及日本的交通。"[2]

他先后写了两份夺取舟山作为"北德海军站和港口殖民地"的报告,请德国总领事转交首相俾斯麦。他认为"在东亚获得一个固定的据点"是非常需要的,继续增长的德国商业和航行利益,使得"有必要发展海军以保护这些重要的利益和支持已订的条约;要求在万一发生战事时德国的商船和军舰有一个避难所和提供后者一个加煤站;这一切都使得德国迫切需要在东亚获得一个固定的地点,宁早勿迟"。选择的地点无论如何要在中国海岸,因为中国的经济潜在力量使欧洲以外任何国家都相形见绌。[3]

他预言在舟山的一个新港口提供了无限的商业机会,将会很快地吸引"从上海而来的庞大贸易",尽管上海在长江口,主宰着当时长江流域的贸易。

舟山如处在外国保护之下,比起上海来可以给予外商财产以无比的安全保证。……假使在上海附近有一个在外国人保护下的自由港,甚至也许将营业整个地移到那里,那么这样一个地方就可起合上海与香港为一的作用,来担当中国极大部分的贸易,而使双重的业务管理变为不必要。

此外,舟山口岸也易于设防。在中国随时可再发生复杂情形之下,很可能有机会找到一个占领这个口岸的借口,然后用给予利益或金钱补偿的方法以达到用友好的方式永久地和正式地割让舟山岛及附属地带,也许不甚为难。[4]

在这里,李希霍芬不仅尽心尽力地为普鲁士寻找殖民据点,而且连夺取舟山的

---

[1][英]约翰·E·施瑞克:《德国势力范围的获得》,载刘善章、周荃主编:《中德关系史译文集》,青岛出版社1992年版。
[2][德]施丢克尔著,乔松译:《十九世纪的德国与中国》,生活·读书·新知三联书店1963年版,第93页。
[3][德]施丢克尔著,乔松译:《十九世纪的德国与中国》,生活·读书·新知三联书店1963年版,第79—82页。
[4][德]施丢克尔著,乔松译:《十九世纪的德国与中国》,生活·读书·新知三联书店1963年版,第82—83页。

外国商船在定海

方式都考虑好了。他的这一建议曾引起普鲁士政府的高度重视,这可以从俾斯麦下达的一项关于在中国沿海获取一个"海军仓库"的命令中得到完全证实。

1870年4月2日,俾斯麦在致北德同盟驻北京公使李福斯的信中说:

> 为了德国商务的利益,特别是为了保护德国航业以对付海盗的骚扰,有必要在东亚海面经常保持同盟的一部分海军大小舰只。因为路途遥远,既不能常常轮流换防,也不能从祖国海港直接供应装备器材和粮秣。
>
> ……………
> 我们因此希望尽快也同中国政府达成一个协定,使其以买卖或租借的方式,在中国沿海的一个中心地点或海岸附近的一个岛屿上,让北德同盟为了上述目的占有一块够用的土地,作为建设海军仓库之用。[1]

此时的德国限于实力,还不可能强占中国港湾,因此俾斯麦政府首次提到了租借或买卖中国港湾的计划。俾斯麦指示驻华公使李福斯,要以尽可能秘密的方式与中国谈判。至于地点,海军当局属意于鼓浪屿和舟山岛,但俾斯麦从外交的角度

---

[1] [德] 施丢克尔著,乔松译:《十九世纪的德国与中国》,生活·读书·新知三联书店1963年版,第332页。

否定了这个建议,他指出:"如果同盟因为获得这个地盘而同一个友邦、特别是同美利坚合众国引起竞争,则是我最不希望的。"[1]而对法战争开始后,这个计划也随之搁浅。

在此后二十多年间,德国政府没有把夺取中国港湾作为政策的重点,因为"俾斯麦的政策也把巩固帝国在中欧的大国地位放在首位,它不想以牺牲其他列强利益的方式来谋求进一步的扩张,因为那样做必定会对帝国的生存产生威胁"。不过,此后有关获取中国沿海港湾的讨论并没有停止。

六、德国图谋侵占舟山的档案解密

近代德国为什么会看中舟山?德国图谋侵占舟山起于何时?只要查阅一下近代有关中德关系方面的外交文件档案,便可发现,早在19世纪60年代,德国就企图夺取中国沿海港口作为"商贸军事据点",并锁定舟山为远东地区最佳的自由港。

1894年11月17日,德皇威廉二世在致德国首相何伦洛熙公爵的一则电文中说:

我们在亚洲亦需要一个据点,因为我们的营业每年值四亿马克。在这方面,我提议台湾,该地在六十年代已为艾林波伯爵率领之使节被认为适宜并建议于当时的普鲁士政府。[2]

这里提到的艾林波(又译为冯·奥伊伦)伯爵率领之使节,指的是1859年普鲁士政府派往远东的外交团,它访问了锡兰、日本、中国台湾、菲律宾和爪哇等岛国和地区,途经曼谷、加尔各答等,于1862年回国。当时中国正值太平天国军队与清军决战时期,他们未能进入中国大陆。

从这则电文可以看到,在1862年这个使节团一回国,便向当时的普鲁士政府提出了在台湾建立军事"据点"的建议。他们甚至建议"可以台湾南部居民和普鲁士军舰'易北'号发生冲突或以这个岛上对德国商船的偶尔袭击为借口"[3],占领该岛。其后,在几十年的时间里,鼓吹在中国沿海谋取所谓"据点"主张的,不乏其人,其中最有影响力的是李希霍芬。

---

[1] [德]施丢克尔著,乔松译:《十九世纪的德国与中国》,生活·读书·新知三联书店1963年版,第333页。
[2] 孙瑞芹译:《德国外交文件有关中国交涉史料选译》第一卷,商务印书馆1960年版,第5页。
[3] [德]施丢克尔著,乔松译:《十九世纪的德国与中国》,生活·读书·新知三联书店1963年版,第79页。

外国水兵在舟山踢足球

德国方面对获取中国港湾没有分歧，但对选择哪个港湾则有不同意见。台湾、澎湖列岛、大鹏湾、舟山群岛、厦门鼓浪屿、胶州湾、威海卫、三沙湾等都是曾经讨论的对象。

李希霍芬提出的意见是选取舟山群岛，外交大臣（外交署国务秘书）马沙尔开始也倾向于这种意见。马沙尔还在1895年2月1日就指出，澎湖列岛"完全没有价值"，台湾岛是法国觊觎的对象，故也应"置于我们考虑之外"，而舟山"在目前看起来对于我们是可以如愿的事"。[1]

外交部参事克莱孟脱认为，舟山最适合，大鹏湾、厦门鼓浪屿都是适合的选择，但是从外交的角度考虑，"现在对于我们已不能加以考虑"，而澎湖列岛、胶州湾"同一不重要"，台湾"无一个可能使用的港口"，故也不可取。[2]

外交部拿不准应该选择哪个地点，于是咨询德国海军大臣，（海军署国务秘书）何尔门，他从军事的角度提出应该获得的是军港：

所谓军港者，应理解为属于德国领土主权下的国外可靠地点。这些地点在任何时

---

[1] 孙瑞芹译：《德国外交文件有关中国交涉史料选译》第一卷，商务印书馆1960年版，第9页。

[2] 孙瑞芹译：《德国外交文件有关中国交涉史料选译》第一卷，商务印书馆1960年版，第17页。

候有可能对我们的船只供给粮秣、煤、军火及其他各种需要品。有能执行一切修理任务的工场、船坞、造船厂的滑床；有能收容伤病人员的医院；能安置船上补充船员的兵营。在战争时候军港成为一切行动的基地：它们能成为舰队的集合点及据点，并为商船的安全避难所。[1]

何尔门提出，在中国至少要获取两个这样的军港，"一个在我们的利益范围的北部，一个在其南部"，具体地点的选择应符合几个条件：一是必须是一个宽畅的海港，各方面不受海与风的影响，并有优良的停泊地点，就海港附近土壤的性质而言，建筑货站、工场及船坞时，必须没有不可能克服的困难；二是地点必须位于主要交通线上，且有商业价值；三是在天然的特点方面，必须能提供建筑要塞的有利条件；四是尽可能避免与其他列强军港过于靠近。

根据这些条件，何尔门提出三个可供选择的组合：一组是舟山与厦门；一组是胶州湾与大鹏湾；一组是朝鲜南端莞岛与中国南方的澎湖列岛。何尔门指出，如果由于英国的因素而得不到舟山，那胶州湾是"第二最适宜"的地点。[2]

1895年9月9日，外交部副大臣罗登汉分析了各方面的意见后否定了舟山、澎湖、厦门、莞岛等选择，认为唯一的选择是胶州湾。

如果我们现在要求舟山岛，我们必须估计到英国的反对。英国似乎早已与中国有秘密协定对该岛取得权利。另一方面如果我们要求台湾，则我们将要与日本、法国发生冲突，这两国都垂涎该岛。[3]

沈家门渔港夜色

---

[1] 孙瑞芹译：《德国外交文件有关中国交涉史料选译》第一卷，商务印书馆1960年版，第89页。

[2] 孙瑞芹译：《德国外交文件有关中国交涉史料选译》第一卷，商务印书馆1960年版，第91—92页。

[3] 孙瑞芹译：《德国外交文件有关中国交涉史料选译》第一卷，商务印书馆1960年版，第17页。

因为澎湖列岛由日本占据,舟山是英国"想念"的地方,厦门是条约口岸,大鹏湾在飓风主要路线上,占据莞岛会遭到日俄反对,唯有胶州湾"最有成功的希望",因为"只需与中国单独交涉",他认为尽管胶州湾有缺点,但它是阻力最小的地点,"我们就应该争取胶州湾"。[1]但海军司令克诺尔不赞成选择胶州湾和厦门,而比较倾向于舟山。[2]因为当时的政治条件,这些讨论"并没有得到具体的结果"。

1897年,威廉二世派遣海军部建筑顾问福兰西斯前往东亚,实地勘查胶州湾是否适合作为帝国海军基地之用。考察团在考察了三沙湾、厦门、舟山以北的长涂后,认为长涂只能作军港,不能作商港。

除此以外,他们还视察了一处位于舟山群岛以北由两个小岛组成的长涂。该岛的海港至多只能满足海军的需要;至于要作为一个商埠,则因为其周围太小,且围绕它的两岛也太小,所以绝对没有发展的希望。这两个岛是否属于舟山群岛也还没有证实。无论如何,长涂的海港有被舟山群岛攻击与炮轰的危险。[3]

并且他们得出只有胶州湾一处从技术观点上值得考虑的结论。在看到福兰西斯的报告后,威廉二世召集御前会议,最终作出了占领胶州湾的决定。至此,威廉二世和外交部、海军部关于在中国沿海取得军事据点的地点终于确定。

由此可见,自从李希霍芬的报告到达柏林以后,占领舟山作为自由港这件事没有被德国政府遗忘。直到1895年中日甲午战争期间,德国外交大臣马沙尔在致驻伦敦大使哈慈菲尔德伯爵的电文中,还特别提到李希霍芬的工作:

早在一八六九、一八七〇年,公认的中国通李希霍芬教授在他上俾斯麦公爵的详细报告中,强调主张夺取该岛(指舟山群岛)。他盛赞舟山拥有一个易守及易于设防的港口,他今日还相信,如果采用适当的措施,如设立自由商埠,该岛不难发展成为商业大都会。不但能吸取邻地宁波之商业,并能在该方面的交通上起而代替上海之地位,因为上海海港不易容纳大船进出。[4]

---

[1] 孙瑞芹译:《德国外交文件有关中国交涉史料选译》第一卷,商务印书馆1960年版,第96—97页。
[2] 孙瑞芹译:《德国外交文件有关中国交涉史料选译》第一卷,商务印书馆1960年版,第102页。
[3] 孙瑞芹译:《德国外交文件有关中国交涉史料选译》第一卷,商务印书馆1960年版,第132—133页。
[4] 孙瑞芹译:《德国外交文件有关中国交涉史料选译》第一卷,商务印书馆1960年版,第9页。

为了得到舟山群岛就要与英国相抗衡,李希霍芬却根本不在意英国已于1846年迫使清政府答应决不将这个岛屿给予其他任何强国。而马沙尔主张"赶快占据"舟山,他完全是根据李希霍芬的建议和评论提出这一主张的。但他企图避开英国的反对,通过秘密谈判途径从中国政府手中买下这个岛屿的计划,却没有实现。加之普法战争的爆发,占据舟山的图谋于是失败,德国于是退而求其次,把目光转向位于山东的胶州湾。

七、马汉论舟山在长江流域中的战略地位

艾尔弗雷德·塞耶·马汉,美国历史上最著名和最有影响的海军理论家和历史学家,是"海权论"的创始人。1885年,美国海军部将马汉从巡洋舰舰长一职调入海军学院,出任该院海战史和海军战略课的讲师,他从此开始了军事理论研究和著述工作。1886—1893年间,马汉曾两度出任海军学院的院长。1890年5月,马汉的代表作《海权对历史的影响(1660—1783)》一书出版,为近代海军战略理论奠定了基础。1898年,美西战争爆发,马汉受海军部特邀,参加"海军战争委员会",参与美西海战的决策和指导工作。1899年,马汉以美国海军代表的身份出席第一次海牙国际和平会议。1902年,马汉出任

马汉

美国历史学会主席,并从此实际上成为罗斯福总统发展世界海军强国的首席谋士,罗斯福称马汉是"美国生活中最伟大、最有影响的人物之一"。

《海权论》原为《海权对历史的影响》的简称,后经整理,有的译本又收入马汉的《欧洲的冲突》《亚洲的问题》《美国的利益》三部著作。此书从总结英法欧洲强国的历史兴衰中得出结论:谁控制了海洋,谁就拥有了控制海上交通的能力;谁拥有了控制海上交通的能力,谁就控制了世界贸易;谁控制了世界贸易,谁就控制了世界财富,从而也就控制了世界本身,从而将控制海洋提高到国家兴衰的最高战略层面。

马汉认为，一个国家要取得海上强国地位，必须具备六项条件：一是地理位置适中，靠近海上交通要道并拥有良好的港口和海军基地；二是地形合理与否，尤其指海岸线的性质和海岸地貌的状况；三是疆域的大小，要求人口、资源与国土面积成比例，小了不行，太大防守密度低也不利于国家安全；四是人口，必须拥有从事海洋性职业的人；五是民族性，如果一个国家的人民对海洋没有感情，是不可能致力于发展航海事业和推行海洋战略并建立海权的；六是政府体制，即国家和政府要有发展海上力量的决心。[1]

而中国在美国的太平洋战略中居于中央枢纽的核心地位，因为"陆权"与"海权"在亚洲的斗争焦点是中国：必须重申的是，当前的主要利益焦点是中国，它幅员广大又正处于动荡之中。另外，在中国四周还有着其他陆上及海上的富庶地区，它们构成了从爪哇到日本的东亚世界。既然当前的世界历史正处于一个十分关键的时期，而中国的变化趋势也处于一个将决定未来前景的转折点，那么对美国来说，完全有必要认真考虑中国应扮演怎样的角色，并如何为此做好准备。

马汉十分看重控制长江流域的重要性，《海权论》"日本、中国的变化及其影响"一节中对长江流域有如下论述：

这个唯一的例外针对的是长江流域。在笔者（指马汉）看来，长江流域在政治和商业上都极为重要，为此需要多强调几句。长江深入中国内地，而且很大的轮船从海上可直接沿长江的主要河段上溯而行。长江流域的广大地区也依靠长江与外界便捷地来往。地理上，长江介于中国南北之间，从而对商品的分配和战争的进行都颇具影响。所以，一旦在长江流域建立起了势力，就在中国内地拥有了优势，并且能自由、稳定地通过长江沟通海洋；而在长江地区的商业优势又会加强其他方面的有利地位。这些合在一起，谁拥有了长江流域这个中华帝国的中心地带，谁就具有了最可观的政治权威。出于这些原因，外部海上国家应积极、有效地对长江流域施加影响，而中国由此得到的益处也会被更广泛地、均衡地扩散到全国。在长江流域丢下一颗种子，它会结出一百倍的果实，在其他地区也有三十倍的收获。[2]

在这里，马汉再一次提到了长江流域对美国实现在中国利益的重要性。他指

---

[1] 转引自王普丰主编：《现代军事学》，重庆出版社1990年版，第118页。
[2] [美]马汉著，萧伟中、梅然译：《海权论》，中国言实出版社1997年版，第277—278页。

出,征服一个地区的最好办法是首先找到一个中心而不是四面出击。在中国,这个中心就是长江流域。长江深入中国内地,而且较大吨位的轮船从海上可以直接沿长江的主要河段上溯而行。一旦在长江建立起稳固的势力,就在中国内地占有了优势,并能自由地、稳定地通过长江沟通海洋。这是长江流域得天独厚的优势,美国对此必须牢记在心。马汉的分析推进了我们对长江的看法,即长江不仅对于中国的统一,而且对于抵御"外族进攻"都具有重大的战略价值。

马汉在"海权之要素"一节中指出:

> 一个国家的海岸就是它的一道边界。这道边界越是能够方便地提供通向外部地区的途径——在本书中是指海港,一个民族就越是倾向于通过此与世界的其他部分进行交流。在一个假定的国家中,如果只是拥有漫长的海岸线,但是却完全没有一处港口,这种国家就不可能拥有自身的海洋贸易、海洋运输以及海军。……
>
> 宽大与水深的良港是力量与财富的一个来源,如果他们还是可供航运河道的出海口的话,那就更是如此了。这会便于一个国家的国内贸易集中于它们。然而,由于它们十分易于接近,如果不加以适当防卫的话,在战争中,这将成为薄弱环节。[1]

荷兰在历史上之所以被称为"海上马车夫",是因为荷兰作为英国、法国、德国、波罗的海诸国各大河流口岸的居中者,它几乎承揽了当时欧洲所有主要国家的海上中转贸易。今天我们认为,长江口一带称得上马汉所说的"宽大与水深的良港"只有舟山港。

位于长江口的舟山群岛

---

[1] [美] 马汉著,萧伟中、梅然译:《海权论》,中国言实出版社1997年版,第35页。

由此可见，舟山群岛作为环太平洋地区的"桥头堡"，是长江流域通向世界的门户，是第一岛链的敞口处，具有世界罕见的深水良港资源，其战略地位和基地价值就被近代以来的西方人所看重。正如马汉所说："海权的最理想的位置是居中央位置的岛屿，靠近主要的贸易通道上，有良好的港口和海军基地。"舟山群岛基本上具备了马汉所提出的海权的几个要素。今天，拓展我国海洋战略空间，维护海洋权益，成为浙江舟山群岛新区设立最显著的特征之一，舟山也因此成为中国实施海洋强国战略的前沿岛屿。

八、近代美国远东战略中的舟山

自1846年以后，美国战略思想家即将目光投向了太平洋，他们已普遍形成这样一种意念，认为美国的帝国使命是必须跨越太平洋而向东方扩展。他们意识到，英国、法国、西班牙、荷兰等国家在近代之所以强盛，是由于拥有东方。印度和中国，对英国产业革命起了极其重要的作用。扩大对亚洲贸易，被美国政治家认为乃是美国资本主义发展迫在眉睫的紧急课题。

林肯总统的国务卿、参议员威廉·西沃德首倡"太平洋帝国论"：美国的使命是"在太平洋沿岸同东方文明相会"，主张美国应该为成为太平洋"最大的海洋帝国而奋斗"，并将"太平洋及其岛屿和周边的大陆"作为美国海洋帝国的关键地区。1852年，他在一次著名的参议院演说中提出关于"被亚洲平原划分成东西的两大文明的冲突与融合"问题（早于亨廷顿文明冲突论140年）。他指出，在不久的将来欧洲将要衰退，然而，"以太平洋盆地为中心的沿岸和岛屿这一广大地区，在伟大的世界未来中，必将成为发生各种伟大历史事件的主要舞台"。[1]

对于西沃德的太平洋帝国构想，海军军官佩里是一位积极的实践者，1856年3月，他在美国地理学统计学协会发表的演说中指出："我们应当具有一种远略，让太平洋及其周边盆地成为美国平静的内陆湖泊。"[2] 提出美国应开辟从美国东海岸到中国上海的航线，主张美国应该在太平洋地区的重要岛屿上建立海军基地，并特别强调台湾岛的重要性。

在上述思想的支配下，美国开始介入侵蚀远东海洋主权的活动：1840年，美国

---

[1] 转引自何新：《论中国历史与国民意识》，时事出版社2002年版，第24页。
[2] 转引自何新：《论中国历史与国民意识》，时事出版社2002年版，第25页。

总统派遣佩里将军率军舰首航日本；1843年,美国军舰到达澳门,并进到黄浦江鸣炮恫吓清政府；1844年,中美《望厦条约》的签订,美国兵舰获得到各通商口岸"巡查贸易"的特权；1852—1853年,佩里率舰队进入东京湾,在横须贺登陆,强迫日本实行门户开放；1856年第二次鸦片战争爆发,美国迫使清政府签订中美《天津条约》；1860年《北京条约》签订,美国同中国的通商口岸扩大到沿海、沿江的16个港口；1868年美国公使蒲安臣使华,其结果是《中美续增条约》(《蒲安臣条约》),继续扩大美国在华利益。

1853年夏,佩里登陆东京湾横须贺

19世纪末20世纪初,美国的太平洋扩张进一步指向中国。马汉对"太平洋帝国论"加以具体发挥,竭力鼓吹夺取亚洲和太平洋的霸权,甚至声称"太平洋是我们的洋",认为"以中国为中心的未来世界之责任",应由美国负起。这一战略思想,影响了整个20世纪美国的外交基本政策。"海权论"成为美国海上力量崛起的基石,也成为美国称霸世界的行动纲领。受马汉的影响,自1897年以来,美国海军、驻华公使与华盛顿一直在讨论占领中国沿海一个港口的可能性。1898年10月,烟台美国领事福勒竭力向国务院建议占领中国的一个港口。他主张占领烟台,并提出舟山群岛、台州、登州、庙岛等地作为其他可供选择的地点。

康格任驻华公使后不久于1898年10月建议国务院,在渤海湾占领一处海军基地,后来又提出在取得英国谅解后占领舟山,他说:"我们应当作好准备,用谈判或者实际占领的方法,至少拥有并控制一个优良港口,从那里得以有力地确保我们的权利和有效地施展我们的影响。"美国海军部和陆军部也积极策划在中国沿海占领港口。海军部企图占领三沙湾或舟山群岛,陆军部主张在渤海湾建立一处基地。[1]

面对中国势力范围被西方瓜分完毕和长江流域沦为英国的势力范围,美国当时又没有足够的海军力量与英国海军抗衡,于是在 1899 年起草了一份文件,要求各列强保证,中国各地不管属于谁的势力范围都应该向所有友好国家进行贸易开放,这就是著名的"门户开放"政策。

1898 年,美西战争刚结束,马汉再次发表文章提醒政府,"一旦在长江流域建立起了势力,就在中国内地拥有了优势";"我们在远东的注意力目前是集中在长江流域。""为保证门户开放目标的实现,需要显示我们的力量,不仅是在中国,而且是在海上交通线上";"我们必须在太平洋保持有效的海军力量",他甚至设计出美国通往中国的海上交通线及其需要控制的重点海区。[2]

1900 年,马汉在《亚洲问题》一书中指出东亚政治主要表现为英国和俄国之间即海权和陆权的对抗,并特别指出强大的海权对于谋求在中国优势的重要性。为此,马汉鼓吹美国应该同沙俄争夺中国这块"肥肉",他认为亚洲在北纬 30 度至 40 度纬线之间的地带(舟山群岛恰好处于北纬 30 度的地带),将是陆上大国俄国与海上大国英国冲突的地带,而中国长江流域处于它的心脏。他还从美国的利益出发,向美国政府建议,要占领中国具有战略价值的舟山群岛,以便沿长江入侵和控制中国,与西方列强共同瓜分中国,以及与占据欧亚战略中心位置且有野心的俄国人相对抗。与此同时,海军作战委员会在他参与下拟定一份报告,建议夺取中国舟山群岛作为美国的海军基地,以便伙同英国控制中国的长江流域地区。

马汉指出,任何地方的战略价值取决于以下三个基本条件:1. 它的位置,或者更准确地说,它的态势;2. 它的军事力量,攻势力量和守势力量;3. 它的资源,本身的资源及其周围附近的资源。[3]在三个基本条件中,态势最为重要,是必不可少的;因为力量和资源可赖人力以补充或增进,然而,一个港口如位于战略影响范围之外,则其态势是人力无法予以改变的。因此,所谓战略要地就是能使力量倍增的支点。

早在 3000 年前,中国的先哲管仲和古希腊的哲人泰勒斯就不约而同地认为,

---

[1] 转引自丁名楠著:《帝国主义侵华史》第二卷,人民出版社 1986 年版,第 93 页。
[2] [美]马汉著,萧伟中、梅然译:《海权论》,中国言实出版社 1997 年版,第 277—278、282—284 页。
[3] 马汉著:《海军战略》,商务印书馆 1994 年版,第 132—135 页。

美国旗昌轮船公司的客货轮"舟山"号

水是万物的本原。后来,古希腊海洋学者地米斯托克利、16世纪末年英国的雷莱爵士,相继提出了海洋对经济的重要性,把争夺海洋、控制海洋与控制贸易、控制整个世界紧密地联系在一起,道出了争夺海洋的实质。

东海是我国重要的海上门户,由于东海中央缺少岛礁,因此中国沿海一侧的舟山群岛的基地价值就被近代以来的西方人所看重,马汉主张美国可以控制舟山,从而进一步控制长江流域乃至整个中国。"控制海洋,特别是在与国家利益和贸易有关的主要交通线上控制海洋,是国家强盛和繁荣的纯物质性因素中的首要因素。"[1]根据马汉的海权理论,我们认为,舟山群岛是西太平洋理想的海军基地。

九、小结

舟山港水域开阔,水深适宜,锚地众多,隐蔽和防风性良好,港内设备完善,昼夜可以通航,是我国东海上的优良军港。在舟山群岛的腹地,有一个景色秀丽、地理位置险要的天然良港,它就是长涂港。长涂港东西相通,两岸礁石高耸,即使港外刮起10级大风,港内依然风平浪静。长涂港四面环山,是个天然军港,自古以来

---

[1]杨金森:《海洋文化建设的政治文化问题》,载国家海洋局直属机关党委办公室编:《中国海洋文化论文选编》,海洋出版社2008年版,第18页。

为兵家必争之地。1916年（民国五年）8月25日，孙中山先生为圆强国之梦，建立中国自己的海军，莅临舟山群岛视察，曾沿海岸线寻找军港。他因看重舟山的建港条件，将舟山的一部分纳为东方大港的附属港口，成为他建国实业计划中的重要一棋。1918年，孙中山先生被迫退职后，专程莅临长涂，对长涂港易守难攻、能进能退的战略特点十分欣赏，称"长涂港藏而不露，是历代屯兵储将的好地方。"他在《建国方略》中指出：长涂港在舟山列岛之中央，把长涂港列入渔业大港规划。[1]这些史实充分说明了舟山在历史上作为军港的独特地位。

今天我们认为，舟山在长江流域地区具有独特的战略地位。舟山群岛位于中国东海大陆边缘，南北海运必经之路，又是华东重要城市上海、杭州、宁波、镇海等地的天然屏障，特别是长江、钱塘江和甬江的门户，地理位置十分重要。从向海洋凸出的长江中下游陆地视角来看，相对空旷的东海海疆也像是一块"软腹部"，需要强大的海空力量来捍卫。若占领舟山群岛，就直接威胁中国华东沿海地区的安全，而且，华东正处于中国大陆的中间腹部，又有长江通往内地，所以侵略者正好利用这个机会北上或南下。若守住该群岛，因其位置突出，又控制有一定面积的海域，将是中国华东沿海安全的重大保障，保住它，就能保住中国华东大部分地区。因此，舟山群岛自古就为兵家所重视，西方各国也处心积虑屡屡占据舟山，作为其侵略中国大陆的跳板。

海洋的发展、海洋的权益很重要的一条是要通过岛链的合理开发利用来达到，所以没有海岛的开发和保护，没有岛链的发展，很难保护中国的海洋权益，所以这是对中国海洋发展权益的很重要的一点，就是对海岛的发展。这与舟山本身的地理优势有关。今天，我们从地理上看，舟山群岛的军事战略意义极其重大，具体体现在：第一，舟山群岛作为紧靠大陆的大面积群岛，易守难攻，直掐数个战略要地的咽喉，可谓是战略要地的中心点；第二，舟山群岛作为南和台湾岛相呼应的"犄角"，足以掩护我东南沿海6省市及该方向的战略纵深；第三，一旦大批进攻型武器进驻舟山群岛，将向东直接抵消美国航母群的优势，将美日在东海相联系的海上交通线横向切断，完全使其陷入不利地位。因此，如果能充分利用舟山群岛的战略价值和地理位置，就可能将其打造成我国东海海面上数艘不沉的航空母舰，成为我海空军进军东海，冲出第一岛链的天赐神剑。

---

[1]中国社科院近代史所等编：《孙中山全集》第六卷，中华书局2011年版，第333页。

第八章
20 世纪前后西方人影像中的舟山

第八章　20世纪前后西方人影像中的舟山

20世纪初,以各种身份来到舟山的西方各国绘画、摄影师,他们来经商、传教或是旅行,回去后大多出版书、摄影集或画册,以某种方式记录并传递他们在东方的探险历程。

科技的进步带来了传播方式的改变,摄影术和印刷术的发展使以图像的方式介绍舟山成为可能,通过直观的图片而不是抽象的描述,向世界尤其是向欧美各国传递了舟山的山海风光和民俗风情。为今天的我们留下了当年舟山的许多珍贵的人文原貌和历史资料,为我们研究舟山历史文化和普陀山佛教文化提供了原始素材,更让我们对舟山的历史文化特别是普陀山佛教有了较为深入的甚至是崭新的理解和认同。

本章通过对汤姆逊、费尔特、福威勒、柏石曼、费佩德、庄士敦等西方人关于舟山的影像资料分析,展示近代舟山独特的文化、奇异的风俗、广袤的海域、丰富的物产,以及背后潜藏的巨大的商业利益和宗教理想。

一、汤姆逊摄影作品中的普陀山

约翰·汤姆逊,19世纪后期著名的英国旅行摄影家。他是首批旅行至远东的摄影家之一,于1862—1872年十余年间携带笨重的摄影器材,漫游了马六甲、印度、柬埔寨、中国等地,使用湿版法拍摄了大量反映当地风土人情的照片,成为重要的社会人文记录,并为后来的专业新闻摄影之先驱。他根据自己的切身体会说道:

> 我在中国的感受是:中国人相当诚恳、好客。我相信任何一个能用语言表达自己的思想及能使对方理解的外国人,都会在这块土地上遇到类似的事情。[1]

---

[1] 陈申、徐希景著:《中国摄影艺术史》,生活·读书·新知三联书店2011年版,第59页。

汤姆逊（左侧）与两个妇女

可以看出，汤姆逊对中国人民的态度是友善的，这种思想感情也表现在他的许多作品中。1871年11月左右，汤姆逊从上海坐船到宁波，期间来到普陀山。1898年，他出版了《透过镜头看中国》，今译《中国与中国人影像》，据说是最古老的关于中国的影集，内有几幅普陀山的老照片。

在此书中，汤姆逊谈到对普陀山印象：

  普陀山是组成舟山群岛的一千多个小岛中的一个。除普陀山之外，其他的小岛都归宁波府治下的定海县管辖。普陀山由岛上大观音寺[1]的方丈掌管，不受定海县的辖制。这座岛长不过四英里，却是中国最重要的佛教中心，山上山下分布着六十多座寺院，僧尼甚众，据说有两千人之多。不时还有买来的年轻奴隶补充进来，僧人们对他们加以训练，让他们甘愿献身于戒律森严的佛教事业，然后将他们中的许多人分派到大陆上托钵化缘，用以养活岛上的寺院和那些好吃懒做的僧人。留在岛上的这些人终年昏昏欲睡地敲钟念佛，要是不修边幅和行为懒散也有助于修行的话，他们倒也可以算是一些虔诚的人。这些僧尼的生活非常简单，他们总是不紧不慢的，做任何事情都一样，他们最值得称赞的品德就是不杀生和行善。我见过的最了不起的僧人据说是一位活佛，他满身污秽，一言不发，看起来更像是一具木乃伊，就算有蜘蛛从他的颈子上爬进去，或者在他半闭的眼皮上织一张网，也不会扰乱他的平静。他就那样入定了，于是根据他这种几近成佛的昏迷状态来判断，他应该已经达到一个圆满的境界了。不过我不敢太绝对，因为我接触过的很多没那么高境界的僧人，待人也很友好。同时我必须要陈述的一件事是，那些忠实的托钵僧人，或者可以称之为佛家捐客，出手化缘的时候从来没有失败过。[2]

---

[1] 大观音寺就是现在的普济寺。
[2] [英] 约翰·汤姆逊著，徐家宁译：《中国与中国人影像——约翰·汤姆逊记录的晚清帝国》，广西师范大学出版社2012年版，第338—339页。

其中一张照片题名为：普陀山寺庙，拍摄时间为1871年。汤姆逊写道：

> 普陀山最大的寺院呈现在照片No.15上。这组神圣的建筑掩映在繁茂的树丛中，背靠着花岗岩堆叠而成的山冈，房顶和墙壁都有着明亮的色彩，荷花池上横跨着一座大理石砌成的拱桥。所有这些聚集在一起，构成了一幅世间罕有的美丽图画。中国的僧人们总是用那些充满自然之美的元素来布置他们的隐修之处，为了修建寺院，他们不惜用尽本土艺术和建筑中一切可用的资源。普陀山，这座神圣的岛屿，它如画的山峦和沟壑，林木和寺院，都是这一规则的体现。当我们越过那座石桥，走进寺院宽阔的大门，在一个个庭院和僧舍间游览的时候，仙境一般的景色消失了，满眼都是香炉里升起的浓重的烟雾，笑容可掬或是怒目而视的神像被笼罩其中，那些尊者增添了几分神圣，骇人的护卫则显得更加可怖。[1]

普陀山寺庙

他还指出：

> 这个岛上最早的寺庙早在公元550年就建成了。用来修建这些宗教建筑的资金

---

[1] [英]约翰·汤姆逊著，徐家宁译：《中国与中国人影像——约翰·汤姆逊记录的晚清帝国》，广西师范大学出版社2012年版，第340—341页。

来源于三种渠道：寺产的田租，香客的捐赠，以及托钵僧的辛勤劳动。这些建筑看起来呈现出一种逐渐衰败的趋势，但是在这一点上，普陀山的寺庙绝不是仅有的个例。关于这一点，实际的情况是，那些诚挚的佛教信徒相信修建一座新的寺庙比修复一个旧的显得更有诚意，而对那些僧众们来说，就算他们有方法和精力去修复寺里的房屋，他们也不愿为这些纯粹的俗事劳心费神。在那些保留着比中国更为纯正的原始佛教的国家，这种情况是很少见的。[1]

1875年，宁波和尚

"宁波和尚"这一张是西天石下坐着两个僧人。西天石也即磐陀石，位于梅岭峰梅福庵西，灵石庵东南，属普陀山西境。法国里昂天主教传教局1896—1906年出版的《天主教传教使团通讯：传播基督教信仰的绘画周刊》里，刊有根据此照绘就的图画。[2]

照片中的磐陀石下，旁边树木参天。该石由上下两石相垒而成。相传是观音大士说法处，磐陀石上凿有石阶，可缘梯而上到石顶。每当夕阳西下，石披金装，灿然生辉，人们如能在此时登上石顶，环眺山海，洋洋大观，景色壮奇。"磐陀夕照"，

---

[1] [英]约翰·汤姆逊著，徐家宁译：《中国与中国人影像——约翰·汤姆逊记录的晚清帝国》，广西师范大学出版社2012年版，第342页。

[2] 浙江大学沈弘工作室编：《舟山地区晚清和民国时期历史图鉴》（内部资料），2010年版，第230页。

便成为普陀山之一大奇观。虽然由于角度和光线的关系,照片中的磐陀石除了"西天"和"南无阿弥陀佛"石刻,除了"磐陀石"(侯继高书)在该石另一面以外,其他如"大士说法处""金刚宝石""天下第一石"等题刻今天依旧存在,却看不到。尤其是在该石右侧的大石缝隙上下,本来还有题刻"听法处",非但照片上看不到,其字迹也曾遭抠铲,今天只剩下隐隐的痕迹了。"西天"石刻左侧的"惺惺寂寂"前后还有两行落款,分别为:"嘉庆乙亥夏""黔南陈周书题",却已经消失了。

"寺庙入口"这一张描绘的是"佛山"牌坊。牌坊下坐着两个小和尚,牌坊左侧另外坐着一个拄着拐杖的老和尚。应是某个寺院的入口,今天已经难觅踪影。

汤姆逊善于发现、捕捉平凡生活之美,注重对人物肖像的刻画,普陀山两张照片都是有关僧人的,这基本符合他的摄影风格。他镜头下的人物被称誉为"有灵魂"的照片,而普陀山的僧人,显然不同于平常百姓。西天石下的僧人似在休憩似在禅定,从容中更有运气调养之境;而"佛山"牌坊下坐在台阶上的两个和尚,则似乎在守候,一旁的老和尚则注视着他们,佛门下的迷惑,西天石下的禅思,不知道茫然中该怎样面对生命的期待,面对现世纷乱。

汤姆逊1872年回国后,并无再次来中国的确切记载。而关于这两张照片的拍摄时间,后人的标注里却写着1875年。这中间似乎有所出入,有待进一步查证。

二、费尔特镜头下的舟山

威尔逊·罗伯特·费尔特是美国的骨学家、解剖学家、博物馆学家和人种学家,还是一位陆军少校。他是海军上将罗伯特·威尔逊的儿子,在美国和哈瓦那接受教育后,他在他父亲底下的美国炮舰 USS 部队做舰长的职员。1872年,他入美国康奈尔大学学习医学,1876年从华盛顿特区的哥伦比亚大学获得学位。他曾在对抗苏族印第安人的战役中担任外科医生。1882年成为陆军医学博物馆馆长,后任史密森学会名誉馆长。他于1891年从军队退休,又被重新接纳。他还花了很大的兴趣在摄

费尔特

影领域,用它来记录鸟类以及人体解剖学。在有关费尔特的履历中,找不到有关他与舟山的蛛丝马迹。

费尔特关于普陀山及定海风貌的摄影作品共14张,据照片附注介绍,这些照片摄于1887年,照片上的景物至今大多尚存,可谓是:"百年老照,昔日舟山,难得一观。"其中10张摄于普陀山,4张取景定海,有的目前张挂在普陀山白华楼等陈列馆里。

这些普陀山的照片包括第一个寺庙群的入口牌坊、第一个寺庙群的正面、第一个寺庙群内的石亭子、第一个寺庙群附近的宝塔(据说有1100年之久历史)、第二个寺庙群、第二个寺庙群的主殿、第二个寺庙群的侧殿、第二个寺庙群的御碑、普陀山岛海边、普陀山岛石桥永寿桥。

第一个寺庙群应该是指普济寺,又叫前寺,是普陀山三大寺之一,于2013年5月被公布为国家重点文物保护单位。普济寺位于普陀山灵鹫峰下,坐落在白华山南,为普陀山寺院之首,创建于916年(后梁贞明二年)。普济寺的总体布局既采用传统的中轴线方法,又充分利用地形地段来安排单体建筑,用其前部平坦的地形建造牌坊、亭、桥、池等辅助建筑,又以辅助建筑的幽雅、清静来烘托后部依山势逐渐升高的主体建筑,凸显了主体建筑的宏伟与庄严。普济寺正门前有大放生池,主体建筑还依稀原样,大树还在,跟今天没有多大区别,容易辨认。

第一个寺庙群的正面

普济寺的入口牌坊，今位于妙庄严路尽头，为普济寺山门，共四柱三门，高约20米，柱上横楣雕刻有精致的云绫和石葫芦。坊内北侧竖一石碑，上书"文武百官军民人等到此下马"，据说这是皇帝立下的圣旨，过去官吏到此，文官下轿，武官下马，以示对观音菩萨的崇敬。

普济寺的石亭子，是今天海印池南畔的御碑亭，琉顶重檐，错彩镂金，造型独特，立于1731年（清雍正九年）。亭中置有汉白玉御碑一尊，上镌雍正帝所书记载普济寺兴建和普陀山历史的御书。当时的海印池上还没荷花。

与法雨寺九龙殿和明代雕刻杨柳观音碑一起被誉为普陀山"三宝"之一的多宝塔，又名太子塔。画面上绿树葱茏，曾经由琉璃塔刹和太湖美石构建成的塔基、塔身，被丛生的杂草包围，塔虽然巍然矗立，塔身上面的佛像雕塑也历历在目，但是整体上塔却呈现崩塌之势、败落之相，让人产生一种黍离之悲情。[1]

第二个寺庙群应该是指法雨寺，又称后寺，是普陀山三大寺之一，于2006年6月被公布为国家重点文物保护单位。法雨禅寺在普陀山白华顶左、光熙峰下，依山取势，分列六层台基上。入山门依次升级，中轴线上有天王殿，后有玉佛殿，两殿之间有钟鼓楼，又后依次为观音殿、御碑殿、大雄宝殿、藏经楼、方丈殿。整座寺庙宏大高远，气象超凡；不远处的千步金沙空旷舒坦，海浪声日夜轰鸣。法雨寺创建于1580年（明万历八年），同治、光绪年间又陆续建造殿宇，成为名动江南的一代名刹。

法雨寺的大圆通殿（九龙殿），其拍摄的角度是大圆通殿的侧面和钟鼓楼的正面，外轮廓曲线看起来比较平缓，属于北方风格。据《普陀山志》等文献资料所载，大殿是1699年康熙皇帝赐"法雨禅寺"额时，批准法雨寺住持性统的奏请，仿金陵（南京）明故宫九龙殿盖成，为目前国内寺院建筑上规格最高的一座佛殿。按旧制建造，体现的是统治者所崇尚的正统的"中原文化"，这也就造成了法雨禅寺大圆通殿的建筑风格与普陀山其他建筑风格迥然不同。

法雨寺的大雄宝殿建于1691年（康熙三十年），供奉诸菩萨，那时殿前已经有了烧纸炉，到了20世纪30年代时已经被拆除，80年代重修时重建烧纸炉，2001年前后又被拆除。

法雨寺的偏侧殿实际就是钟楼，位于天王殿和玉佛殿之间。

御碑亭，是雍正皇帝害怕自己的统治地位不稳，下旨在九龙殿的上方建造的。

---

[1] 吴承华：《再话一组舟山老照片》，载《舟山文博》2008年第3期。

第二个寺庙群的主殿

上镌"清康熙四十三年十一月十五御书。"碑文称：圣祖既敕建普济、法雨两寺，更豁免寺中田池钱粮，永不征赋。只是御碑亭瓦砾尽失，椽木毕露，亭脊坍塌，可怜得需要几块木头支撑着，似乎刚刚经过一场大劫难。惜今原碑已不存。

普陀山岛海边疑为今百步沙，为潮音洞以北、朝阳洞以南海岸。

所谓石桥就是海印池东的永寿桥，长 40 米，宽 7.5 米，高 6 米，系 1586 年（明万历十四年）所建，桥上石栏柱头刻有石狮子 40 座，古朴典雅，生动逼真，整修后至今还在使用。

普陀山的这些照片，景象惨淡，人影稀有。似乎此时的佛教圣地普陀山正处于衰落时期。

还有 4 张是关于定海的，有定海的古塔、定海的墓地各一张，定海的乡村两张。

古塔即奎光阁，俗称鳌山塔，位于定海鳌山。其平面呈八角形，系尖攒顶三出檐的砖木结构建筑。其旁原来尚有文笔塔和砚池，下是定海东城墙，城墙外原有数百亩农田，象征文稿田，四位一体，寓意定海城"文运昌盛"。这是古往今来定海标志性文化建筑，寓意深远。令人痛惜的是，这一古建筑焚毁于 1968 年"文化大革命"武斗。今天所剩只有砚池一座。

那张定海的墓地，是一座用砖头砌的坟墓，和一个用蒲包裹着、用草绳捆缚的棺材。旧时穷人家做不起寿坟，死后就简单寒碜地以"殡坟"的形式暂时放置，等以后有条件了再入土安葬。

还有两张取景定海，小字注曰：定海乡村。根据画面背景山形分析，当为定海城郊乡村景色。其中一张，农田、民居清晰可见，河流穿过农田，很明显就是今天的环城东路的护城河。因此，这里应该是东门外到东山、青垒头一带区域。另一张，最高的双峰耸立，就是北门外的"双髻峰"，山麓绿树成荫，寺庙、农舍散落其间，田园风光浓郁，令人神往，此景应是今昌国路以北，青岭路、文化路周边的区域。目前这一带已成为整个定海城的组成部分。

这四张老照片，见证了定海古城的百年变迁。

三、福威勒手绘图中的舟山

阿尔伯特·奥古斯特·福威勒是法国博物学家。年轻时，由于视力不佳，而无缘于他自幼向往的法国航运学院，只好在法国东方语言学院学习满文。他于1872年来华，任职于中国海关，曾在江汉关任二等帮办。他相继在北京、上海和宁波居住，一共在华居住12年。中法战争期间，他辞掉了海关职务，出任法国邮船公司的稽查。1885年，他被任命为中国海运总监。

福威勒潜心研究中国博物，是首先发现中国有鳄鱼的外国人。写过许多关于中国博物的论文，发表在《中国评论》和亚洲文会的学报上。1879年，他受中国政府委托，参与筹办1880年4月在柏林举办的国际渔业展览会中国部的工作，并且还奉命撰写一篇有关舟山群岛渔业的论文。这一官方授命使他有机会仔细研究舟山的自然产品，完成了一篇调查报告——《一名博物学家漫步于中国舟山群岛和浙江沿海》。

在这篇调查报告里，福威勒记述了舟山群岛的渔业资源和捕鱼的活动。

舟山群岛的某些岩石岬角延伸到了大海中。我在那里发现了建在木桩子上并由席子覆顶的岗亭。在这个难经风雨的建筑物前面，有一张巨大的方形网，在一根长竹竿上下浮动。这是使用 Pan-tseng 捕鱼的渔民。我从未见过他们从这种设备中放过任何捕鱼诱饵。他们都会耐心地等待，有时要一直等整整数天，鱼群才会落入陷阱。渔民们只会懒懒散散地拉网，从而使大批鱼儿漏网了。如果有人在网底发现捕住了几条小鱼，也会感到高兴，否则就满不在乎地去抽烟斗，吐出几缕烟雾并重新陷入沉

法文版《舟山群岛》封面

思之中。当海潮很低时,渔夫便倚脚跟地蹲在那里,并以这种一成不变的姿态酣睡。风雨与大海的咆哮声不仅远不会惊醒他,相反却似乎于其身上产生了催眠作用。尤其是暴雨会催舟山人入睡,而且呈千奇百怪的睡姿。为了唤醒他们,则必须猛烈地摇动和用力敲打。舟山人爱睡而又不太敏捷,这是由于他们的体质的原因,也可能是由于他们习惯于植物性而非动物性食物的原因。

稍远处,我还看见许多渔船都在拉大网捕鱼。渔网多种多样。其中有普通的大网,与所有国家使用的那些网都大致相同。但有一张中国式的大网,其中间是一张呈口袋状的圆锥形小网,大网捕住的所有鱼都集中于小网中,可阻止它们从网中蹦出去。[1]

福威勒最关心的是舟山的鱼类产品及其养殖和捕捞过程。这说明,舟山不仅是中国的对外贸易港口,也是中国最大的天然渔场之一。

福威勒还考察了舟山的地质和植被情况:

该岛的地面由石英岩组成。由于季节太晚了,所以很少有开花的植物,主要有紫莞与茶树。我还发现了杜鹃、白花、铁线莲和栀子。栀子那橘黄色的果实可以用来染丝绸,也可以用来做油漆家具的底色。一种生长在山崖上的藤子长着圆形宽叶子和小珊瑚状红果。此外还有一种扁圆形的柿子,其直径有1.5厘米。[2]

福威勒是一个热心的植物标本收集者,他在舟山收集了许多种植物标本,后来大多送往巴黎自然博物馆。

他另外还有一部著作为《舟山群岛》。全书正文共32页,其中插图有11张,是福威勒的手绘作品,于1900年出版。其中第1、5、9、21、25页共5幅插图,分别为普陀山海岸、寺庙、太子塔、永寿桥和香道。

---

[1] 耿昇:《西方人视野中的宁波地区》,载阎纯德主编:《汉学研究》第十集,学苑出版社2007年版,第317页。
[2] 耿昇:《西方人视野中的宁波地区》,载阎纯德主编:《汉学研究》第十集,学苑出版社2007年版,第319页。

普陀山自古便是浙东一大名胜，就连百年前来到中国的西方人中也有不少曾慕名前来，于是便在无意中为今人留下了不少旧影。福威勒的手绘图画，其精美程度似乎也并不亚于老照片。

普陀山太子塔现称多宝塔，浙江省唯一的一座元代石塔，于2006年6月被公布为国家重点文物保护单位。在普陀山的普济寺东南，海印池附近，此塔建于1334年（元朝元统二年），当时普陀观音寺（即今普济禅寺）的住持孚中禅师为兴建名山道场，多次外出云游募化，得到江南诸藩王隆重接待，太子宣让王等出资建造多宝塔，故又名太子塔。取《法华经》多宝

普陀山太子塔

佛塔之义定名为多宝塔。1592年（明万历二十年）修缮时添补部分螭首。1919年（民国8年）时涂抹水泥修复破损的表面。"文革"期间普陀山的寺院遭到大规模的破坏，多宝塔塔身的浮雕佛像被铲毁。太子塔造型雄健，装饰美观，与普济寺钟声形成普陀山十二景之一的"宝塔闻钟"。

普陀山永寿桥，又名莲花桥，桥脊高拱，如虹卧波，与东边的多宝塔相呼应。高大的"永寿桥"，是古代文武百官、达官贵人进寺的通道，其规模为山中众桥之冠，即使在我国其他三大佛教名山中也是首屈一指。这座经历四百余年风雨的明代拱形石桥，像一位长寿老人，见证了普陀山佛教发展的变迁。手绘图与布朗和G·沃尔多《中国：国家及人民》（波士顿：达纳·埃斯蒂斯出版公司，1901年）书中的照片几无差别[1]。

普陀山香道，指妙庄严路，石板每隔三块即嵌一块刻有莲花图案的石板，且花

---

[1] 浙江大学沈弘工作室编：《舟山地区晚清和民国时期历史图鉴》（内部资料），2010年版，第118页。

姿各异，无一重复，为"海天佛国"所特有。自明朝以来，妙庄严路一直是海内外香游客到普陀山朝圣游览的主要通道。朝山者行走在香道上，或三步一叩，或五体投地，虔诚而行，曾有"五步一喘，十步一蹶"的叹息。

第13页插图为定海港，风平浪静的定海港内停泊着50艘左右木帆船和舢板，所有帆船的帆篷全部收起，桅杆孤独地林立，船上几乎看不到一个船夫，而埠头上也只有两三个人。几幢大小、形制不同的建筑，分布在埠头北侧，一条窄窄的土路自东向西延伸，与远处连绵的青山相衔。通往东岳宫的台阶的扶墙，露出八层高低坎。一切看起来相当的宁静。

舟山群岛的滑泥船

第16页插图是舟山群岛的滑泥船。这是一户渔家宅子内的情景。看上去是一对年轻的夫妇。男的提着一只竹篮，穿长衫，戴瓜皮帽，女的头戴毡帽骑在滑泥船上。滑泥船是渔民在泥涂上捕捉弹涂鱼用的，故又叫弹涂船。这户渔家看上去并不算寒酸，床榻中间放着一只引渔网的线架子，墙体上挂着一些疑似网具的东西，靠床榻的背景墙装潢有好几框匾，其下是小方格子抽屉，像中药房的药柜子。

第17页插图为定海村庄，这个村庄位于今天定海环城东路以西，东大街以北区域，房子密度很大，其中也有一户非常典型的四合院老宅。远处即是城北的龙峰山、双髻峰等一带山丘。

第 24 页插图是金塘岛沥港,图中绘有 10 艘木帆船,对面山头为大鹏岛,岛上两个岙共有十余座民房。沥港码头上一座候船亭,两边四五座商铺。基本反映了 120 余年前沥港码头的风貌。福威勒写道:夜晚呼吸的空气相当新鲜,平均温度低于宁波和上海好几度,每天上午或晚上,太阳在地平线上很低,海滩上的沙子如绒布般铺在水岸边。并称之为"迷人的渔码头"。

第 29 页插图是金塘岛腹地内的一个山村。连绵叠嶂的群山,蜿蜒流动的溪流,溪畔远近参差的大树,低矮的农户,山间的小路,隐约的柴垛、小桥……

第 32 页插图是定海的某处纪念墓地。

在第二次鸦片战争和中法战争期间,外国随军传教士、画家各色人等,怀着各种目的,利用在中国测绘地形、观光期间,绘就了大量有关中国风土的画作,是西方列国侵略中国的历史见证,但也为保留、还原当年中国各地的风土景观提供了范本。福威勒笔下的画作也一样,让我们有机会看到 110 多年前舟山群岛的历史风貌。

四、柏石曼《中国的建筑和宗教文化》中的普陀山

恩斯特·柏石曼,德国建筑师、旅行家、摄影师,柏林工业技术大学中国古建筑学教授。1902 年,柏石曼被德国政府派往中国,担任了海外殖民地一位主管建筑事务的官员,他游历考察了中国的 12 个省。1908 年 2 月,他在普陀山上整整待了一个月的时间,对那儿的寺庙建筑进行了测绘和拍照,并且对于这些寺庙的历史也做了详细的调查。这可能是最早对舟山地区古建筑及其人文背景所进行的专业调查。

柏石曼穿行于普陀山的各个寺庙,用精确的测绘图对建筑的各个类型加以直观的描述,用手中的相机,留下了一批珍贵的影像,同时掌握了普陀山建筑研究的第一手资料,并且了解相关的

柏石曼

宗教和历史背景,对各种建筑所隐含的宗教和文化意义进行生动的叙述和诠释。柏石曼著有《中国的建筑和宗教文化之一:普陀山》,这是柏石曼回到德国之后所

整理出版的第一部有关中国建筑的论著。

该书共分七个部分,分别介绍了普陀山的概况,包括这个岛屿的位置和面积,岛上佛教寺院的宗教意义和历史;岛上三座最著名的寺庙——普济寺、法雨寺和佛顶寺(即慧济寺);普陀山上各寺院中的宗教生活;岛上众多坟墓和墓地的碑刻和石刻,以及当地中国人在清明和冬至扫墓的习俗。在作为该书结尾的第七部分里,作者简短地总结了普陀山作为佛教圣地而成为佛教信徒们理想归宿的宗教含义,将它的寺院建筑跟世界上其他民族的建筑奇迹,如埃及的金字塔等,作了一番比较,并且充分肯定了它作为人类共同拥有的文化遗产而具有的重大价值。由于历史的变迁,此书已成为后人所无法逾越的中国古建筑史领域的里程碑。

柏石曼的这部论著里面共有112张涉及普陀山的照片,其中4张是柏石曼绘制的寺院建筑平面图,关于普济寺的8张,关于法雨寺的59张,关于佛顶山和佛顶寺的15张,其余的23张。

在普济寺,除了莲池及其池上的永寿桥、正趣亭、御碑亭,大殿内的主祭坛,法堂内的玉佛等以外,柏石曼关注的还是石柱脚、太子塔细部雕塑等细微之处。

书中以很大的篇幅详细介绍了法雨寺。作者不厌其烦地用59张照片、74幅实测图和速写,以及20多处对于横匾题词和立柱上对联的临摹,对于法雨寺的整个寺庙建筑群落,包括四大天王殿钟楼鼓楼、玉佛殿、九龙殿、御碑亭、大雄宝殿、藏经阁、法堂、禅堂、斋堂、祖堂和方丈达摩祖师殿,以及两侧的客厅和库房,寺庙庭院外花园、池塘、会海桥、影壁、牌楼、旗杆和石狮等,均作了详尽的描述。每一个殿堂里各尊菩萨的名称和位置,每一个横匾上的题词,每一根立柱上的对联字样和含义等,在书中都交代得一清二楚。例如大雄宝殿的祭坛上所供奉的如来佛七个化身分别是南无甘露玉如来、南无离怖畏如来、南无广博身如来、南无妙色身如来、南无保胜如来、南无多宝如来和南无阿弥陀如来;大殿的正前

法雨寺被毁的精美佛像

部供奉着著名的白衣大士观音菩萨也有许多不同的化身,如送子观音、浮海观音、千手观音、骑鳌观音、慈航观音、莲台观音和千首千臂观音,等等。

柏石曼镜头中,法雨寺大殿内作为三位一体观音之二的白衣观音,今天已经成为大圆通殿(又名九龙殿)内的毗卢观音。[1]流行且普及在中国的女性观音形象中,如白衣观音和水月观音、鱼篮观音、南海观音一样,都是观音菩萨的慈悲示现。法雨寺前有海会桥和日印池。《华严经》上说:"海会者,乃以深广故意。""海"比喻德高、数众。僧众到寺院来修行,就如百川流入大海,归宿和目的都是一样的。海会桥就是指引高僧云集、虔诚修行的桥。海会桥于1889年(光绪十五年),由住持化缘募修而成。柏石曼是个很注重细节的人,除了拍海会桥的主体建筑外,海会桥石栏杆上的斗羊、鸡菊、牧牛等图案都一一摄下,如同他所拍玉佛殿前面台地石栏杆上的中国古代二十四孝图一样,为普陀山这一佛教圣地保留了传统中国宗法礼仪和农耕社会的田园风情。

柏石曼对墓地建筑非常感兴趣,摄有四张不同角度的佛顶山山顶西侧的僧侣墓地照,主墓呈半拱形,墓前有照碑,上有墓联一副,字迹不清。[2]墓联中间有"幻化空身"的题刻,还有一个祭坛。在法雨寺,他也拍了一些僧侣公墓的墓塔墓碑等,其中一座僧侣墓碑中,刻有:"苏州常熟县草圣祠法徒清本同徒真修、节修建造""皈依□□清莲古□"字样,草圣祠,即为唐代大书法家张旭而建立的纪念祠,在常熟周神庙弄内。墓碑左前侧有石鼓,右后侧是墓塔。这是一座普陀山境外的师徒三人为法雨寺法僧建造的陵墓。墓塔,梵名"浮屠",本是佛教安放骨灰舍利之所。有舍利的则置舍利塔;无舍利的,僧侣圆寂,焚化后骨灰即入灵塔,柏石曼的作品中就有一张法雨寺僧人的火葬场。

法雨寺的僧人墓地

---

[1] [德]恩斯特·柏石曼著:《中国的建筑和宗教文化之一:普陀山》,1911年版。
[2] [德]恩斯特·柏石曼著:《中国的建筑和宗教文化之一:普陀山》,1911年版。

过去大的寺庙都建有为众比丘僧尼肉身最后归宿的普同塔,即合葬墓。今天普陀山境内各高僧墓塔和普同塔多为后建。唯灵石庵普同塔、灵石庵道安定禅石寿域、观音洞庵普同塔、原修竹庵普同塔,基本尚存。

柏石曼摄的普惠庵,普陀山千年古樟所在地,在普济禅寺进入西天景区的第一站。史载,明万历年间,闽僧如见创建此庵。清康熙时又重建,并建退居室,额名"般若精舍"。清释通旭有文记载说:"磐陀、普慧禅院,宅幽而势阻,地廓而形隐。自西天门盘结而下,庵院步履坦如,乔木覆荫,实为藏修胜地。"

普惠庵现为疗养院和普陀山管理委员会的干部宿舍。旧照片中的千年古樟,前有一个方墙,墙内可能为水池。今天古樟依在,墙体不在,墙内已经填平。古樟年龄900余岁,树干坚实,聚积着苔藓类、蕨类、种子类近20科30余种植物,树叶茂密而葱绿,虬枝四出,矫然横空,像一条条起飞的巨龙,被称为"自然空中植物园"。在普惠庵的古樟下祈福,已成为了一种文化和习俗,吸引着来自各地的有缘人。

柏石曼是个醉心于普陀山佛教建筑艺术及其神奇设计构建的摄影家。他目睹了普陀山作为在当时极端混乱状态下中国境内一个相对还算清净地的草草木木,芸芸众生,以及蕴含中国宗教文化艺术的寺院亭台等建筑,带给他的内心一种极大的震撼力。他在书中写道:

(藏经楼)非常漂亮,让人印象深刻。许多博学之士端坐沉思,思想专注,沉浸在佛教义理的奥妙中,排遣了寺庙生活中的微细烦恼。他们从厚重的壁柜中取出精致的经籍,欣然向我解释佛法。他们对自己的典籍颇为自得,确认我并不信佛后,他们只能很无奈地说,法不对机……一切都秩序井然,在寺院待的时间愈长,就愈为寺院的经营管理所震撼。寺中人才济济,下午我和两位僧人长谈,他们自由、开放、自信,举止无懈可击。他们对铁路权这种政治问题非常了解,问了两个问题:最早取得京九线特许权的是否是我们德国人,我做了否定回答;柏林大图书馆是否如他们所闻有许多中国书籍,我证实了这一点。[1]

他将这些建筑与宗教精神的内在关联结合起来,他认为"中国建筑中最有代表性的是一种宗教观念。一旦我们认识到这一点,我们也就能够理解那些建筑本身了。

---

[1] [美]霍姆斯·维慈著,王雷泉等译:《中国佛教的复兴》,上海古籍出版社2006年版,第199页。

中国人最好的信念也都表现为这种宗教精神"。[1]

在柏石曼眼里,那些古朴的建筑不仅仅是一个物,而且是关于时间的场所,是人们生活空间的记忆载体,是不会消亡的。它们的存在,使中华民族永远会在它们身上找到自己的记忆。

五、费佩德《普陀山旅行指南》中的普陀山

费佩德,美国北长老会传教士,中国人文地理的研究者和摄影爱好者。他出生于上海一个著名传教士家庭,从小跟随父母迁徙于上海、苏州、宁波和杭州等地,后来回美国读书。读完大学本科和神学院课程后,又返回中国,曾长期在之江大学及其前身育英书院任教,并担任过之江大学校长近十年。他曾经携带相机,走遍中国,在大江南北、长城内外、川北高原、东海之滨,都留下了足迹。

费佩德小的时候,他父母就曾经带他去普陀山避暑,那儿的人文景观给他留下了深刻的印象。中国的船民们每年运送数目庞大的进香者,来普陀山烧香拜菩萨……岛上香火鼎盛时,和尚的数目曾多达五千,由平底帆船连续运送达三天三夜。他在宁波当中学校长的时候,经常有机会去普陀山拍摄照片,并于1929年在上海出版了《普陀山旅行指南》,又名《普陀山游记》。这是本影响深远的书,书中有十幅精美的照片作为插图。此外,费佩德还在《教务杂志》和《国家地理杂志》等刊物上发表了几十张其他有关普陀山寺庙和风景的照片。

对于费佩德老照片上所反映的

费佩德夫妇

---

[1] [德]恩斯特·柏石曼著,沈弘译:《寻访1906—1909:西人眼中的晚清建筑》,百花文艺出版社2005年版,第12页。

景观,有的已经根本不存在了,有的和今天我们看到的已经大相径庭,有的至今仍找得到踪迹,有的甚至跟今天也没有太大的区别,这给我们带来了全方位的艺术鉴赏和曾经沧桑的历史回眸。

一是古迹寻觅。海印池及御碑亭、湖心亭、永寿桥构成了普济寺前最亮丽的一道风景线,自然也成了费佩德拍摄的对象。他摄于1920年的普济寺大门照可以看出,当时门前还有一座四柱三门牌坊,今已不存。法雨寺主殿及寺前的海会桥和日印池,也成为费佩德多角度拍摄的对象。

二是独特的僧侣墓葬。费佩德摄有一张很罕见的高僧墓塔,根据照片底端的英文标注来看,费佩德引述了别人的一句赞美词:"一座伟大团结之塔",并称之为一个古代建筑的美丽标本。拱顶下方放置有火化的祭司。石质方形围栏环绕墓塔,正面一半无拦板,属通道。基座为圆鼓状大石柱;塔身第一层为莲花座,圆柱上环绕4层圆珠状环檐;塔刹似倒覆的两瓣莲叶。这一制式有别于其他常见的楼阁式、亭阁式、密檐式、喇嘛式等墓塔制式,明显具有南亚风格。

三是神龛佛像。费佩德收藏的老照片中有一张法雨寺中的玉佛殿,面宽三间,外加围栏,黄琉璃顶。原来供奉的是1882年(清光绪八年)普陀山僧人慧根赴印度礼佛,途经缅甸请得的由整块缅甸软玉所雕刻的释迦牟尼佛像,像高2米,玉色皎洁,雕刻精细,是法雨寺镇寺之宝。可惜该玉佛被毁。现供奉的玉佛高1.3米,是1985年从北京雍和宫移来的。

费佩德一组4张照片摄于1910—1940年期间,反映普济寺的僧侣们"打水陆"、举办隆重的露天葬礼法事"送圣"仪式,展示了当时宗教活动的重要场景,非常难得。[1]

"打水陆"又称"水陆道场""水陆法会",为中国佛教寺院最隆重、最热闹的法会,全称"法界圣凡水陆普度大斋胜会"。"法界"通称为"法届",指众生与佛本性平等,"圣凡"指四圣六凡,佛、菩萨、声闻、缘觉四圣与天、人、阿修罗、地狱、饿鬼、畜生六凡。"水陆"指水陆空三界,无所不包。"普度"意指解脱六道众生。"胜会"指救度者与被救度者集会于一堂。"打水陆"就是以食施、法施为手段来救度陷于水陆之深重苦难中的一切众生的法会。

---

[1]浙江大学沈弘工作室编:《舟山地区晚清和民国时期历史图鉴》(内部资料),2010年版,第28页。

僧侣们举办"打水陆"露天葬礼法事

其法事内容,48个和尚法师在七昼夜之间,主要为结界洒净、遣使发符、请上堂、供上堂、请下堂、供下堂、奉浴、施食、受戒、送圣等。上堂三宝十位圣贤,奉请于午前;下堂圣凡十位神灵,召请于初夜。此仪式中的上下堂十位,即依旧制上下堂八位增订而成。其上堂十位是:十方常住一切诸佛、十方常住一切尊法、十方常住诸菩萨僧等。下堂十位是:十方法界四空四禅六欲诸天天曹圣众、五岳四渎福德诸神等。

其中的第一张照片是水陆法会队伍从普济寺前海印池的湖心亭穿亭而出,镜头中13位人物,两个着深色僧袍、戴僧帽或法冠的法师在前、中位置,一个手执铜锣的和尚随后;三个手扛仪幔的人(前两个戴斗笠,其中第二个只露出半顶白色的斗笠),过去仪幔是高僧大德或者受过皇封的人才有资格用的,一般人不能用。五个白裤素衣的老少,一个穿白衣手拿疑似孝杖棒的瘦高个,还有一个戴斗笠、穿黑上衣的人。从他们所穿有的为半截裤、草鞋来看,应该是夏季或者夏秋之际。海印池中的莲叶正舒展着呢。第二张到第四张,是在百步沙沙滩上举行的"送圣"仪式,人很多,在沙滩上形成长长的队伍,白巾幡上写着"骑鹤步仙""西归"等字样。

这4张照片应该都是打水陆中第七天所拍(前六天都是在室内做的南水陆),刚好被费佩德赶上拍了露天的过程。因为这种高规格的法事现在不常见到,做一场价格相当昂贵,动辄几十万,甚至近百万,所以尤显得珍贵。

六、庄士敦《佛教徒的中国》中的普陀山

庄士敦,英国人,中国清朝末代皇帝溥仪之英籍帝师。1874年生于苏格兰首府爱丁堡,庄士敦是他中文姓名,字志道,取《论语》"士志于道"之意。1894年毕业于爱丁堡大学,后进入牛津大学玛格德琳学院主修现代历史、英国文学和法理学,获文学硕士学位。1898年,庄士敦考入英国殖民部,以东方见习生身份被派往香港,在香港港英殖民地政府任职。

作为近代唯一一位在紫禁城中生活过、也是中国几千年帝王史上唯一一位具有"帝师"(教溥仪英语、数学、世界史、地理)头衔的外国人,他是一个地地道道的"中国通",崇尚儒家思想,在华工作了34年,曾被封"一品顶戴""毓庆宫行走"。英国政府也曾授予他"高级英帝国勋爵士"勋章。

庄士敦原是信仰基督教的,到了中国后开始对中国佛教感兴趣。他为此阅读了大量的佛家经典,并遍访中华名山宝刹,与众高僧、法师探讨研究佛教理论的玄奥和释典的妙谛,从此不再到教堂做礼拜。他指责基督教会传教士试图改变中国社会的做法等,引起英国宗教界的猛烈抨击,称他为"古怪的佛教徒"。

庄士敦与清朝末代皇后的合影

他还特别爱好出外旅游,1908年(光绪三十四年),他来到普陀山,考察佛教圣地,为他研究佛教理论了解和搜集第一手基础资料;1913年(民国二年),他又一次走到普陀山,研究观音文化。同年,伦敦约翰·默里出版社出版了庄士敦的《大地众生成佛》一书,今译《佛教徒的中国》。

由于他两次上普陀山礼佛,因而引起一些在中国的"洋人"的猜疑,说他去普陀山是为日后出家当和尚做准备的,说法很多。赵毅衡在《我的老同事庄士敦》一文中提到:"例如他早年在威海卫去佛庙烧香,在华西方人就说他准备辞职到普陀

山出家做和尚,甚至说他已经受过戒。"[1]庄士敦晚年定居在爱丁堡的爱伦岛,至 1938 年去世,享年 64 岁。

《佛教徒的中国》前几章主要讲述大乘佛教某些特点的起源及发展,尤其是在中国环境下形成的各种形式。六、七两章讲述中国宗教朝拜情况,并大致介绍了中国的几大佛教名山,最后六章,则重点研究安徽九华山及浙江普陀山。

他指出普陀山是观音的极乐世界或道场,并详细地描写了观音形象:观音是坐在位于海中的一块岩石上的,往往是携带几根竹子,于其身旁有一钵瓶和一根柳枝。他还分析了观音信仰的影响:

在中国,似乎观音信仰比任何一位菩萨信仰都流行,外国人也常因此更多地关注观音信仰,而忽视了其他菩萨,但事实上,菩萨信仰有浓厚的地域特色,往往围绕着某位菩萨的一座著名的寺庙,离其越近,对其信仰就越强烈。观音信仰受到外国人更多的注意,可能还有以下几个原因:普陀山距受西方文化影响较多的区域(如上海)较近,西方人去普陀山较方便;观音信仰一般在女性中盛行,而似乎女性更愿意公开自己的宗教倾向;与西方人的学术兴趣可能也有关,他们想弄清楚一些有趣的问题,如在西藏的男性观音怎么在汉地和日本就成了女性等等。[2]

他嘲笑那些"可恶的诽谤"和"中国寺院只是堕落和罪恶的藏身之处"。基于"经常在大寺庙留宿期间的个人观察和调查",他认为"这种寺庙如普陀山和九华寺,由于远离大城镇的道德败坏之风的影响,声誉自然比较好"。庄士敦对佛教赞扬备至,他认为:

中国之安内攘外,不在武力,而当归功于孔教……所以又产生了一种说法,就是说只有中国的儒家思想与佛教思想相结合,方能彰显中华民族文化之精髓,才是拯救世界未来的良方……[3]

可见他对儒释结合思想的高度崇拜。中国有"佛士"一说,佛是释,士是儒,完整地表达了两者结合的高深意境。

---

[1] 赵毅衡著:《对岸的诱惑:中西文化交流记》(增编版),上海人民出版社 2007 年版,第 151 页。
[2] [美] J.K. 施赖奥克著:《近代中国人的宗教信仰:安庆的寺庙及其崇拜》,安徽大学出版社 2008 年版,第 82—83 页。
[3] [英] 庄士敦著:《佛教徒的中国》,约翰·默里出版社 1913 年版,第 319 页。

庄士敦《佛教徒的中国》书中有普陀山照片共 17 张，涉及普济寺和法雨寺的各有 3 张，涉及图画 2 张，其余如石刻、隐士、坟墓、古道、太子塔、观音洞及观音像等 9 张。对于老照片上所反映的景观，和今天我们看到的许多已经大相径庭，甚至有的已经根本不存在了。它们让我们还能看到历史中的普陀山曾经有过的真实面貌。

"海天佛国"摩崖石刻

从庄士敦"海天佛国"摩崖石刻照可以看出，"海天佛国"石右有隶书"南无佛顶首楞严"，看不出有落款。[1]但 20 世纪 80 年代，普陀山景点被修复后，此处变成了"南无观世音菩萨"题刻，落款为："闽弟子罗舜、云尘敬刻　乙丑秋"。这是条从法雨寺通往佛顶山的香云路的石阶山道，石刻就位于山腰石阶旁。应该说原先的"南无佛顶首楞严"更有招引、点化信众入佛顶之巅的禅意。"南无佛顶首楞严""南无观世音菩萨"出自《楞严咒》，为前后句。有了这张老照片，就让我们知道了此摩崖的"前生"与"今世"了。

庄士敦的"大慈悲父"观音照，不知摄于哪一个殿内。在今天的普陀山也看不到，一般人更无从知晓。其实菩萨本无男女相分别，庄士敦照片中的观音看上去也是慈容端庄，脸部呈满月形，眉如柳叶，双目低垂，这是唐朝观音的造像特点，但观音座顶上的匾额上却写着"大慈悲父"四字，庄士敦把它写作"Guan Yin, the Compasionate Father"，当做"慈悲天父"来理解的。唐以前观音为男相，唐以后观音为女相，"大慈悲父"观音应该是男相观音。但唐以后仍有不少的民间版本的男相观音流传。至少，那张照片见证了普陀山的那尊观音曾被信徒香客们奉作男相观音。

庄士敦还有一张妈祖神像的照片，在他原始的图注中写着："T'IEN HOU, THE TAOIST QUEEN OF HEAVEN, POTO-SHAN"。[2]直译就是"天后，天上道教

---

[1]浙江大学沈弘工作室编：《舟山地区晚清和民国时期历史图鉴》（内部资料），2010 年版，第 17 页。

[2]浙江大学沈弘工作室编：《舟山地区晚清和民国时期历史图鉴》（内部资料），2010 年版，第 36 页。

之女王，普陀山"。妈祖信仰作为民间信仰，自明代开始就被皇帝钦定为道教信仰，所以，庄士敦的图注并没有混淆民间信仰与道教信仰之间的关系。尤其是这张照片拍摄地点很明白写清了是在普陀山。通过照片妈祖神像后面的背景玻璃门窗，可以看到后面还是一大片寺院的建筑。这是普陀最早有确切记载的古建筑之一，一般认

普陀山天后宫的妈祖像

为始建于明朝中期以前。天后宫内除供奉妈祖以外，还有送子观音、东岳大帝、孔子、三官菩萨、财神菩萨等塑像，是个典型的佛道儒与民间信仰多教合一的场所。实际上，普陀山虽为观音道场，历来就有天后宫。

七、柏石曼、费佩德镜头下的沈家门

沈家门早在清朝中期便形成了热闹的街市，曾有"市肆骈列，海物错杂，贩客麇至"的记载。1883年（光绪九年）编修《定海厅志》记载："沈家门镇每年春季为渔船停泊之所。光绪三年，福建、鄞县、定海等地来沈家门停泊的渔船近2000艘。"1932年（民国二十一年）始建镇，1936年（民国二十五年）则称"浙省定海渔业，冠于全国，而沈家门地方，尤为渔民荟萃之区，每届冬汛，有大小船一千二百余对，放洋开捕。"1940年上海《申报》评论云：沈家门"其繁盛不亚于战前之上海南市"。称沈家门为"小上海"盖源于此。

在过去，沈家门港东起半升洞，西到石灰道头（海军码头）沿港一线，都是滩涂和房子，船只不能靠岸，所以，每隔三五十米或更长些地段建一个道头。这些道头一般都用长1.2~1.5米、宽30~40厘米的石条，从岸边沿滩涂倾斜铺设至最低潮位能停泊舢板为止。长度有10多米至30米，宽度从一根石条到五六根石条，也有上宽下窄或者上窄下宽的，滩涂坡度较陡的中间还有台阶。德国柏林工业技术大学

1911 年的沈家门港码头

教授柏石曼、美国北长老会传教士费佩德曾先后到过沈家门,从他们所拍摄的一些历史旧照中,让我们还原沈家门港所经历的岁月沧桑。

一幅柏石曼拍摄的《沈家门港码头》,这张照片的注解是这样的:舟山的沈家门渔港,出自 1911 年德国柏林出版的《中国的建筑和宗教文化:普陀山》一书。[1]这个角尺形的渔港埠头,就是老沈家门人口中的小水埠头,柏石曼就是从这里渡海去普陀山的。

沈家门区域,直至民国时期,一直指白虎山与青龙山之间。今天的滨港路东到青龙山嘴(又称小水埠头)为止,青龙山嘴东面无路,都是泥涂和海,去荷叶湾须登上青龙山南麓山径,即走天主堂那条龙眼古道。走两三里,在东麓下坡。在龙眼脚下,则是一大批入海的小岬角,礁石丛生,水底下山脉相承,峡谷中潮涨水急,两岸间对出如门,也是个事故多发地段。如去半升洞,还须沿着荷叶湾塘(今荷叶湾路)向东走。荷叶湾和半升洞被视为沈家门东郊。

照片中从桅杆数来看,岸边停泊着十数艘渔船,渔船内侧靠埠头的还有几只小舢板船,图中间最左侧隐隐的是一个低平的小岛。照片右埠头上竖一大灯杆,上有

---

[1]浙江大学沈弘工作室编:《舟山地区晚清和民国时期历史图鉴》(内部资料),2010 年版,第 32 页。

灯罩,灯罩下沿灯杆是一条清晰的可自由升降的拉线,灯杆下有近十人,光头脑后留长辫的是典型的清末成人,还有戴帽的小孩。灯杆后面是四间瓦房,三间朝南,属于民房;一间正面朝东,门口集中了一拨人,看上去更像是埠头的管理用房。还有三四人在该管理用房的南面,靠近埠头和渔船。

这个角尺形的小水埠头,位于会馆弄外首,会馆弄是以八闽会馆命名的。作为旧时福建渔业在沈家门的民间管理会所,八闽会馆是管理福建渔民渔业生产,致力于民间办学和为福建人排忧解难的办事机构。据刘恢宝《圭峰渔业的兴起和沿革》记载:光绪十七年(1891)在沈家门建八闽会馆,以后改为峰尾(圭峰)会馆,由各船主渔户捐资,先后在沈家门兴办惠英、惠群两所学校。惠群学校就是后来的沈家门第二小学。

1920年的沈家门港

一幅费佩德拍摄的《沈家门港》,由浙江大学沈弘工作室收藏,为费佩德的外孙休厄尔所赠送。[1]摄影技巧突出,十分有趣生动:画面的右侧是大海,海边停了十几尾木质帆船,没有鳖壳,属于大捕船。

---

[1]浙江大学沈弘工作室编:《舟山地区晚清和民国时期历史图鉴》(内部资料),2010年版,第31页。

高高竖立的长桅杆非常突兀，船上放满涨网（用于捕大小黄鱼）用的毛竹，毛竹都从船尾处伸向海面，竹竿上有晒着的衣服，三三两两的渔民在插着船旗的船尾部坐着聊天。渔船是并排在一起的，可以从这船跳到那船。岸边是一条能容两三个人并排行走的乡间白石条路，路上有穿长衫和穿短褂劳作的人们行来过往，有和尚，有两三个穿黑制服的旧时警察，还有挑着行李担子赶船去的。白石条路右侧，渔船前面，是一座石条铺成的台阶，方便渔民上下渔船。

石条路的最左侧有一幢低矮的瓦房，瓦房前似有人设桌摆摊，瓦房的左侧山墙是个很大的八卦图，判断为荷叶湾羊府殿，羊府殿被称作舟山的"妈祖庙"。相传乾隆年间，舟山有位羊姓船老大，在海上救人无数，死后被玉帝封为海神，称"羊府大帝"，掌管海上生死。沈家门渔民念其生前广积阴德，为其立祠。每年鱼汛期间，沈家门渔民来羊府殿烧香，祈盼海神保佑他们海上作业风平浪静，满载而归。遇风浪大作、渔船未归之日，更有渔民家属抱子携女来羊府殿进香，祈求海神降福消灾，保佑其亲人平安归来。

此羊府殿在20世纪60、70年代尚在，羊府殿碑在今普陀区博物馆内。这个道头就以羊府殿命名，称"羊府道头"。羊府殿也是当时沈家门滨港路畔唯一的宗教场所，沿着渔船方向，拐过那个荷叶湾，前面是另一个港湾，隐约有几幢房子。远处是山，山上仅有几簇灌木，大多为荒坡，给人以穿越时空的感觉。

普陀区政协编《中国渔港沈家门》记叙：清至民国时期，沈家门港内驻泊居多的有大对船、大捕船、小对船、小捕船、流网船、小钓船、张网船、拖乌贼船和舢板船等渔船，还有打洋船、小白底等渔船。[1]费佩德摄于20世纪20年代的沈家门渔港夜色照片，基本反映了当年这一景象。

由费佩德的外孙休厄尔赠送的老照片中有一张典型的在沈家门渔港内航行的"绿眉毛"冰鲜船。[2]舟山"绿眉毛"帆船是浙船的典型代表，其年代可上溯到宋代。其船首形似鸟嘴，简称鸟船，因船头眼上方有条绿色眉而得名，是我国鸟船系列中的优秀船型，并与沙船、福船、广船一起，形成中国古代"四大名船"。"绿眉毛"传统帆船是舟山海洋文化的摇篮，早在2000年前，河姆渡先民的后代面对变幻莫测的大海，出于对鸟图腾的崇拜，把"双鸟昇日"文化信仰融入造船之中，期盼自己驾驶

---

[1]政协舟山市普陀区委员会教文卫体与文史委员会编：《中国渔港沈家门》（普陀文史资料，第1辑），中国文史出版社2005年版，第75页。
[2]浙江大学沈弘工作室编：《舟山地区晚清和民国时期历史图鉴》（内部资料），2010年版，第33页。

的舟船能像飞鸟一样,自由搏击大海。由此,作为浙江海上运输、海洋渔业捕捞主要船舶的"绿眉毛"古木帆船船型在宋代显现,并在明、清得到广泛应用。

"绿眉毛"冰鲜船的船型特点是:船头高翘,船舷两舷向外像倒挂的"八"字,宽腰肚,尖削底、平阔尾。这种航行稳、抗风浪性能强,装载量大,船型结构优良,能随渔船出较远海域的运销船,在当时受到各方的青睐。

一艘典型的"绿眉毛"海船

据史料记述,清朝中后期,中型"绿眉毛"冰鲜船置两道帆篷。休厄尔赠送的海船正是普陀地区最典型最有特色的鸟船——中型"绿眉毛"冰鲜船。

八、西方人影像中的定海天主教

鸦片战争以来,清政府与侵华列强签订了一系列不平等条约。这些条约中均见有保护传教士、准许自由传教的条款,天主教由此在中国获得前所未有的发展,作为打响鸦片战争第一炮和曾经被英国占领的舟山,由于它自身的地域条件和地理位置,自然成为西方传教士在浙江传教的主要活动场所甚至是前哨。

1841年(道光二十一年),法国天主教传教士顾芳济来定海传教,当时岛上并无信奉天主教者,即借居英军官华伦私人住宅,在中国神父邱济国、王若翰协助下,开始在城区及附近传教活动。创刊于19世纪20年代的法国里昂传教慈善会编纂的《传信年鉴》收有耶稣会克拉瓦兰神父1844年10月13日的信件,其中提到了定海天主教的情况,"目前在这里有两名遣使会士,其中一位是定海人,受洗的教徒不超过20人。"[1]到1852年(咸丰二年),舟山境内有西门、北门、狭门、干礁、盐仓、岑棕、山潭等7处教堂,隶属宁波教区。时有外籍神父伊法理等2人,教徒1407人。[2]

---

[1]何岩巍译:《传教士信件内容辑要》,载《清史译丛》(第7辑),中国人民大学出版社2008年版,第174页。
[2]定海县志编纂委员会编:《定海县志》,浙江人民出版社1994年版,第792页。

舟山岛上的法国遣使会传教使团驻地

从1846年罗马教廷正式组建浙江代牧区开始到舟山解放前夕,舟山的天主教务一直为法国势力范围。比如第一任浙江代牧石伯铎1846年被委任,祝圣后到宁波上任,常驻地不是宁波城里,而是舟山定海。第二任浙江代牧顾芳济在还未上任之前就先来定海,他是以舟山为基地向全浙江省推展他的教牧活动。1854年5月第三任浙江代牧田嘉璧也是先在定海活动一年,才由舟山迁宁波郡城。第五任浙江代牧、法国遣使会士赵保禄,在1884年选任浙江代牧之前,于1882年任定海小修院院长兼定海本堂。赵保禄1926年在巴黎逝世,其继任人为戴安德(又名福瑞,法国人),也曾在定海修院任教2年。曾经来过舟山传教并留下影像资料的天主教法国遣使会传教士,主要有格朗皮埃尔和布雷特两位神父。

1847年(道光二十七年),石伯铎在定海城北建小圣堂,后改为修道院。1850年在修道院址建天主堂,后称味增爵堂,也就是法国遣使会传教士团驻地(遣使会是入华的天主教四大修会之一,其创始人是法国人味增爵,故而称为"味增爵会")。定海法国遣使会面积有1828平方米,实际上它是一座天主教男修会。《天主教传教使团通讯:传播基督教信仰的绘画周刊》有一张版画"舟山岛上的法国遣使传教士团驻地",沃尔什《一位马里诺尔教徒在东方的观察》(纽约:美国天主教海外传教协会,1919年)有一张同样标题的照片,版画和照片相差近20年,两者所反映的是同一个教堂,即城北天主教堂也即昧增爵堂。[1]背景山形几乎一致,围墙都是砖墙,正面朝西开三道门,教堂左侧是一幢2层高的楼,虽然那楼已经过翻建。版画中教堂左侧与毗邻的楼房之间隔着木栅栏,而20年后的照片中却是用砖墙隔开了。版画的教堂顶部装饰有花纹,只有中间一个十字架,而照片的教堂顶从上到下都是白色,无任何装饰,顶端中间保留那个十字架外,顶部下面还竖有四个小十字架。

还有一张摄于1910—1930年间的照片,两个欧洲传教士(其一可能为布雷特神父)站在定海城北昧增爵堂东侧的山上,此山即是乌龟山。

关于教堂,有"格朗皮埃尔先生在舟山的教堂和住宅",这是一幅基本写实稍有点艺术化了的绘画,其主体建筑是典型的高大耸立的钟楼,左侧是两层高的教堂,下面是篱笆围着的芭蕉树和其他植物。右侧相对低矮的住宅看上去也是一幢2~3层高的楼。这张绘画虽然不是全景画,但看得出来,这幢教堂规模很大。根据现住在上海的朱佑娟婆婆几年前回忆,这是定海西门的教堂所在地,原址在今西大街定海区教研中心和舟山太平洋百货有限公司一带。钟楼是最显著的标志建筑,朱佑娟1936年曾在西门教堂任教。

《天主教传教使团通讯:传播基督教信仰的绘画周刊》有两张舟山本地基督教徒的绘画:其一为妇女和女孩,包括拄着拐杖的老太和襁褓中的女婴,其余都为中青年妇女,共12人;其二为拿着经书的男性基督徒。布朗和G·沃尔多的《中国:国家及人民》(波士顿:达纳·艾斯蒂斯出版公司,1901年)中也有一张舟山基督教家庭的照片,一老一中两个妇人坐在前面,后面站着一个穿对襟长马褂的中年男子,看上去似是一家人的合照。从中可以看出端倪,当时,天主教对舟山人的影响已经深入家庭及平民之中。传教士们通过在舟山办教堂、医院、学校、育婴堂、养老院等慈善方式,尤其注重走访,来培养海岛及乡村的教友、教徒。

美国天主教马里诺尔教会档案室收藏有五张摄于1928年的老照片,[2]其中两张是关于定海圣若瑟医院的:一是圣若瑟医院病人;在医院门口的长廊内,长木椅和竹椅上坐着11位穿白衫的男性病人,1位男性病人、1位男性佣人和1位修女站着,男性中除了一位病人裹着头,其余全部光头;二是医院内的诊疗室,1位一身白褂身材修长的修女在药剂橱里取药剂,室内置有洗脸架、脸盆、毛巾、热水瓶、吸氧

---

[1] 浙江大学沈弘工作室编:《舟山地区晚清和民国时期历史图鉴》(内部资料),2010年版,第66页。
[2] 美国天主教马里诺尔教会档案馆老照片收藏,1928年。

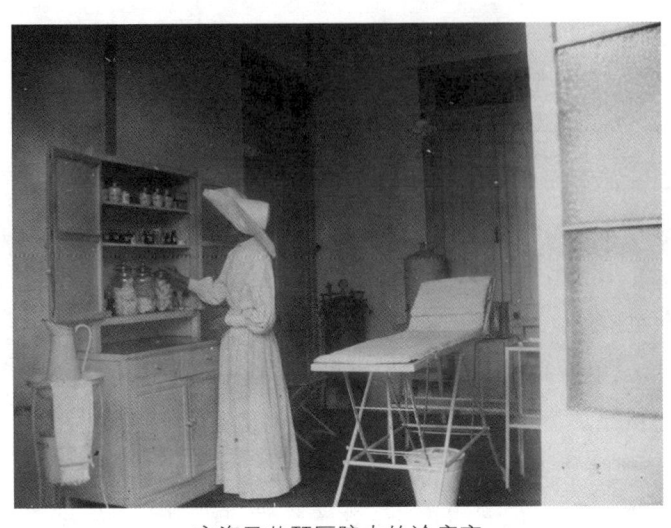

定海圣若瑟医院内的诊疗室

罐、诊床、铅桶等用具。圣若瑟是天主教的译名,在天主教神学中,圣若瑟是童贞、圣母玛利亚净配、耶稣养父。

还有三张是修女们深入舟山民间,走访基督教友的见证。第一张是在一个民宅后院,一位修女正为一个新生儿施洗礼。另一个修女为一个男孩裹腿,三个妇女怀抱婴儿,一个妇女领着一个小男孩,一对老年妇人和一对中老年男子在旁边观看,两旁绿树荫翳。第二张是仁爱会的一位修女在看望病人,在树荫下,民宅前,修女站在中间,左边是一位执伞的老太,右边是一位挑着担、戴着草编帽的赤脚老汉,两幢民宅后面则是一幢很高大很长的白墙壁的建筑。第三张也是一位修女带着一只竹编的工具筐,在一家带库头的宅院内,探望院子内的病人,14个男女老少和婴儿,带着欣喜的目光,修女也带着笑容,在相互交流。

教会铜管乐队,是免费为教会信徒的婚丧喜事、教会重大节日等服务的。近代此类乐队乐器组合与乐队编制虽无一定之规,但一般由短号、萨克斯号、长号和大号等组成。打击乐器声部:大鼓、小鼓、钹和定音鼓等打击乐器是必备的。伯希和《十九世纪的法国天主教传教使团》(巴黎:阿曼德·科林出版社1899年)有一张"浙江宁波附近舟山群岛由法国遣使会朗守信神父所指挥的一支铜管乐队"的照片。《天主教传教使团通讯:传播基督教信仰的绘画周刊》则刊有一幅画作,表现的是同样一支由西方传教士指挥的舟山铜管乐队。[1]

比较两者,都是25个铜管乐队队员和指挥组成。乐器分别有:低音号(大号)、中音号(长号)、小号、黑管、长笛、大鼓、小鼓、钹、三角铁和疑似萨克斯号。在照片中,所有队员都戴瓜皮帽,穿晚清特有的服饰,素色长袍外面套黑色对襟短马褂,马

---

[1] 浙江大学沈弘工作室编:《舟山地区晚清和民国时期历史图鉴》(内部资料),2010年版,第65页。

由法国遣使会朗守信神父所指挥的铜管乐队

褂多为无袖,有三个是长袖的。队伍分三四排,最中间一个是西方传教士;而画作中,队伍分三排,中间一排左中和右中位置各有一个西方传教士,队员们全是无袖马褂。最明显的区别就是大小鼓的位置互换了一下。照片中的大鼓是放在地上的,而画家笔下则在大鼓的下方增垫了一个木凳。指挥铜管乐队的朗守信神父,曾任浙江代牧区副主教,1895 年 7 月,奉赵保禄主教之命,到定海参与交涉、谈判朱家尖教会与普陀山争地事件,最后谈判的地点是在定海西门天主堂会客室,谈判后签订《和解协议》。

九、小结

通过 20 世纪前后西方那些不同职业和怀有不同目的西方人关于舟山及普陀山的影像资料,可以清楚地看到,舟山在"海上丝绸之路"上占据着重要地位,普陀山自古便是闻名世界的佛教圣地。难怪百年前来华的西方人中有不少人都要慕名前来,于是便在无意中为今人留下了不少旧影。他们用手中的照相机对普陀山的寺院布局和寺院庵堂房屋建筑、佛品摆设进行了多方位的拍摄,用镜头记录下了普陀山三大寺及地摊、轿夫、渡船、沙滩游泳休闲等历史面貌,用照片形式记载了僧侣们念佛诵经、"打水陆"做佛事等内容的佛教文化历史，保存了普陀山桥、寺、塔、碑、浪、船、沙、洋、摩崖石刻的历史记忆。

浙江大学外国语言文化与国际交流学院沈弘教授在《试论中国学术界在"文化认同"上的狭隘性——以德国建筑师恩斯特·柏石曼为个案》一文中说：值得一提的是，在半个多世纪以后爆发的"文化大革命"中，普陀山上的 15000 多尊菩萨全部被砸毁，3 座主要寺庙的殿堂也被改造成了军营。虽然这些寺庙和菩萨自从 20 世纪 80 年代以来已经得以重建和恢复，但是殿堂的内部装饰和菩萨的模样均和以前大不一样，从艺术角度和文物价值上来说可谓是今非昔比。虽然浙江省按照其建设文化大省的蓝图，雄心勃勃地想要为普陀山申报世界人类文化遗产。但假如不能按照柏石曼在这本书中的描述来恢复寺庙的原貌，恐怕很难符合申报的基本要求。[1]他在《费佩德在华摄影活动研究》一文中说：这些照片的重要性就在于它们忠实地记录了普陀山在二十世纪初的各种人文景观。由于普陀山在"文化大革命"期间受到过比较严重的破坏，所以现在人们对于普陀山在二十世纪初的人文景观所知甚微。而这批照片对于普陀山的寺院和准备申报世界文化遗产的当地政府部门来说，应当是一批珍贵的历史档案资料。[2]改革开放后，当地政府花大力气对普陀山的佛像、寺庙等建筑进行恢复和重建。由于缺乏相关建筑图纸或图像资料，重建之后的佛像和寺院殿堂的内部装饰和陈列，特别是普济寺永寿桥、磐陀石题词等雕刻与普陀山的原貌仍然有较大的差距。

总之，柏石曼、费佩德等西方人所拍摄的舟山百年老照片意义非凡。它们真实地再现了舟山的历史面貌，对后人研究和发掘普陀山的佛教文化历史和舟山群岛的海洋文化历史，以及对普陀山历史古迹的重建和修复，都具有十分重要的借鉴和参考作用。

---

[1] 刘海平主编：《文化自觉与文化认同：东亚视角》，上海外语教育出版社 2008 年版，第 80 页。

[2] 浙江省文化艺术研究院：《文化艺术研究》2009 年第二卷第 1 期，第 48 页。

结束语

港口与城市命运互动,港兴则市兴,港衰则市衰,这也是世界沿海城市发展的一大规律。在大航海时代,海洋是广阔的活动舞台。在这个不分国界的海洋上,冒险家都可以施展自己的抱负。舟山群岛,无疑是太平洋西岸最为理想的深水贸易大港,是理想的海上国际贸易自由港。只要政策允许,由市而场,由港口而港城,舟山群岛完全可以成为"17 世纪的澳门、18 世纪的新加坡、19 世纪的香港"。可惜,在农耕时代,海洋是陆地的终端、国家的边疆。海岸线以外的大海,是中国明清两代政府不感兴趣、也害怕涉足的领域。出于军事防卫的考虑,国家不允许海上国际贸易自由港的存在。在这里,我们可以看到,国家政策的顺潮流或逆潮流,是一个关键因素。

民国期间,孙中山先生对中国沿海港口作了认真合理的布局,在他所著《建国方略》的"实业计划"中,明确提出要在中国中部、北部、南部各建一个大港,分别称为东方大港、北方大港和南方大港,并以大港为中心,制订了三大实业计划。孙中山先生还亲临浙江考察,在同上海港作了具体比较后,把东方大港的主体港址选在"位于乍浦岬与澉浦岬之间"(即我们通常讲的乍浦港),并将舟山港纳入东方大港的附属港口。乍浦港平均低潮水深 36 尺至 42 尺(约为 12 至 14 米),当时航洋大船可以随时进出,远胜于上海港。"在杭州湾中,此港正门为最深之部分,由

孙中山的东方大港规划图

此正门出至公海，平均低潮水深三十六尺至四十二尺，故最大之航洋船，可以随时进出口。故以此计划港作为中国中部一等海港，远胜上海也。……"[1]

1950年国共内战结束后，中央政府对沿海地区采取防守政策，像舟山这样扼东海门户的前沿海疆，在较长一段时间内，都是作为国防前哨而未能在经济建设领域被重视。舟山这个具有全世界最长深水岸线的东亚航运中心枢纽良港，就像遗落民间的王子，等待着回归王室的时刻。

1984年至1985年，浙江省科学技术协会组织省内外有关专家和领导干部两次到浙江沿海和舟山群岛进行实地考察，他们比照孙中山先生倡议的东方大港宏伟设想，认为乍浦港作为海河联运港条件仍在，但这一带淤积严重，近岸水深变浅，已不存在12至14米水深，可作为深水岸线的也不多，而且距岸较远，加之软基处理及需要筑防浪堤，耗资较大，难以成为国际大港。而上海作为国际大城市，港口年吞吐量虽然居全国大港之首，但本身因受长江口航道水深的限制，只能乘潮通航吃水9.5米、装载2.5万吨级的船舶，每日两个高潮位，最多也只能通过30多艘，与国际海运船舶大型化趋势和长江三角洲外向型经济发展极不相称，已经持续出现了船多、港窄、事故多和压船压港的严重情况。从振兴中华这个全局出发，他们拟写了《关于开发东方大港的汇报提纲》，认为舟山深水港口资源得天独厚，其数量之丰富和质量之上乘可谓是"全国少有、世界罕见"，提出了在浙江镇海 — 定海 — 普陀（以后改为北仑 — 舟山）海域建设东方大港的建议。

20多年前，邓小平同志就内地布局建设国际化城市或国际大都市战略规划时，以香港自由港为目标，提出"在内地再造几个香港"。1991年11月，港澳地区全国人大代表团到舟山考察，代团长、港事顾问吴康民考察后在香港《明报》上发表署名文章，按照邓小平"我们在内地要造几个香港"的愿望，第一个提出"把舟山造成香港"的建议。1992年全国"两会"召开期间，民建中央副主席汤元炳等21位政协委员在会上作了联合发言，认为再造香港，舟山是理想的选址。只要充分利用舟山港口的资源优势，未来舟山港必将步入与中国香港、新加坡并驾齐驱的西太平洋国际枢纽港的行列。同年9月，全国政协京外常委一行31人，在原中共河北省委书记、省长刘秉彦为团长的带领下，视察舟山，并建议中央"应给予舟山全方位对外开放政策，目前最为现实、最有条件的是将舟山群岛作为自由港对外开放"。浙江省人民政府办公厅还编发了"三十多位全国政协常委建议中央将舟山群岛建设

---

[1] 中国社科院近代史所等编：《孙中山全集》第六卷，中华书局2011年版，第333页。

成为自由港"的专报。与此同时,《经济日报》刊登记者程远写的《舟山,再造个"香港"如何?》一文,指出:舟山的优势在于"港",出路也在于港。它将是舟山振兴经济,造就"香港"的支柱。舟山能否造成一个"香港",关键在于"开放度"。香港《文汇报》以整版篇幅刊登记者刘士昕《舟山开发:再造香港的理想之地》的文章和照片,他以舟山港与香港维多利亚港的深水岸线、航道水深、巨轮锚泊面积作了详细对比后认为,舟山港条件比维多利亚港还要优越。美国《商业周刊》也专门刊登了有关舟山港口优越条件,称可与荷兰鹿特丹港相媲美。[1]

1993年2月11日,岙山基地迎来了第一艘来自英国的31.8万吨级超级油轮"兰姆帕斯"号,这艘巨无霸油轮装载着从英国北海运来的原油18.96万吨,稳稳地进入舟山港,顺利靠泊岙山码头卸油。《人民日报》第一时间在头版作了醒目报道,称这是中国有史以来沿海港口第一次接待外籍巨轮靠泊码头卸油,开创了中国港航史上的新篇章。舟山港开始从过去的渔港、军港向商业港、贸易港过渡,对外开放程度不断提高。从2003年起,先后三次经省政府同意并报国务院有关部委批准,舟山港的对外开放范围调整和扩大为1193平方公里。

2005年12月10日,举世瞩目的上海国际航运中心洋山深水港区正式开港,成为世界最大的集装箱港区之一,时至今日,上海港集装箱吞吐量依然位于中国第

舟山港综合保税区

---

[1] 转引自江建国主编:《舟山改革开放30年》,浙江人民出版社2008年版,第18页。

一、世界第一。2005年12月16日,浙江省政府决定,宁波与舟山港资源整合,对外统称"宁波 — 舟山港"。从2009年起,宁波 — 舟山港年货物吞吐量开始超过上海港,跃居世界第一。集装箱吞吐量位列中国第三,世界第六,但增速为全球第一。

2010年末与2011年初,舟山市委、市政府就设立舟山群岛新区多次向省委、省政府报告,并取得省委、省政府主要领导的大力支持,向中央和国务院汇报。2011年2月,国务院批复《浙江海洋经济发展示范区规划》,并提出"探索设立舟山群岛新区"。同年3月,全国人大通过国家"十二五"规划纲要,明确提出了"重点推进浙江舟山群岛新区等区域的发展",鼓励舟山先行先试,给予权限,创造经验,探索海洋经济发展路子。2011年6月30日,国务院正式批复准设立浙江舟山群岛新区,舟山成为中国继上海浦东、天津滨海、重庆两江新区后又一个国家级新区,也是首个以海洋经济为主题的国家战略层面新区。2012年9月29日,舟山港综合保税区正式获批,将成为中国国内开放层次最高、优惠程度最大的海关特殊的监管区域。

2013年1月17日,《浙江舟山群岛新区发展规划》成功获批,成为中国首个颁布的以海洋经济为主题的国家战略性区域规划,标志着舟山群岛新区建设的蓝图已经绘就,标志着新区建设从战略谋划进入到了实质性推进阶段。该规划指出,加快建设舟山港综合保税区,探索建立舟山自由贸易园区,逐步研究建设舟山自由港区。2013年3月27日,浙江舟山群岛新区管理委员会正式挂牌成立,标志着舟山群岛新区建设全面启动,舟山正式成为全国唯一拥有正省级经济社会管理权限的新区,中国第一个"省中之省",长远目标是建立类似中国香港、新加坡的世界一流港口城市。紧接着,浙江省委省政府出台了《关于推进浙江舟山群岛新区建设的若干意见》,并批准实施《浙江舟山群岛新区建设三年行动计划》,不仅描绘出了今后三年新区建设的路径图,也吹响了舟山进军深蓝的"冲锋"号。2013年11月22日,舟山港综合保税区通过国家部委正式验收,并于2014年1月8日正式封关运行,实现了舟山群岛新区"三步走"战略的第一步,为争取设立舟山自由贸易港区创造了有利的条件。

历史不能复原,但辉煌可以重现。今天,浙江舟山群岛新区承载着国家海洋战略的使命,将真正步入新的港口时代。一朵缓慢开放的海洋之花含苞待放,属于中国人自己的"自由港之梦"也必将成为现实,这是历史的选择,历史的必然。

主要人名中外文对照表（按中文拼音首字母顺序排列）

A

安德逊：Aeneas Anderson，生卒年不详。
奥克兰：Lord Auckland，1784—1849 年。
奥赛隆尼：John Ouchterlony，生卒年不详。
奥梅姆：Lopo Homem，生卒年不详。
奥特里斯：Abraham Ortelius，1527—1598 年。
阿伯丁：George Hamilton-Gordon，1784—1860 年。
阿罗姆：Thomas Allom，1804—1872 年。
阿美士德：William Amherst，1773—1857 年。

B

巴罗：John Barrow，1764—1848 年。
巴麦尊：Lord Palmerston，1784—1865 年。
贝林：Jacques Nicolas Bellin，1703—1772 年。
伯来拉：Galeote Pereira，约 1510 至 1520 年生，卒年不详。
伯麦：James John Gordon Bremer，1786—1850 年。
宾汉：John Elliot Bingham，生卒年不详。
俾斯麦：Otto von Bismarck，1815—1898 年。
柏石曼：Ernst Boerschmann，1873—1949 年。
博克舍：Charles Ralph Boxer，1904—2000 年。
布隆代尔：Charles Blondel，生卒年不详。

D

戴维斯：John Francis Davis，1795—1890 年。
丁韪良：William Alexander Parsons Martin，1827—1916 年。

E

鄂多立克：Odorico da Pordenone，约 1286—1331 年。
厄姆斯顿：James Brabazon Urmston，1785—1850 年。

F

费尔特：Wilson Robert Shufeldt，1850—1934 年。
费佩德：Robert Ferris Fitch，1873—1954 年。
福威勒：Fauvel Albert Auguste，1851—1909 年。

G

额尔金：Lord Elgin，1811—1863 年。
葛　罗：Jean-Baptiste Louis Gros，1793—1870 年。
郭　士　立：Karl Friedrich August Gützlaff，1803—1851 年。
孤拔：Amédée Courbet，1827—1885 年。
顾芳济：Franceis Xavier，1806—1860 年。

H

洪任辉：James Flint，1720 年生，卒年不详。
洪若翰：Jean de Fontaney，1643—1710 年。
霍奇斯：Cree, Edward Hodges，1814—1901 年。
怀特：George Newenham Wright，1794—1877 年。

J

加略利：Joseph-Marie Callery, S.J.，1810—1862 年。
金·约翰：King John，生卒年不详。

K

卡奇普尔：Allen Catchpoole，生卒年不详。
克路士：Gaspar da Cruz，1520—1570 年。

L

拉达：Martín de Rada，1533—1578 年。
拉萼尼：Théodore de Lagrené，1800—1862 年。
林旭登：Jan Huygen van Linschoten，1563—1611 年。
林德赛：Hugh Hamilton Lindsay，1802—1881 年。
李明：Louis-Daniel Le Comte，1655—1728 年。
李希霍芬：Ferdinand von Richthofen，1833—1905 年。
立德夫人：Little, Archibald, Mrs. 1845—1926 年。
利亚姆·达西-布朗：Liam D'Arcy-Brown，1970 年生。
龙思泰：Anders ljungstedt，1759—1835 年。
雒魏林：William Lockhart，1811—1896 年。
娄礼华：Walter M. Lowrie，1819—1847 年。

M

马夏尔尼：George Macartney，1737—1806 年。
马丁：Robert Montgomery Martin，1801—1868 年。
马汉：Alfred Thayer Mahan，1840—1914 年。

马士：Hosea Ballou Morse，1855—1934年。
麦都思：Walter Henry Medhurst，1796—1857年。
麦嘉缔：Divie Bethune McCartee，1820—1900年。
蒙托邦：Cousin de Montauban，1796—1878年。
门多萨：Juan González de Mendoza，1545—1618年。
墨卡托：Gerhardus Mercator，1512—1594年。

P

普哈：Purchas，1577—1626年。
佩里：Matthew Calbraith Perry，1794—1858年。
平托：Fernão Mendes Pinto，1509—1583年。
璞鼎查：Henry Pottinger，1789—1856年。

Q

乔斯林：Vicomte Robert Jocelyn，1816—1854年。

S

沙勿略：San Francisco Javier，1506—1552年。
桑顿：John Thornton，1658—1698年。
斯当东：George Staunton，1737—1801年。
施美夫：George Smith，1815—1871年。

T

汤姆逊：John Thomson，1837—1921年。
陀拉多：Femao vaz Dourado，生卒年不详。

W

卫匡国：Martino Martini，1614—1661年。

Y

亚历山大：William Alexander，1767—1816年。
懿律：George Elliot，1784—1863年。
义律：Charles Elliot，1801—1875年。

Z

庄士敦：Sir Reginald Fleming Johnston，1874—1938年。

后 记

这是一本献给浙江舟山群岛新区的人文读本,也是一本与浙江舟山群岛新区一同成长的书。

2011年6月30日,国务院正式批准设立浙江舟山群岛新区。9月,原中共舟山市委常委、组织部长张兵在市委党校开学典礼中指出:"浙江舟山群岛新区获国务院批复设立,应好好研究近代舟山对外开放的这段历史。"由此,我们开始了这本书的启动工作,于2012年春形成了13000字的《西方人眼中的舟山——从档案史籍看西方人对舟山群岛的认知》一文,并先后到浙江大学、宁波大学作学术交流,受到了两所大学师生的欢迎。2012年4—8月,在本书申报省、市社科课题时,得到了浙江省社科联、舟山市社科联的大力支持,分别被立项为省社科普及课题和市重点课题。2013年5月5日,本书5位作者中的4位参加由舟山图书馆和舟山创意青年聚会联合主办的 *Chusan* 新书推介会和"西方人眼中的舟山"分享会。同时,接受舟山档案馆和舟山博物馆的委托,收集、整理和编辑由近代西方人绘画或拍摄的有关舟山的历史图片,在2014年初举办了"西方人眼中的近代舟山"图片展。该图片展在舟山市各大图书馆巡回展出后,于2014年4月26日至5月11日在浙江图书馆展出,省内外一些媒体予以报道。

本书是学者与作家携手合作的结晶,在历时3年多的时间,5位作者陆续撰写了一系列文章。本书的具体撰写分工情况如下:

王文洪:引言、第一章、第二章(部分)、第五章、第七章、结束语、主要人名中外文对照表;

俞强:第二章(部分)、第六章;

来其：第四章；

王建富：第三章；

孙和军：第八章。

王文洪在创作前对本书内容进行了编排，对各章条目进行了梳理；在各章初稿完成后，对结构进行了审定，对内容进行了取舍、加工；最后，对全书进行统稿，并配上近150张珍贵的历史图片。

本书的问世离不开许多人的支持和帮助。浙江省人大常委会副主任、哲学博士王永昌先生在百忙之中亲笔为本书作序。本书的出版得到了中共舟山市委宣传部的资助，中共舟山市委党校为本书的创作和出版提供了许多方便。浙江海洋学院党委副书记黄建钢教授多次进行指导，日本亚洲通讯社社长徐静波先生、舟山市政协文史和学习委员会特邀委员董瑞兴先生提出了不少意见，远在英国的 *Chusan*（《舟山》）一书作者——汉学家利亚姆·达西-布朗（中文名：林杰）提供了有关舟山在1840年鸦片战争前后的英文资料。《浙江学刊》杂志社总编辑、浙江省社会科学院徐吉军研究员和中国海外交通史研究会副会长、宁波大学龚缨晏教授，审阅全书并作专家鉴定。在此，谨向所有关心、支持本书创作和出版的人们，表示深切的谢意。

关于"近代西方人看舟山"的资料多散见于一些史志、档案、文集、研究专著，以及外文的回忆录、游记等，需要进行部分的翻译、系统的整理和深入的研究。本书作者以对历史负责的态度，在大量的历史资料中挖掘、发现新的观点，许多史料为首次披露。为保持历史原貌，西方人的原文基本不作删节，但不表示对其观点的赞同，并且对原文中有讹误的语词做了纠正。基于立场、角度和信仰，西方人的认识和评论不免有偏颇之处，请读者鉴别。

《西方人眼中的近代舟山》课题组

2014年7月